장신구 사여체제로 본
백제의 지방지배

이한상李漢祥

강원도 평창에서 태어났다. 부산대학교 사학과를 졸업한 후 서울대학교 국사학과에서 문학석사와 문학박사학위를 취득하였다. 1992년부터 2003년까지 국립공주박물관, 국립경주박물관, 국립중앙박물관에서 학예연구사 및 학예연구관으로 근무하였다. 동양대학교 문화재발굴보존학과 교수를 거쳐 2007년부터 대전대학교 역사문화학과 교수로 재직 중이다.

주요저서로는 『황금의 나라 신라』(2004, 김영사),『공예1-고분미술』(2006, 예경),『국가형성의 고고학』(2008, 사회평론, 공저),『고고자료에서 찾은 고구려인의 삶과 문화』(2006, 고구려연구재단, 공저) 등이 있다.

장신구 사여체제로 본 백제의 지방지배
裝身具 賜與體制로 본 百濟의 地方支配

2009년 12월 25일 초판 1쇄 인쇄
2009년 12월 30일 초판 1쇄 발행

지은이 이한상
펴낸이 김선경
펴낸곳 서경문화사

주소 서울시 종로구 동숭동 199-15(105호)
전화 02-743-8203, 8205
팩스 02-743-8210
E-mail sk8203@chollian.net
출판등록 1-1664호
제책처 반도제책사

ISBN 978-89-6062-048-3 93900

값 16,000원

장신구 사여체제로 본
백제의 지방지배

裝身具 賜與體制로 본 百濟의 地方支配

이한상 지음

서경문화사

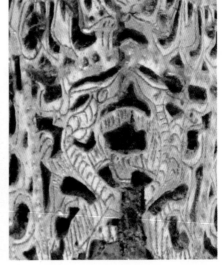

도1 수촌리4호분 금동관모(좌상: 복원품)

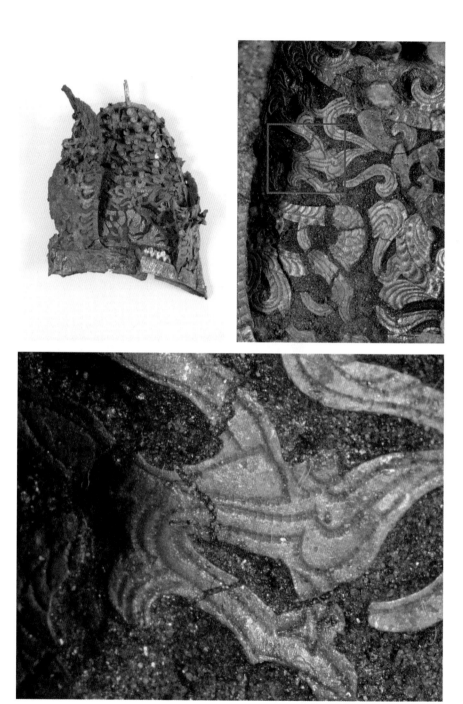

도2 수촌리1호분 금동관모와 용문양 세부

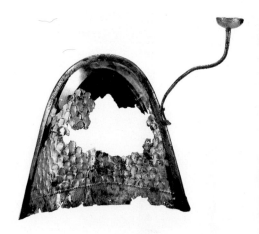

도3 부장리5호분(상), 입점리1호분(하) 금동관모

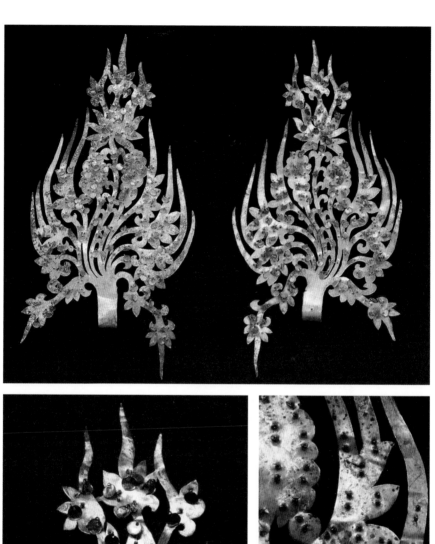

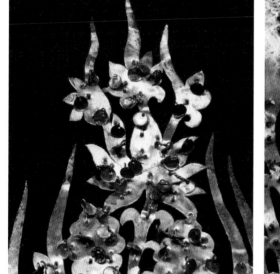

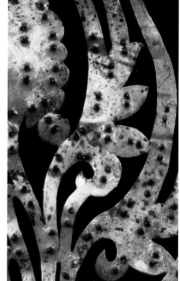

도4 무령왕 관식 및 세부

도5 무령왕비 관식 및 세부

도6 은제관식(①②능안골36호분, ③하황리, ④미륵사지, ⑤육곡리7호분, ⑥복암리3호분)

도7 수촌리1호분 대금구 과판 문양(③은 ①의 세부)

도8 신촌리9호분 금동관(상), 복암리3호분 금동식리 문양 세부(하)

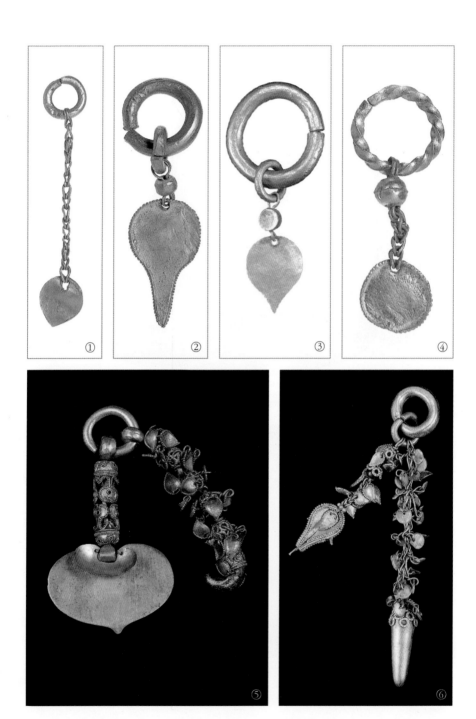

도9 한성 및 웅진시기 백제 이식(①석촌동, ②용원리129호분, ③용원리9호석곽, ④용원리37호분, ⑤무령왕, ⑥무령왕비)

도10 사비시기 백제 이식(①②능안골32호분, ③염창리 옹관묘, ④⑤관북리 연지, ⑥염창리 I-2
 호묘)

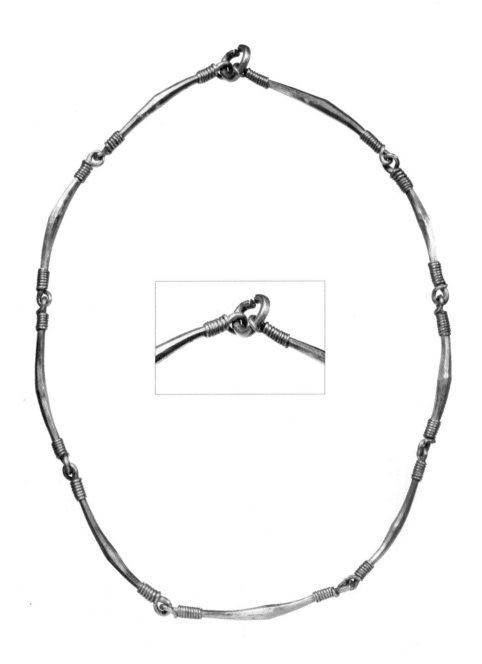

도11 무령왕비 9절 목걸이

도12 웅진 및 사비시기 백제 대금구(①무령왕릉, ②능안골36호분, ③능산리사지, ④송산리4호분(구1호분)

도13 입점리1호분(상), 무령왕비(하) 금동식리

학부시절 필자는 가야사에 관심이 많았다. 한 달에 한 번씩 부산 온천장의 한정식 집에 모여 이재호 선생님께 한문을 배우는데 흥미를 느끼면서 고대사연구를 해보고 싶다고는 생각을 가지게 되었다. 그러던 중 합천댐 수몰지구 발굴조사에 참여하면서 고고학 공부의 매력에 빠지고 말았다. 이러한 생각은 대학원 진학으로 이어졌고 대학원 석사과정에 재학하던 중 뜻하지 않게 국립박물관에 취직이 되었다. 국립박물관 생활은 필자에게 백제를 소개하여 주었다.

첫 발령지는 백제의 고도 공주였다. 당시 공주박물관은 무령왕릉이 발굴되면서 출토유물을 전시하기 위하여 지은 것이었고 지은 지 20여년이 다되었기에 많은 시설이 노후화된 상태였다. 그렇지만 그곳에 전시, 보관 중인 유물은 국보중의 국보였다. 처음에는 학예사 시보생활 1년 정도를 이곳에서 하려나 생각했는데 당초 예상과는 달리 6년 4개월이나 이곳에 둥지를 틀게 되었다. 그 무렵 공주박물관장으로 재직 중이셨던 최종규 선생님께서는 무령왕릉 금공품의 중요성을 역설하면서 금공품 연구방법에 대한 상세한 지도를 아끼지 않으셨다.

　　박물관 수장고에 보관 중이던 유물 가운데 일부는 발굴조사보고서에 누락된 것이 있어 부분적으로 학계에 재보고하는 일을 수행하는 한편으로 공주 일원의 유적에 대한 지표조사 및 발굴조사에 본격적으로 참여하였다. 당시 모든 것이 어색하기만 하던 공주생활에 쉽게 적응할 수 있었던 것은 이남석, 남궁승, 이호형, 이훈, 서정석 선생님의 따뜻한 지도가 있었기 때문이다. 기억에 남는 유적으로는 천안 청당동유적 발굴에 후속하여 공주 하봉리유적을 발굴한 것이다. 이 유적은 아직 절대연대 비정에 자신이 없지만 3세기가 중심연대가 아닐까 하는 생각을 가지고 있고 당시만 하더라도 공주 일원에서 처음 조사한 원삼국시대 무덤이었다.

　　이어 1996년에는 공주 정지산유적을 발굴하였다. 이 유적에 대한 조사는 갑작스러운 일이었다. 도로건설공사 계획단계에 지표조사가 진행되지 않았고 착공 직전에 긴급히 지표조사를 실시한 바 정지산 언덕 위에서 몇 점의 기와편이 채집된 것이다. 그 때문에 일부만을 조사하기로 하고 땅을 파본 바, 너무나 많은 유구와 유물이 포장되어 있음을 알게 되었고 1년에 걸친, 당시 국립박물관의 입장에서 보면 '대대적인 발굴조사'로 전환하게 된 것이었다. 발굴이 끝날 무렵 이 유적의 성격을 '백제왕실의 제사유적' 그 가운데 빈(殯)과 관련된 것이 아닐까 하는 추정을 한 적이 있었는데 그 근거를 제대로 제시하지 못하였고 조사보고서 또한 너무나 소략하게 발간하여 학계에 늘 죄스러운 마음을 가지고 있다. 다행히도 공주박물관측에서 정지산 유적 자료에 대한 재정리계획을 가지고 있다 하므로 그러한 기회를 통하여 속죄할 기회를 갖고 싶다.

    2000년대 들어서면서 백제 고고학 조사와 연구는 새로운 전기를 맞이하고 있다. 특히 공주 수촌리, 서산 부장리, 고흥 길두리고분 등 한성시기의 유적이 연이어 발굴된 점은 특기할 만하다. 그런데 필자가 학위논문을 작성하는 과정에서 577년의 절대연대를 가진 왕흥사지 일괄유물이 발굴되었고 학위논문을 인쇄하는 과정에서는 639년의 절대연대를 가진 미륵사지 일괄유물이 출토되었다는 소식을 접하게 되어 논문의 많은 부분을 수정하지 않을 수 없었던 기억이 새롭다. 이처럼 필자가 이 책에서 다루는 내용은 현 시점에서의 검토이기 때문에 새로운 자료, 새로운 연구에 의해 수정될 부분이 많을 것이라 예상한다. 결국 이 책은 필자 연구의 종점이 아니라 출발점임에 분명하다.

    이 책은 2009년 2월 필자가 서울대학교에 제출하였던 박사학위논문을 보완하여 간행한 것이다. 이 책이 세상에 공간되기까지 많은 분들의 학은을 입었기에 감사의 말씀을 전하고 싶다.

    먼저 노태돈, 송기호 선생님께서는 1991년 3월 필자가 대학원에 입학한 이후 지금에 이르기까지 큰 가르침을 베풀어주고 계신다. 이번 기회를 빌려 깊은 감사의 말씀을 올리고 싶다. 선생님들의 가르침에 비하면 본서의 내용이 불비하여 송구할 따름이다. 최병현, 이선복, 권오영 선생님께서는 학위논문을 심사하시면서 많은 지도를 아끼지 않으셨으며 특히 최병현 선생님께서는 석사논문 작성 시에도 그러하였고 박사논문 제출 시에도 논문의 오류를 많이 고쳐주셨다.

    되돌아보면 필자는 행운아였던 것 같다. 많은 분들이 필자의 학문과 인생에 도움을 주셨다. 학부시절 고고학이라는 학문에 접할 수 있도록 지도해주신 정징원, 안재호 선생님을 비롯하여 늘 따뜻한 관심과 가르침을 주시는 이희준 선생님, 연구의 영역을 확장할 수 있도록 학은을 베풀어주시는 북방문물연구회의 이강승 선생님과 육조문물연구회의 박순발 선생님께도 감사의 말씀을 올린다.

국립박물관의 문을 나선지 벌써 만 7년이 지나고 있지만 요즘도 그 시절이 그리울 때가 많다. 당시에는 가끔 박물관 생활이 답답하다는 느낌을 가진 적도 있지만, 지금 생각해보면 그 때 만큼 행복하던 시절도 없었던 것 같다. 모든 일을 접고 발굴이나 유물정리에 매달릴 수 있는, 어찌 보면 앞으로 다시는 누릴 수 없을 것만 같은 귀중한 시간이었던 것 같다. 그 11년간의 국립박물관 시절이 그리울 수 있었던 것은 이건무, 고경희, 서오선, 이영훈, 김권구, 김길식, 함순섭, 신영호, 이병호, 안민자 등 여러 선생님의 지도와 동료의 배려 때문이다. 그러한 시간이 결국 이 책 완성의 토대가 되었음을 밝혀 둔다.

끝으로 필자의 학위논문 작성시 도움을 준 김무중, 김용민, 김태식, 오세윤, 오영찬, 이정호, 조상기, 大竹弘之 선생님과 어려운 출판 여건임에도 불구하고 이 책 발간을 맡아주신 서경문화사 김선경 사장님을 비롯한 출판사 관계자 여러 분께 감사의 말씀을 전하고 싶다.

2009년 12월
이 한 상

* 도판 차례 *

* 표차례 *

서 론

　　이 책은 백제유적에서 출토된 裝身具를 고고학적으로 분석한 다음 역사적으로 해석해 본 것이다. 考古學과 歷史學은 연구의 주요 대상 자료가 다르고 연구방법론에서도 차이가 존재하지만 과거의 사회상을 복원한다는 점에서는 공통점을 지닌다. 특히 역사고고학 연구의 대상자료 가운데는 문헌기록의 내용과 부합하거나 문자자료가 함께 출토된 사례가 존재하며, 이 책에서 다루는 백제의 장신구처럼 한곳에서 제작된 물품이 여러 지역의 같은 시기 고분에서 출토되는 경우 이를 역사적인 관점에서 해석할 여지가 있다. 이런 점에 주목하여 두 학문 분야 사이의 접점을 찾아보려고 시도하였다.[1]

---

1) 이 책에서 분석 대상으로 삼은 고고학 자료는 일부만이 조사된 것이며 상세한 정보가 알려지지 않은 것도 포함되어 있으므로 자료의 등급이라는 측면에서는 한계가 존재한다. 그 때문에 자료를 활용하는 과정에서 신중한 접근을 시도하였지만 여러 가지 문제점이 내포되어 있을 것으로 추정된다. 고고학 자료를 역사적으로 해석할 때 발생할 수 있는 문제점에 대해서는 다음의 논고를 참고하여 보완하였다.
　송기호, 2000 「사실과 전제 -발해고분 연구의 경우-」 『한국문화』 25, 서울대학교 한

먼저 백제의 지방지배에 관한 기존 연구의 주요 논점을 간략히 정리하고 이 연구에서 중점적으로 검토할 내용에 대하여 간략히 서술하고자 한다.

馬韓 小國 중 하나에 불과하던 百濟는 서기 3세기 무렵 두각을 나타내며 주변 소국을 차례로 병합하고 3세기 후반에는 국제무대로까지 발돋움한다. 이후 국가체제를 정비하면서 地方의 다양한 勢力을 어떻게 編制하고 支配할 것인가 하는 문제는 당면 과제로 부각되었을 것이다.

백제사의 전개과정에서 전국에 걸쳐 地方官을 파견, 領域的인 支配를 실현한 것은 泗沘時期 이후의 일이다. 이 무렵 국가의 지배력이 미치는 공간을 5方으로 나누고 그 하부에 여러 개의 郡과 城을 차례로 편제하여 지방을 지배하게 된다.[2] 그 이전 단계에는 國家의 支配力에 限界가 있었기 때문에 檐魯라 불린 據點城을 중심으로 地方支配를 실시하기도 하였고[3], 部가 정치운영의 중심이 되던 시기[4]에는 지방을 城-村으로만 편제하여 느슨하게 지배한 것으로 이해된다. 결국 지방지배의 요체는 지방 세력의 自律性을 국가가 規制하는 방향이었으며 郡縣制的 支配體制의 실현을 최종 목표로 설정한 것이었다.[5]

국문화연구소, pp.93~102

2) 노중국, 1988 『백제정치사연구』 일조각
    양기석, 2007 「백제의 지방통치체제」 『한국고대사 연구의 새 동향』 서경문화사

3) 노중국, 1991 「한성시대 백제의 담로제 실시와 편제기준」 『계명사학』 2. 계명사학회
    김영심, 1990 「5~6세기 백제의 지방통치체제」 『한국사론』 22, 서울대학교 국사학과
    이용빈, 2002 『백제 지방통치제도 연구-담로제를 중심으로-』 서경문화사

4) 노태돈, 1975 「삼국시대 부에 관한 연구 -성립과 구조를 중심으로-」 『한국사론』 2, 서울대학교 국사학과

5) 노태돈, 2009 『한국 고대사의 이론과 쟁점』 집문당, p.61

백제 지방지배의 실상을 알려주는 문헌 기록은 매우 소략하다. 『三國史記』에는 축성, 전쟁, 徙民, 구휼에 관한 기록이 남아 있지만 초기기록에 대해서는 紀年을 그대로 믿기 어렵다는 견해도 있어 이를 적극적으로 활용하는데 한계가 있다. 중국의 史書 가운데 『南齊書』 『梁書』 『周書』 『隋書』 등에 백제의 都城, 官位制, 風習과 관련한 기록이 남아 있으나 소략한 편이고 그나마 동일한 내용을 전재하거나 전후시기의 자료가 錯綜된 예도 있어 이것만으로 백제의 지방지배 방식을 올바르게 이해하기에는 무리가 있다. 또한 『日本書紀』에는 仁德紀 41년조나 神功紀 49년조의 기사처럼 담로제의 개시연대나 영산강유역의 영역화 과정을 보여주는 기록이 있지만 기년에 문제가 있고 얼마나 윤색된 것인지에 대한 파악 또한 어려우므로 바로 활용하기는 무리가 있다.

　　이러한 한계를 극복하기 위하여 최근 자료의 축적도가 현저히 높아진 고고학 조사의 성과를 적극적으로 수용할 필요가 있다. 특히 風納土城이 발굴되면서 이곳이 한성시기 백제의 정치·물류의 중심지였음이 밝혀졌고,[6] 이와 함께 지방 유력자의 무덤이 원주, 오산, 서산, 천안, 연기, 청주, 청원, 공주, 익산, 고창, 나주, 고흥 등지에서 연이어 발굴되면서 중앙과 지방 사이의 관계를 밝혀줄 수 있는 여러 가지 자료가 확보되었다.[7]

　　이 논문에서는 이 같은 새로운 연구여건을 활용하여 고고자료, 특히 裝身具[8]를 소재로 백제의 지방지배에 대하여 검토하고자 한다.

---

6) 권오영, 2008 「백제의 생산기술과 유통체계 이해를 위하여」 『백제 생산기술의 발달과 유통체계 확대의 정치사회적 함의』 학연문화사
7) 충청남도역사문화연구원, 2008 『유적·유물로 본 백제 I, II』
8) 장신구는 선사시대에도 존재하였지만 역사시대에 접어들면 琉璃와 玉石으로 만든

장신구는 신체를 장식하는 고유의 기능뿐만 아니라 소유자의 사회적 지위를 보여주는 威勢品(prestige goods)[9]적인 성격이 짙으므로 이를 분석하면 장신구의 소유자 사이에 개재된 정치적 관계를 비롯하여 여러 가지 다양한 조명이 가능할 것으로 보인다.

제1장에서는 연구의 방법론을 모색하기 위하여 위세품에 대한 학계의 연구 성과를 살펴보려 한다. 위세품에 대한 연구는 유물의 제작기법이나 양식에 대한 연구에서 한 걸음 더 나아가 위세품의 所有 關係를 분석하여 政治社會體制를 해명하고자 노력한다. 외국의 사례 가운데는 프랑스와 독일의 초기철기시대 수입품을 위세품체제라는 시각에서 검토한 연구[10], 일본 古墳時代의 야마토정권이 銅鏡을 賜與함으로써 地方首長을 통제해나간 것으로 설명한 연구가 있다.[11] 국내에서는 威勢品의 범위를 보다 폭넓게 보면서 위세품 授受關係의 주체를 백제와 신라 중앙으로 보고 이러한 물품의 賜與를 통하여 지방세력을 統制해 나간 것으로 이해하였다. 대상유물로는 中國陶磁[12], 晉式帶金具와 靑銅鐎斗[13], 일본산 硬玉 原石[14], 로만글라스를 비롯한

것에 더하여 귀금속으로 만든 화려한 장신구가 본격적으로 제작된다. 이 책에서는 다양한 재질의 장신구 모두를 다루지는 못하였고 그 가운데 귀금속제 장신구에 한 정하여 논의를 전개하고자 하며, 이것을 '장신구' 라 약칭하고자 한다.

9) 콜린 렌프류 · 폴반(이희준 역), 2006 『현대고고학의 이해』 사회평론, pp.362~363

10) Frankenstein, S. and Rowlands M. 1978. The Internal Structure and Regional Context of Early Iron Age Society in South-western Germany. *Institute of Archaeology Bulletin* 15. London University

11) 小林行雄, 1961 「第三章. 同范鏡考」 『古墳時代の研究』 靑木書店

12) 권오영, 1988 「4세기 백제의 지방통제방식 일례 -동진청자의 유입경위를 중심으로-」 『한국사론』 18, 서울대학교 국사학과

13) 박순발, 1997 「한성백제의 중앙과 지방」 『백제의 중앙과 지방』 충남대학교 백제연구소

14) 이희준, 2007 『신라고고학연구』 사회평론

수입품[15]을 다루기도 하고 신라나 백제에서 제작된 金工品[16], 철제 살포[17]를 위세품의 범주에 넣어 설명하기도 한다. 이와 같은 연구는 대상으로 삼은 지역 혹은 정치체, 그리고 대상유물의 종류에 따라 다양한 결론에 도달하고 있지만 고고학 자료를 역사적으로 해석하는데 있어 위세품 연구가 유효성을 지니고 있음을 잘 보여준다. 이러한 연구성과를 검토하면 백제 장신구를 소재로 연구를 진행할 때 어떤 시각으로 접근하고 또 어떻게 해석하면 좋을지에 대한 시사점을 얻을 수 있을 것으로 기대한다.

그런데 위세품체제라는 용어는 매우 포괄적인 의미를 지니고 있고 당초 하나의 사회발전단계를 나타내기 위하여 造語된 것이므로 백제나 신라에 적용할 때는 '賜與'라는 단어를 넣어 보다 구체화시키면 좋을 것 같다.[18] 이 연구에서 중점을 두어 검토할 백제의 장신구는 威勢品 賜與體制라는 큰 틀로도 설명할 수 있지만, 기왕의 연구에서 상대적으로 소략하게 다루어졌고 근래 출토례가 급증하였기 때문에 보다 특화시켜 설명할 필요가 있다. 특히 백제의 장신구는 양식적으로 보아 백제적인 특색이 현저하며 지배층 사이에서 공유하는 모습이 뚜렷하게 보이므로 이에 대한 분석을 통하여 裝身具 賜與體制라는 개념을 도출하고자 한다.

---

15) 함순섭, 2008 「신라 마립간시기에 이입된 중앙아시아 및 서아시아의 문물」『신라, 서아시아를 만나다』 국립경주박물관 외
16) 최종규, 1983 「중기고분의 성격에 관한 약간의 고찰」『부대사학』 7, 부산대학교 사학회
이한상, 1995 「5~6세기 신라의 변경지배방식-장신구분석을 중심으로-」『한국사론』 33, 서울대학교 국사학과
17) 김재홍, 2007 「금강유역 출토 백제 의장용 살포 -금강유역 백제 농업생산력의 해명을 위하여-」『고고학탐구』 창간호, 고고학탐구회
18) 이희준, 2007 앞의 책, p.211

이러한 논의가 성립하려면 몇 가지 전제가 필요하다. 즉, 장신구 製作의 主體를 백제 중앙으로 볼 수 있는지, 장신구의 分布圈을 백제의 領域으로 보아도 좋을지, 장신구의 제작-소유관계를 분석하여 賜與라는 정치적 행위를 認知해낼 수 있는지, 사여된 것이라면 이런 물품의 用途는 무엇이고 왜 사여한 것인지에 대한 설명이 가능해야 할 것이다. 이러한 검토를 전제로 하여 百濟의 裝身具는 '백제의 中央에서 製作하여 영역 내 有力者에게 賜與한 服飾의 構成品'이라는 견해를 제시하고자 한다.

제2장에서는 장신구 사여체제 설정을 위한 대상 자료를 분석하려 한다. 백제의 장신구는 남한강, 금강, 영산강, 섬진강 등 주요 수계와 아산만에서 연결되는 하천 인접지역의 중심고분군에 分布하는 특징을 보이는데[19] 각 水系別로 어느 정도의 집중도를 보이는지, 그리고 어느 지역에 집중하는지에 대하여 주목하고자 한다. 장신구의 출토례가 많은 신라의 경우 영남지역의 주요 盆地 가운데 역사기록에 小國名이 전하는 곳의 中心古墳群과 그 하위 고분군에 放射狀으로 분포하고 있으며 특히 王都에서 각 邊境에 이르는 주요 교통로의 結節點에 집중되고 있어[20] 백제의 경우와는 다소 차이가 존재한다.

장신구는 대체로 간소한 것에서 복잡·화려한 것으로 변하는 경우가 많지만, 외부로부터 완제품이 수입되기도 하고 또 그것을 모방하여 만들기도 하므로 형식학적인 방법만으로 연대를 결정하기란 쉽지 않을 때가 많다. 다행히 백제 고고학의 경우 熊津遷都와 泗沘遷都

---

19) 3장에서 서술할 馬形帶鉤의 분포양상으로 보면, 이러한 분포의 연원은 馬韓 주요 小國의 위치와 관련되는 것 같다.
20) 이희준, 2007 앞의 책, pp.177~179

라는 劃期가 있고 상한연대를 추정할 수 있는 중국물품의 출토례가 많은 편이며 武寧王陵과 陵山里寺址, 王興寺址, 彌勒寺址에서 유물의 매납 시점을 알려주는 문자자료와 함께 장신구가 출토되었으므로 이를 적극적으로 활용하여 장신구에 絶對年代를 부여해 보려 한다. 이러한 編年表를 토대로 3·4장에서는 漢城, 熊津, 泗沘時期 장신구의 양식적 특색을 정리하여 이를 각 시기의 장신구문화라 규정하고 각 시기별 분포 추이를 살펴 그 의미를 해석하고자 한다.

　제3장에서는 裝身具 賜與體制의 成立에 대하여 살펴보려 한다. 백제에서 장신구 사여체제가 왜 필요하였고 또 어떤 과정을 거쳐 성립하였는가의 문제를 중심으로 검토하고자 한다. 백제의 장신구 사여체제는 5세기를 전후하여 성립되지만 그 연원을 따져보면 4세기에 형성된 鐵素材 貢納網의 형성과 中國物品의 賜與가 기반이 되었던 것으로 이해하고자 한다. 철자원은 일찍부터 국가 차원에서 독점하였을 것인데 『日本書紀』神功紀의 谷那鐵山에 대한 기록처럼 철광은 왕성에서 먼 거리에 떨어져 있는 경우가 많았을 것이므로 이러한 자원을 효율적으로 관리하고 철제품을 만들어내기까지는 조직화된 체제가 필요했을 것이다.[21] 그간 발굴된 제철유적과 당시 제철소에 필요한 목탄을 생산하였던 탄요의 분포를 아울러 살펴 한성시기 백제에 여러 곳의 製鐵所가 존재했음을 상정하고자 한다. 이 제철소의 운영에 필요한 고급 기술은 백제 중앙에서 통제했을 것이지만[22] 채광에서 제련을 거쳐 공납에 이르기까지의 제반 업무는 지역 세력이 담당하였을 가능성에 대하여 검토하고자 한다. 특히 製鐵所, 炭窯, 생산된

21) 이남규, 2008 「백제 철기의 생산과 유통에 대한 시론」 『백제 생산기술의 발달과 유통체계 확대의 정치사회적 함의』 학연문화사, p.192
22) 김창석, 2008 「백제 왕실 수공업의 성립과 생산체제」 위의 책, p.49

鐵素材의 貢納路와 관련한 주요 거점에 인접하여 중국도자, 장신구를 반출하는 고분군이 입지함에 주목하고자 한다.

4세기 이후 한성시기의 유적에서는 兩晋 및 劉宋時期의 陶磁, 帶金具, 鐎斗 등 중국물품이 출토된다. 그 가운데 도자의 분포는 5세기대 장신구의 분포와 상당 부분 겹친다. 양자 모두 백제사회에서 위세품으로 활용되었을 것인데 4세기대에는 중국물품이 최고의 위세품이었다면 5세기에는 장신구가 그 역할을 대신하는 것으로 보인다. 5세기에도 물론 중국에서 수입한 도자가 여전히 사여되지만 가시적인 효과가 뛰어난 착장용 장신구의 비중이 높아졌고 더불어 장례의식의 공유를 상징하는 금동식리가 사여되는 새로운 형태의 장신구 사여체제가 성립하였음을 밝히려 한다. 더 나아가 장신구 사여체제의 한 축인 지방 세력[23], 그 가운데 수촌리1호분과 4호분, 용원리9호분, 부장리5호분 주인공처럼 유력한 세력은 나름의 독자성을 가진 地方 侯國[24]적인 존재로 轉身하였던 것으로 이해하고자 하며, 백제 왕실은 이들과 상하관계를 맺고 지방지배의 중핵이 된 檐魯 혹은 據點城의 長으로 임명하였으며 장신구가 그 매개물이었을 가능성에 대해서도 검토하

---

23) 고고학 자료를 분석하여 백제 사회에서 지방 세력의 어떤 양상으로 존재하였는지를 실증적으로 밝힌 연구가 있다.
권오영, 2007「제5절 고고자료로 본 지방사회」『백제의 정치제도와 군사』충청남도 역사문화연구원, pp.212~287
24) 노태돈, 2000「초기 고대국가의 국가구조와 정치운영」『한국고대사연구』17, 한국고대사학회, pp.8~10
이 글에서 사용하는 후국의 개념은 위 논고의 견해에 따랐다. 신라나 백제에서 전형적으로 보이는 지방 후국은 삼한시기 이래의 소국적 전통을 유지하면서 중앙의 지원을 받는 한편 그에 상응하는 의무를 수행한 존재였던 것으로 보인다. 특히 신라의 경우 기록에 등장하는 소국의 고지에 대규모의 고분군이 연속하여 축조되는 모습이 보인다. 그러나 이러한 양상은 한계를 지닌 것이었고 약 1세기가 지난 시점에 지방관이 파견되면서 후국적인 존재는 사라지게 된다.

고자 한다.

　제4장에서는 5세기에 성립한 장신구 사여체제가 이후 백제사의 전개과정에서 어떠한 변화를 겪었는지에 대하여 살펴보고자 한다. 475년 漢城이 함락되면서 약 70년 이상 유지되었던 장신구 사여체제는 붕괴한다. 즉, 장신구 사여체제 유지의 주요 공간인 남한강 수계, 아산만 주변, 금강 수계의 미호천 일원을 상실함에 따라 백제는 국가의 기반 자체가 붕괴되는 위기를 맞이하였다. 이러한 위기에서 벗어나기 위하여 새로운 수취원의 안정적 확보를 기도하였을 것이고 그 대상지는 호남지역, 그 가운데 영산강유역이었던 것 같다. 그렇지만 천도 초기 정정이 불안한 상태에서 영산강유역에 대한 재편은 곧바로 이루어지지는 못하였던 것 같으며 東城王의 武珍州 親征 기록이 보이는 5세기 말경에 나주 新村里9호분으로 대표되는 지역 세력의 기반을 해체하고 그에 대신하여 기존에 상대적으로 기반이 취약하였던 伏岩里 일대의 세력을 적극적으로 지원함으로써 地域社會를 再編하였던 것으로 이해하고자 한다.

　웅진시기에 재건된 장신구 사여체제는 장신구의 사여 대상이 축소되고 장신구 소유자의 위상도 약화되는 등 한성시기와는 상당한 차이를 가지는데, 이러한 체제는 泗沘遷都 이후 해체되는 것으로 보인다. 그 배경은 바로 領域支配가 관철되던 시대적인 상황과 관련이 있을 것이다. 이 시기의 장신구 가운데 銀製冠飾은 史書에 奈率 이상의 官人이 사용한 물품이라 기록되어 있으므로 사비시기의 장신구는 官位를 가진 관리의 官服을 裝飾하는 물품으로 성격이 변하였음을 강조하고, 지방 각지 출토 장신구의 분포를 지방 거주민의 官人化 傾向이라는 관점에서 살펴보고자 한다. 이 논문에서는 이처럼 정치적 성격이 짙은 장신구를 소재로 백제의 고고자료를 편년하고 그 편년안에 기준하여 장신구의 분포 추이를 살펴 한성 · 웅진 · 사비시기 백제의 지배방식에 어떠한 변화가 있었는지 조망해 보고자 한다.

제1장
威勢品 賜與體制論

1. 위세품 사여체제 연구의 현황

　대부분의 사회에는 다양한 종류의 貴重品이 존재한다. 그 가운데 일부는 일상생활에서 실용품으로도 사용되지만 소유자의 부나 지위를 과시하기 위한 목적으로 활용되는 경우가 많다. 이러한 물품을 威勢品[1]이라 부른다. 위세품은 특정 사회에서 높은 가치를 지닌 한정된 소재로 만들어지는 경향이 있고 소재의 다수가 稀少性, 耐久性, 그리고 시각적으로 눈길을 끄는 성질을 지니고 있다. 금은 등의 귀금속, 수정·마노·비취·터키석 등 귀한 옥석, 상아나 보배조개 등이 해당한다. 이처럼 원재료 자체가 희귀한 것뿐만 아니라 개인의 위세를 강

---

[1] prestige goods는 韓日 學界에서 威信財로 飜譯해왔으나 다음의 論考에서 이를 威勢品으로 번역한 이래 근래 우리 학계에서 이 용어가 정착되었다.
　이희준, 1996 「낙동강 이동 지방 4, 5세기 고분 자료의 정형성과 그 해석」『제2회 영남·구주 고고학대회 요지, 4·5세기 한일고고학』영남고고학회, p.11

조하는데 도움이 되는 정교한 직물, 의복의 소재 역시 귀한 물품으로 여겨졌다.[2]

위세품의 가치에 대한 판단은 그것이 통용되는 사회마다 다양하며[3] 일상용품에 비해 그것에 접근하거나 또는 취득할 수 있는 기회가 사회적인 요인에 의해 제한되므로 상대적인 희소성이 높다. 희소성이라는 측면에서 보면 전근대사회의 外來品은 위세품적인 성격을 지녔을 것이며[4] 금속제 장신구처럼 착장했을 때 시각적으로 눈에 띠는 물품인 경우 위세품적인 성격이 농후하였을 것이다. 교역이나 생산을 통하여 집적한 위세품은 최고 권력자가 관리하였고 이러한 물품은 재분배 또는 사여라는 방식으로 그 사회의 지배층에게 공급되었던 것으로 보인다.

위세품이 어떻게 활용되었을 지에 대하여 구체적으로 검토한 연구는 威勢品體制(prestige goods system)論이다.[5] 1978년 Frankenstein과 Rowlands는 위세품 체제에 관한 사례연구를 발표하였다.[6] 兩人은

2) 콜린 렌프류 · 폴반(이희준 역), 2006 『현대고고학의 이해』 사회평론, pp.362~363
   위세품의 소비는 정치권력의 재생산에 결정적인 역할을 하므로 권력층은 소비의 확대를 정치적으로 제한해야 하며, 생산 또한 최소한으로 억제되어야 하고 공급량이 권력층 외부로 유출되는 것을 막아야 했을 것으로 추정한다.
   김장석, 2004 「물류시스템과 대외교류의 정치경제학에 대한 고고학적 접근」 『한성기 백제의 물류시스템과 대외교섭』 학연문화사, pp.40~41
3) 예를 들어 아즈텍人은 금을 선호한 정복자와는 달리 깃털을 더 중시하였고 三韓社會에서도 金銀은 귀하게 여겨지지 않은 대신 玉이 선호되었다는 『三國志』의 기록을 보면 그러하다.
   콜린 렌프류 · 폴반(이희준 역), 2006 위의 책, p.362
   『三國志』魏書 卷30 烏丸鮮卑東夷傳 東夷 韓
   「以瓔珠爲財寶 或以綴衣爲飾 或以縣頸垂耳 不以金銀錦繡爲珍」
4) 박순발, 2001 『한성백제의 탄생』 p.220
5) 이안 호더 · 스코트 허트슨(김권구 역), 2006 『과거읽기 -최근의 고고학 해석방법들-(원제 : Reading the Past)』 학연문화사, pp.135~136

프랑스 및 독일의 철기시대 초기 사회가 고도로 階序化된 사회로 이행하는 과정을 위세품으로 설명하였다. 그 지역 君長들이 자신들의 지위를 강화할 수 있었던 것은 지중해세계로부터 들여온 위세품의 공급에 대한 統制權을 행사한데 있었다고 주장하였다. 그 군장들이 통제권을 행사한 방식은 이 가치재(valuables) 가운데 최상품을 자신들이 사용하면서 위세를 과시하고 그 가운데 일부를 家臣들에게 할당하는 방식이었다고 한다.[7]

이러한 견해는 일본 학계에서도 이미 제기된 바 있다. 1961년 小林行雄은 '三角緣神獸鏡 分配論'을 주장하였다.[8] 그는 삼각연신수경을 관찰하던 중 同笵鏡의 존재를 확인하였고 여기서 역사적인 해석의 실마리를 찾게 된다. 즉, 동범경 가운데 1~2面은 畿內에서 출토되고 나머지는 다른 지역의 고분에서 출토되는 점에 주목한 것이다. 이러한 분포양상에 대하여 倭의 중앙정권이 자신들이 일괄로 보관하고 있던 삼각연신수경을 지방의 首長에게 배포하면서 정치적인 관계를 맺은 것으로 해석하였다. 시간의 경과에 따라 삼각연신수경의 분포가 일본열도 전역으로 확산되었으며, 그 배경에 大和政權의 영향력 확대가 개재된 것으로 추정하였다.

---

6) Frankenstein, S. and Rowlands M. 1978. The Internal Structure and Regional Context of Early Iron Age Society in South-western Germany. *Institute of Archaeology Bulletin* 15, 73-112. London University
　Rowlands는 Friedman과의 공동연구에서 'prestige good systems' 라는 사회발전의 단계를 설정하기도 하였다.
　Friedman, J. and Rowlands. M. 1978. Note towards an epigenetic model of the evolution of civilization. The Evolution of Social System(ed. Friedman & Rowlands), 224-232. University of Pittsburgh Press
7) 콜린 렌프류 · 폴반(이희준 역), 2006 앞의 책, p.387
8) 小林行雄, 1961 「第三章. 同笵鏡考」『古墳時代の研究』靑木書店, pp.97~133

이후 발굴조사를 통하여 古墳時代 前期의 유적에서 동경의 출토 례가 급증하였다. 前期古墳에 부장된 삼각연신수경은 약 520面 정도 이고 그 가운데 390面 가량이 중국제, 130面 가량이 倣製品인 것으로 보는 등 일본학계에서는 삼각연신수경을 魏鏡으로 보는 견해가 여전 히 많다.[9] 근래 중국과 일본 소장 650面 이상의 동경을 3D로 스캔하여 검토한 연구에 의하면 삼각연신수경에는 鏡背에 흠집과 剝落痕이 많 아 中國鏡이나 倭鏡과는 다른 독특한 특징을 지니고 있다고 하며[10], 중후기 고분에서 출토되는 神獸鏡, 獸帶鏡, 畵像鏡은 畿內政權에서 보관하고 있던 중국의 古式鏡을 일본에서 倣製하여 열도 각지의 수 장에게 사여한 것으로 보았다.[11] 삼각연신수경 가운데 동범경이 포함 된 것은 분명하므로 한 곳에 집적한 동경을 여러 곳으로 배포함으로 써 지배층이 공유하였다는 논지는 여전히 유효한 것으로 보인다.

1985년에는 '삼각연신수경 분배론'의 논지와 경제인류학의 교 역이론을 접목하여 일본 고분시대 전기의 사회를 '威信財시스템'으 로 설명한 연구가 나왔다. 이 연구는 삼각연신수경이 어디에서 제작 되었는지의 여부보다는 왜 일본 각지로 배포되었을까 하는 점에 주 목해야 한다고 하면서 邪馬臺國의 朝貢은 동경 획득을 위한 교역이 었고 수장들에게 재분배된 中國鏡은 약간의 시간이 경과한 후 무덤 에 부장되면서 列島에서 사라진 것으로 추정하였다. 5세기 이후에도 이 '시스템'은 여전히 기능하였는데 鐵製甲冑(5세기)나 裝飾大刀(6~7

9) 車崎正彦, 1990「三角緣神獸鏡はどこで作られたのか」『爭點日本歷史』2卷, 新人 物住來社, pp.37~50
福永伸哉, 2005「三角緣神獸鏡論」『日本の考古學』下, 學生社, pp.457~463
10) 水野敏典 外, 2006「三角緣神獸鏡の鑄造缺陷と同范鏡製作モデル」『3次元デジタ ルアカイブ古鏡總覽(II)』奈良縣立橿原考古學硏究所編, 學生社, pp.385~391
11) 河上邦彦, 2006「中後期古墳出土のいわゆる舶載鏡について」위의 책, pp.474~481

세기)로 배포물품이 변하였음을 지적하였다.[12] 1995년의 후속 연구에서는 이 '시스템'을 彌生 중후기로 소급하여 적용하였다. 이 무렵 지역집단의 계층화가 진전되면서 각지에 首長이 형성되었고 북부 九州의 수장이 대표가 되어 낙랑군에 조공하여 동경 등의 물품을 획득, 분여함으로써 권력을 유지하는 체제를 상정하였다. 또한 倭國大亂과 畿內로 패권이 옮겨간 요인을 이 '시스템'의 붕괴에서 찾았다.[13]

이러한 논의를 계승하여 2006년에는 고분시대 전기의 銅鏡을 소재로 '威信財시스템'을 논한 연구가 나왔다.[14] 동경 배포의 주체인 야마토정권이 동경의 수요-공급관계를 이용하여 각 지역 집단 간의 경합관계에 관여할 수 있었고 광역적인 정치적 동맹관계를 맺어나갔다고 한다. 한편 지역 수장은 지역 집단의 내적인 모순과 주변 首長과의 경쟁관계에서 주도권을 장악하기 위하여 '威信財시스템'에 전략적으로 편입된 것으로 보았다. 이 연구는 위세품 사여의 주체인 야마토정권 뿐만 아니라 사여 받는 지역 수장의 입장을 함께 고려한 점이 특징이다.

국내에서는 1983년 '金工品 分配論'이 제기되었다. 경상도지역에서 출토된 삼국시대 금공품은 2~3개의 유력 집단이 집중적으로 제작하여 일부는 자신들의 수요에 충당하고 나머지는 다른 단위집단에

---

12) 穴澤咊光, 1985 「三角緣神獸鏡と威信財システム(上,下)」『潮流』4・5報, いわき地域學會, pp.1~3

13) 穴澤咊光, 1985 「世界史の中の日本古墳文化」『文明學原論 -江上波夫先生米壽記念論集-』山川出版社, pp.409~417

14) 辻田淳一郎, 2006 「威信財システムの成立・變容とアイデンテイテイ」『東アジア古代國家論』すいれん舍, pp.31~64
辻田淳一郎, 2007 「古墳時代前期における鏡の副葬と傳世の論理」『史淵』144, 九州大學 大學院 人文科學研究院, pp.1~33

배포하였을 것으로 추정하였다. 금공품은 권위의 상징물이므로 교환의 대상이 아니며 자기집단과 유대를 맺고 있던 단위집단에 한하여 유포하였을 것으로 보았다. 분포의 중심은 경주였고 신라와 연맹관계를 맺은 유력 단위집단이 공유한 것으로 보았다.[15]

1988년에는 한성시기 백제유적 출토 東晉製 靑磁의 소유관계를 분석한 '東晉物品 賜與論'이 제기되었다. 석촌동3호분 주인공으로 상징되는 백제 중앙(왕실)은 교역을 통해 동진으로부터 청자, 초두 등의 물품을 수입하였고 이를 중앙 귀족과 지방 세력에게 사여한 것으로 상정하였다. 기왕에 백제로 편입된 지방 세력들에 대한 통제를 강화하여 이탈을 방지하고자 외국에서 수입한 희귀품을 사여하였다고 한다. 이는 정비된 지방제도나 지방관의 파견이 아직 이루어지지 못한 시기의 과도기적인 현상이었으며 당시 백제 정치의 한계를 보여주는 것으로 해석했다.[16]

1997년에는 백제 한성시기의 위세품을 종합적으로 분석하고 중앙과 지방의 관계를 검토한 연구가 나왔다. 이 연구에서는 몽촌토성, 풍납토성, 석촌동 등 漢城의 주요 유적과 지방 소재 주요 무덤에서 출토되는 中國陶磁와 晉式帶金具, 鐎斗 등의 靑銅容器를 위세품으로 파악하였다. 이러한 물품은 당시 중국에서도 최고급에 속한 것이었으며 특히 晉과의 공식적인 朝貢貿易을 통해 수입한 것으로 보았다. 위세품이 분포하는 지역은 백제의 지배력이 미치는 변경의 요충지에 한정됨을 지적하였으며 그 가운데 금강 이북지역이 直接支配의 圈域

---

15) 최종규, 1983 「중기고분의 성격에 관한 약간의 고찰」『부대사학』 7, 부산대학교 사학회, pp.170~172

16) 권오영, 1988 「4세기 백제의 지방통제방식 일례 동진청자의 유입경위를 중심으로」『한국사론』 18, 서울대학교 국사학과, pp.23~28

에 편입되어 있었던 것으로 보았다.[17]

이 연구의 논지를 이어 2001년에는 한성시기 백제 위세품 사여의 과정을 단계화한 연구가 제출되었다. 즉, 土器樣式은 다르지만 위세품을 사여함으로써 관계를 맺는 단계(1단계)를 거쳐 百濟土器가 基調를 이루는 단계(2단계)로 변화하며, 이어 변경지역 집단을 군사적으로 편제하고 그 내부에 대해서는 直接支配를 실현하는 단계(3단계)가 존재하는 것으로 보았다.[18]

2007년에는 백제고분 출토 살포를 위세품으로 보는 연구가 제출되었다. 공주 수촌리, 금산 수당리, 청주 신봉동, 청원 주성리, 천안 용원리 등 금강유역 출토 살포가 儀器的인 성격을 지닌 것으로 보고 살포 출토 고분에서는 장식대도, 중국청자, 금동관 등 위세품이 공반되므로 이것은 모두 백제왕이 지방 수장에게 하사한 물품일 것으로 추정하였다. 신라에서 살포가 실용적인 농기구였지만 백제에서는 성격이 달랐는데, 그것은 農耕儀禮를 공유하고 있던 백제왕실과 각 지역 수장층이 상호 결속을 다지고 왕으로부터 그 지역의 농업통제권을 인정받았다는 의미로 해석하였다.[19]

2007년에는 사로국의 硬玉 제작과 유통과정을 추론한 연구가 나왔다. 辰韓 맹주국이었던 斯盧國의 수장이 倭로부터 경옥 원석을 수입한 후 재래의 핵심 위세품인 水晶 曲玉을 대체하는 硬玉製 曲玉으로 가공하여 자신의 위세품으로 쓰는 한편 휘하 首長層 및 진한 소국

---

17) 박순발, 1997 「한성백제의 중앙과 지방」『백제의 중앙과 지방』충남대학교 백제연구소, pp.134~151

18) 성정용, 2001 「4~5세기 백제의 지방지배」『한국고대사연구』24, 한국고대사학회, pp.87~105

19) 김재홍, 2007 「금강유역 출토 백제 의장용 살포 -금강유역 백제 농업생산력의 해명을 위하여-」『고고학탐구』창간호, 고고학탐구회, pp.15~28

의 수장들에게도 분배함으로써 자신의 정치적 지위를 강화하였다고 한다. 이러한 방식은 4~5세기 무렵 金工品이 본격적으로 제작되기 이전에 성립된 것이며, 사로의 영향력 확대에 크게 기여하였을 것으로 추정하였다.[20]

2008년에는 신라 麻立干期 對外交易問題를 검토한 연구가 나왔다. 마립간시기의 신라는 경주의 왕경을 중심에 두고 주변 소국을 하부 단위로 거느렸는데 再分配도 이러한 하부단위를 거느린 사회구조에 맞추어 체계화되었으며, 대외교역의 결과물인 수입품을 왕경에 집중시키고 신라에서 제작한 귀금속 장신구는 권역에 널리 분배함으로써 체제를 확립해 나갔다고 한다. 그리고 마립간시기 재분배체계의 기저에는 지방을 상대적으로 차별함으로써 왕경과 지방 사이에 상하 관념을 만들고자 했던 정치적 의도가 감추어져 있었다고 하며, 신라 적석목곽분 출토 외래품은 마립간체제를 확고히 정착시키는데 이용된 것으로 보았다.[21]

이상에서 살펴본 것처럼 威勢品體制란 국가성립 전단계의 複合社會가 어떤 과정을 거쳐 형성되었고 또 발전하였는가를 논할 때 활용되는 모델[22] 가운데 하나이다. 일본학계에서는 동경을 소재로 논의하였는데, 이 체제는 물품의 안정적인 공급이 이루어지지 않으면 체제 자체가 붕괴될 수 있는 한시적이고 취약한 구조를 지닌 것으로 보

---

20) 이희준, 2007 『신라고고학연구』 사회평론, pp.211~212
21) 함순섭, 2008 「신라 마립간시기에 이입된 중앙아시아 및 서아시아의 문물」『신라, 서아시아를 만나다』 국립경주박물관 외, pp.138~141
22) 잉여생산물을 매개로 위계질서가 형성될 때 사회 구성원들이 불평등한 관계임에도 불구하고 그 관계에 가입하려는 것은 위세품의 입수를 비롯하여 더 많은 경제적 혜택을 받을 수 있었기 때문이라 추정한다.
김승옥, 1998 「복합사회 형성과정에 대한 이론적 모델의 일례」『호남고고학』 8, 호남고고학회, pp.17~18

았다.[23)]

　국내에서 威勢品體制論은 주로 국가 성립 이후의 고고학적 양상을 정치적으로 해석하였으므로 장거리교역을 통한 수입품이든 국내에서 만든 고급 물품이든 그것의 유통을 통제할 수 있는 중심지가 곧 국가였던 것으로 보는 점에서 공통적이다. 위세품의 광역적인 분포현상이 살펴지는 4~5세기는 백제·신라 모두 강력한 군사력을 보유하고 외국과 전쟁을 벌였으며 나름의 관료체제와 수취체제를 수립, 활용한 시기였다. 이러한 조건 하에서 賜與된 위세품은 체제의 안정과 지방 지배를 효과적으로 수행하는데 도움이 되었겠지만 그것이 체제의 유지에 불가결한 요소는 아니었다.

2. 장신구 사여체제의 도출과 전제

　조사례가 많은 백제, 신라, 가야유적 출토 위세품의 현황을 시기별로 정리하면 다음의 〈표1〉과 같다. 이 표에서 볼 수 있듯이 위세품 가운데 가장 많은 수량을 점하는 것은 귀금속장식품이다. 여기서 귀금속장식품이란 금속제 장신구, 장식대도, 장식마구, 금속제 용기를 총칭한 것이다. 현재까지 확인된 자료 가운데는 경주의 신라고분 출

---

23) 辻田淳一郎, 2007 『鏡と初期ヤマト政權』すいれん舍, p.82
　초기 복합사회에서 잉여생산물과 위세품을 성공적으로 활용하여 확립한 중심-주변 정치체의 관계는 유동적이었던 것으로 보는 견해가 있다. 이러한 관계에서 중심 정치체의 역할이 미약해지면 하위 정치체가 새로운 세력으로 부상하여 그 지위를 대체하였을 것으로 추정한다.
　김승옥, 1999 「고고학의 최근 연구동향 : 이론과 방법론을 중심으로」 『한국상고사학보』 31, 한국상고사학회, pp.42~43

토품이 전형이다. 시기적으로 보면 5세기전반에서 6세기전반까지가 중심을 이루며 신라〉백제〉가야 순으로 제작이 활발했던 것 같다.

수입품은 유례가 많지 않으며 백제의 한성시기에 집중된다. 4세기에는 王都와 地方의 대형분에서 출토되었다. 그 중 다수를 점하는 중국도자는 이후 사비시기까지 지속적으로 유입되었는데, 사비시기에 이르면 무덤보다는 도성과 사지에서 주로 발견된다. 그 외에 5세기대에는 鐎斗나 熨斗 등 금속용기도 간간히 수입되었으나 수량은 많지 않았던 것 같다. 이에 비하여 신라의 경우 수입품은 서아시아에서 들여온 유리제 용기가 중심을 이룬다. 가야는 백제로부터 관, 이식 등 장신구와 장식대도를 수입하였으며 470년대를 전후하여 가야적인 색채가 짙은 장식품문화를 선보인다. 이후에도 국제관계의 변화와 함께 신라, 백제의 장식품이 완제품으로 이입되기도 한다. 옥전M1호분에서 출토된 로만글라스는 경주 금령총 출토품처럼 점박이 무늬가 있는 것이며 신라를 통하여 수입한 것으로 보인다.

표1 삼국시대 주요 위세품의 변화상 (↑ : 소급 가능성)

시기	백제		신라		가야	
	국산	수입	국산	수입	국산	수입
4세기	↑	대금구, 도자	↑			
5세기전반	귀금속장식	도자, 금속기	귀금속장식	귀금속장식, 유리기, 금속기	귀금속장식	귀금속장식
5세기후반	귀금속장식	자기, 금속기	귀금속장식	유리기, 자기, 금속기, 釧	귀금속장식	귀금속장식, 유리완
6세기전반	귀금속장식	자기	귀금속장식	유리기, 보검	귀금속장식	귀금속장식

백제의 경우 5세기 이후 중국물품에 대신하여 백제에서 제작한 위세품이 일정한 패턴을 보이며 확산된다. 백제에서 제작한 물품 가

운데 장신구와 장식대도, 장식마구가 있는데 웅진시기까지의 자료가 많으며 사비시기에는 유적에서 출토되는 예가 줄어들고 형태적으로도 간소화된다.

　백제의 위세품에 대한 연구는 漢城時期의 수입물품에 집중되었고 백제에서 제작된 장신구에 대한 분석은 상대적으로 소략하였던 바 이에 대하여 검토해볼 필요가 있다. 더욱이 백제 장신구는 외형 및 제작기법으로 보아 百濟樣式이 發現되어 있고 일정 기간 동안 백제의 支配層 사이에서 共有하는 현상이 보이므로 이를 장신구 사여체제라는 개념으로 특화시켜 살펴볼 수 있을 것 같다.

　장신구 사여체제를 설정하기 위해서는 몇 가지 전제에 대한 검토가 필요하다. 즉, 백제의 장신구가 중앙에서 제작된 것인지, 장신구의 분포범위를 백제의 영역으로 볼 수 있을지, 중앙과 지방의 장신구 공유현상을 사여라는 정치적 행위의 산물로 설명할 수 있을지, 사여된 것이라면 이런 물품의 용도는 무엇이고 왜 사여한 것인지에 관한 문제이다.

　첫째, 백제의 裝身具가 중앙의 工房에서 제작된 것으로 볼 수 있을까 하는 점이다. 금속공예품을 제작하려면 먼저 金銀 등의 귀금속 재료를 확보하여야 한다. 金은 같은 시기 중국뿐만 아니라 각국 지배층이 선호한 금속이었고 국가 사이의 惠贈物로도 활용되었으며[24], 『日本書紀』의 기록처럼 倭國에서는 산지가 확보되지 않아 신라의 金

---

24) 『三國史記』 卷25 百濟本紀 毗有王8年
　「八年春二月 遣使新羅 送良馬二匹 秋九月 又送白鷹 冬十月 新羅報聘以良金明珠」
　『三國史記』 卷11 新羅本紀 憲康王8年
　「八年夏四月 日本國王遣使 進黃金三百兩明珠一十箇」
　『日本書紀』 卷24 皇極天皇元年
　「高麗國大興王聞日本國天皇造佛像 貢上黃金三百兩」

도1 多利作銘 銀釧의 명문

産을 부러워하기도 하였다.[25] 이처럼 귀한 소재를 다루어 만든 장신구는 상당한 기술력을 보유한 匠人과 工房의 존재를 전제한다. 최소한의 금을 들여 최대의 효과를 내야했을 것이므로 귀금속 장신구는 토기나 기와처럼 여러 번의 시행착오를 통하여 시제품을 완성할 여유가 없으며 최고의 장인으로부터 직접적인 지도를 받아야 가능했던 것이다. 이는 6세기 이후 일본열도 내에 귀금속공방이 유지되었음에도 불구하고 木塔의 鑪盤 제작을 위한 기술자를 백제에 요청한 일[26]이나 수 십 년이 지난 다음에 鞍作部 출신 止利[鳥][27]가 法隆寺 釋迦三尊佛 등의 정교한 공예품을 비로소 제작하는 모습[28]에서 유추할 수 있다.

25) 『日本書紀』卷8 仲哀天皇8年
「有向津國 眼炎之金銀彩色 多在其國 是謂栲衾新羅國焉」
26) 『日本書紀』卷21 崇峻天皇元年
「百濟國遣恩率首信 德率盖文 那率福富味身等 進調 幷獻佛舍利 (中略) 寺工太良未太 文賈古子 鑪盤博士將德白昧淳 瓦博士麻奈文奴 陽貴文陵貴文 昔麻帝彌 畫工白加」
27) 『日本書紀』卷22 推古天皇13年
「以始造銅繡丈六佛像各一軀 乃命鞍作鳥爲造佛之工」
止利의 生沒年은 알 수 없으나 중국에서 귀화한 司馬達 등의 후손이라 전해졌으며 止利가 속한 鞍作工人이 백제계일 가능성이 있다고 한다.
문화재관리국, 1973 『무령왕릉 발굴조사보고서』 p.30
이난영, 2000 『한국 고대의 금속공예』 서울대학교 출판부, p.78

武寧王陵에서 출토된 銀製 花形裝飾 裏面에는 '一百卌'이라는 명문이 있는데[29] 글자의 형태가 찌그러진 것을 보면 명문은 銀製 地板의 표면에 새겨졌던 것임을 알 수 있다. 多利作銘 팔찌에 새겨진 '庚子年二月多利作大夫人分二百卅主耳'(도1)의 主가 무게단위이고[30] 제작에 소요된 은의 양이 230주임을 아울러 검토해본다면 백제사회에는 무게에 따라 세분된 단위의 금속판이 공예의 소재 또는 재화의 단위로 존재하였을 가능성이 있다. 현대처럼 延板道具가 발달하지 않은 시점이므로 망치로 두드리고 갈아내어 균일한 두께의 금속판을 만들어내려면 延板을 전문으로 하는 장인이 필요했을 것이고 고도의 기술이 요망되는 鏤金 역시 별도의 장인이 담당했을 가능성이 높다.[31]

　　백제의 장신구 가운데 同笵으로 만든 물품을 찾기 어렵다. 수촌리1호분 출토품 등 일부 대금구를 제외하면 鑄造品이 없기 때문이다. 금의 경우 청동기처럼 産地를 추정하기 어려우며 국가로 귀속된 중요유물에 대해서는 파괴분석방법을 활용할 수 없는 여건이므로 외형 및 제작기법을 분석하여 樣式論의 입장에서 접근할 수밖에 없다. 그

---

28) 大橋一章, 2008「古代文化史のなかの飛鳥寺」『古代文化の源流を探る-百濟王興寺から飛鳥寺へ』國學院大學文學部史學科, pp.147~150

29) 국립공주박물관, 2001『백제 사마왕』p.87

30) 진홍섭, 1975「삼국시대의 공예미술①」『박물관신문』52호
　　主는 銖(朱)와 같은 음을 가진 백제적인 표현인 것으로 해석하기도 한다.
　　정재영, 2003「백제의 문자생활」『구결연구』11, 구결학회, p.113
　　서오선, 2007「제2절 백제의 도량형」『백제의 사회경제와 과학기술』충청남도 역사문화연구원, p.269

31) 七枝刀 등 刀劍에 글자가 새겨진 경우 鍛造工人과 銘文을 새겨 넣는 工人 등 공정별로 복수의 공인이 分業하여 완성한 것으로 보기도 한다.
　　김창석, 2008「백제 왕실수공업의 성립과 생산체제」『백제 생산기술의 발달과 유통체계 확대의 정치사회적 함의』학연문화사, p.52

간 백제 유적에서는 모두 60여기의 유구에서 장신구가 출토되었고 제작기법이나 도안을 검토해보면 고구려·신라·가야 등 주변국 장신구와 현격히 구분되는 특징을 보이고 있다. 이것을 백제양식이라 규정할 때 그 중심지가 王都 漢城일 가능성을 우선적으로 고려할 수 있다.

장신구의 제작지 문제와 관련해서는 장신구가 많이 출토된 신라의 사례를 참고할 수 있다. 신라의 장신구가 한 지역에서 제작된 것인지 혹은 각지에서 다원적으로 제작되었는지를 둘러싸고 논의가 있었다. 즉, 경주를 중심지로 설정하는 '分配論'[32]과 경주의 물품을 지방에서 모방하여 제작하였다는 견해[33]가 그것이다. 그 외에 금동관의 형식이 획일화되는 현상을 신라가 지방의 工人集團을 장악한 결과로 보기도 하였다.[34]

'분배론'은 금속공예품을 제작하려면 원료산지의 확보를 비롯하여 복잡한 제작공정과 전문화된 工人의 존재가 필요하며 공인집단을 움직일 수 있는 생산조직이 갖추어져야 가능하다고 보는 입장이다. 洛東江 以東과 경북내륙지역의 물품 사이에는 圖案과 크기에 있어 일치점이 나타나는 점으로 보아 이들 집단이 독자적인 생산조직을 편성, 유지한 것이 아니라 한 곳에서 제작하여 각 지역으로 배포하였을 가능성을 추론하고 있다.

地域模倣製作說은 제작기법이나 외형상에서 보이는 몇 가지 다양한 요소를 기준으로 제작지가 다원화되었던 것으로 이해하였다.

---

32) 최종규, 1983 앞의 논문, pp.33~36
33) 박보현, 1987 「수지형입화식관의 계통」 『영남고고학』 4, 영남고고학, pp.28~32
34) 전덕재, 1990 「신라 주군제의 성립배경 연구」 『한국사론』 22, 서울대학교 국사학과, pp.36~44

도2 강릉 초당동 금동관의 臺輪

특히 관의 경우 한 곳에서 제작·분배되었다기보다는 지역마다 존재했던 在來의 제작기술을 바탕으로 현지에서 제작한 것으로 보았다.[35] 근래 이와 유사한 견해가 제기되었다. 장신구 가운데 帶冠은 초기부터 중앙에서 分配된 것이 아니었고 지방에서 模倣製作한 것이며 이를 통해 보면 6세기 전반까지 小國은 自治的인 성향을 지닌 채 경쟁적으로 성장하였다고 하였다.[36]

　　'분배설'에서 문제가 될 수 있는 사례로는 관과 대금구가 있다. 지방 출토 관 가운데 강릉 초당동B16호분 관[37]은 臺輪 上邊이 鋸齒狀으로 돌출되어 있어 경주 출토품과는 차이를 보인다.(도2) 그러나 현재까지 경주에서 출토된 금동관의 실례가 많지 않기 때문에 경주 제작품인지의 여부는 자료의 증가를 기다려야 할 것 같고, 대금구 중 창녕 교동(도3-③, ⑨)·송현동(도3-⑧)이나 경산 북사리에서 출토된 예

35) 박보현, 1987 앞의 논문, p.31
36) 李盛周, 2006 「考古學からみた新羅の成立とアイデンテイテイ」『東アジア古代國家論』すいれん舍, pp.206~209
37) 유재은, 2000 「강릉시 초당동고분 출토 금속유물 보존처리」『보존과학연구』 21, p.87의 Photo10
　　국립춘천박물관, 2008 『권력의 상징, 관 -경주에서 강원까지-』 p.83, 사진26

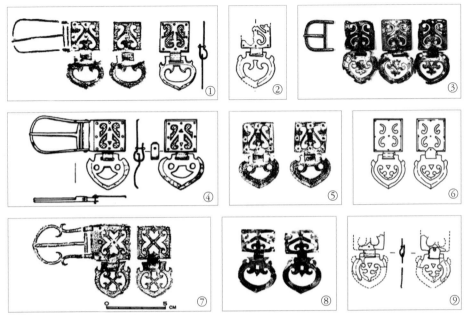

도3 창녕지역 출토 삼엽투조대금구(①교동12호분, ②교동〈동〉3호분, ③교동89호분, ④ 교동7호분, ⑤교동9호분(?), ⑥계남리1호분, ⑦교동11호분, ⑧송현동7호분, ⑨교동 〈동〉1호분)

는 경주 출토품과 꽤 다른 모습을 보이고 있다. 예를 들어 교동89호분 출토품처럼 垂下部에 많은 수의 葉紋이 투조된 예(도3-③, ⑥, ⑨)는 창녕에서만 출토되기 때문이다.[38] 이 경우 경주의 대금구를 모방하여 제작했을 가능성을 고려해 볼 수 있다. 이식 가운데는 창녕 교동12호 분 출토 태환이식은 황오리34호분 등 경주 출토 이식과 기본형은 유 사하지만 중간식을 구성한 球體나 球體間飾의 제작기법에 차이가 있 고 기법상 합천 옥전M6호분 등 대가야권 이식과 연결되는 요소를 지

---

38) 이한상, 2004 『황금의 나라 신라』 김영사, p.216

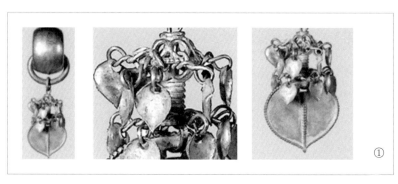

도4 왕경공방과 지방공방 이식의 비교(①경주 황오리34호분, ②창녕 교동12호분, ③합
천 옥전M6호분)

닌 것이므로 창녕 소재 공방에서 제작된 것으로 추정된다.[39](도4)

　　이처럼 신라의 장신구 가운데 대부분은 경주에서 제작되었을 가
능성이 높으며 일부 제작이 용이한 물품은 지방에서도 제작할 수 있
었던 것으로 보인다. 창녕 세력은 비록 기술수준은 경주에 미치지 못
하지만 자체 공방을 가지고 일부 물품을 제작하였음을 알 수 있다. 지
방 제작 장신구의 존재로 보면, 신라에서는 장신구를 비롯한 금공품

---

39) 이한상, 2008 「삼국시대 귀걸이 감정을 위한 착안점 -제작지와 연대를 중심으로-」
　　『복식』 한국복식학회, p.41

도5 공주 수촌리 장신구의 세부(좌: 1호분 금동관모, 우: 1호분 금동과판)

의 제작 자체를 금지하기 보다는 소재의 유통을 통제했거나 착용자의 범위를 제한하였던 것으로 이해할 수 있다.

　백제의 경우도 신라의 사례처럼 제작기법을 분석하면 제작지를 特定할 수 있을 것으로 보인다. 한성시기의 관모, 이식, 대금구, 식리 가운데 신라의 창녕지역 출토품처럼 중앙에서 제작한 물품과 수준차가 존재하거나 제작기법 상의 특색을 지닌 것을 찾아내기는 어렵다. 〈도5〉에서 볼 수 있듯이 공주 수촌리1호분 출토 금동관모의 圖案 및 彫金技法은 한 치의 오류도 없이 정교하므로 이 정도의 수준은 중국 진식대금구에 비하더라도 뒤진다고 이야기하기 어렵다. 백제 금공품 가운데 이보다 더 정교한 물품은 수촌리1호분 출토 귀면과판이다. 자그마한 과판 표면에 獸面紋을 精密鑄造로 표현한 것이다. 이 정도 수준의 금속공예품을 공주의 현지세력이 만들었다고 보기는 어렵다. 중국이나 주변국에서 이보다 이른 시기의 수면문 과판이 존재하지 않으므로 이것은 백제에서 제작한 것으로 볼 수 있다. 천안 용원리1호석곽묘 출토 환두대도의 경우도 환두를 청동으로 정밀주조한 다음

금과 은의 색채를 대비시켜 도금하였으며, 용원리37호분 이식은 사각봉을 비틀어 주환을 만들었음에도 균일한 너비로 매끈하게 마무리가 이루어진 점 등으로 보면 백제의 금공품에는 최고의 금공기술이 구현된 것으로 보인다. 4장에서 후술하겠지만 지방에서 제작된 것으로 추정되는 나주 신촌리9호분 을관 출토품과는 격단의 수준차가 존재한다.

둘째, 고고학 자료에서 살펴지는 百濟樣式이나 地域色을 백제의 영역과 관련하여 어떻게 해석하면 좋을까 하는 문제이다. 문헌사료에 반영된 백제의 영역과 고고학 자료에서 살펴지는 양식의 분포권은 차이가 있다. 이 양자를 제대로 조합하는 작업이 쉽지 않아 학자들 사이에서 논란이 있다.[40] 먼저 묘제에서 보이는 다양성의 문제이다. 묘제는 각 집단의 고유한 장례풍습이 구현된 것이며 외부로부터 신묘제가 전해진다고 하더라도 기왕의 전통이 오랫동안 유지되는 속성을 지니고 있다. 묘제의 변화가 반드시 지배층에서부터 시작하는 것은 아니며 다양한 변수가 개재하는 것으로 보인다. 신라의 경우 약 2세기에 가까운 기간 동안 왕족을 비롯한 왕경인은 積石木槨墓[41]라는 묘제를 사용하였음에 비하여 지방에서는 竪穴式石槨墓가 木槨墓에 대신한 신묘제로 유행하였고, 왕도에서 멀리 떨어진 곳에서는 오랫동안 목곽묘가 그대로 축조되기도 한다.[42] 지방 세력 가운데 극히 일부

---

40) 근래 5세기 4/4분기라는 특정 시기의 고구려·백제·신라·가야 영역을 표시한 지도가 제작되었다. 기록과 고고자료를 접목한 시도로 주목된다.
   김태식 외, 2008 『한국 고대 사국의 국경선』 서경문화사
41) 최병현, 1992 『신라고분연구』 일지사
42) 발해의 경우도 멸망시까지 각 종족별, 지역별 고분양식은 크게 변하지 않았다. 말갈지역은 장방형 수혈토광묘가 만들어졌고 고구려지역에서는 석실묘, 석곽묘, 석관묘와 같은 무덤이 만들어졌다.
   송기호, 1997 「발해의 지방통치와 그 실상」 『한국고대사연구』 11, 한국고대사학회,

는 왕경의 묘제를 모방하기도 하였음은 잘 알려진 사실이다. 5~6세기 우리 고대사회에서 일본의 大化薄葬令처럼 律令으로 무덤의 규격을 규제하는 모습[43]은 찾아보기 어렵다. 따라서 해당 지역의 정치적인 귀속문제를 묘제라는 척도만으로 살펴보기는 어렵다.

한성시기 후반 백제의 직접적인 지배력이 미치는 공간을 금강 이북으로 볼 경우[44] 이러한 공간 범위에 포함된 지방 유력자는 중국 도자, 금속 장신구, 마구, 상감대도 등의 물품을 공유한다. 그렇지만 〈도6〉에서 볼 수 있듯이 묘제는 다양하다. 중앙에서는 석촌동처럼 積石塚이 축조되었음에 비하여 지방에서는 단독의 木棺墓와 木槨墓, 방형의 墳丘墓, 竪穴式石槨墓, 橫口・橫穴式石室墓 등 다양한 묘제가 존재한다. 이것은 이 무렵 지방 세력이 백제 중앙과 일정한 정치적 관계를 맺고 있었지만 자기의 문화적 전통 또는 정체성을 근본적으로 변화시킨 것은 아니었던 것으로 해석할 수 있다. 아울러 위세품으로 보면 지방사회의 유력자는 백제 중앙에 대한 귀속의식이 높아진 것으로 보이지만 그 실태는 왕도에서의 거리나 집단 내 위상 등 여러 요소에 의해 집단마다 혹은 집단 내 계층마다 달랐을 것이다.[45]

다음으로 고고학 자료 가운데 가장 출토례가 많은 토기양식의 분포를 통하여 정치체의 공간적 범위를 인지할 수 있을까 하는 점에 대하여 살펴보고자 한다. 각 정치체는 각기 특정적인 양식의 토기를 생산했고 중심지에서 양식이 먼저 형성되어 정치력이 미치는 곳으로

---

pp.268~269

43) 山本孝文, 2006 『삼국시대 율령의 고고학』 서경문화사, p.94

44) 박순발, 1997 앞의 논문, p.151

45) 吉井秀夫, 2006 「考古學から見た百濟の國家形成とアイデンティティ」 『東アジア 古代國家論』 すいれん舎, pp.174~183

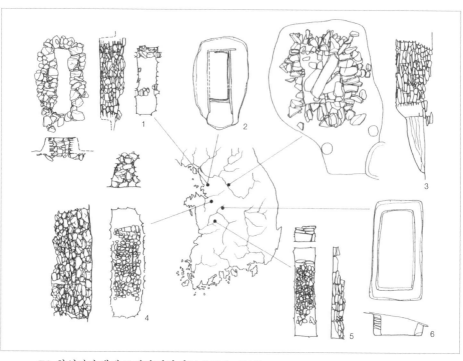

도6 한성시기 백제 묘제의 다양성(吉井秀夫, 2006)
　　1.마하리4호석곽묘, 2.마하리1호목관묘, 3.법천리4호분, 4.용원리1호석곽묘, 5.표정리85-
　　16호묘, 6.신봉동95-109호묘

확산되었으며 토기양식의 분포는 곧 정치 세력의 범위와 일치한다고
보는 견해가 많았다.[46] 이와는 달리 토기의 확산은 단순한 영역 확대
이상의 경제적 통합을 반영하는 것이므로 지방에 중앙양식의 토기가

---

46) 최병현, 1991 「신라의 성장과 신라고분」 『한국 고대국가 형성시기의 고고학적 연
　　구』 한국정신문화연구원, pp.51~98
　　박순발, 1997 앞의 논문, pp.132~134
　　이희준, 1996 「신라의 성립과 성장 과정에 대한 고찰 -고고 · 역사 · 지리적 접
　　근-」 『신라고고학의 제문제』 한국고고학회, pp.11~37

등장하였다는 것은 국가 지배력이 이미 적극적으로 관철되고 있었음을 나타낸다고 보기도 한다.[47] 이외에 최근 발표된 토기양식 관련 논고에 의하면 삼국시대 토기양식의 분포가 곧 정치체의 공간적인 범위와 일치할 가능성이 높다는 경향성은 인정하지만 그 이유나 과정에 대한 연구가 필요하다고 하면서 '정치시스템이 생산과 분배시스템을 어떻게 조정했는지 하는 것이 진정한 문제이고 토기양식의 분포는 부산물에 지나지 않는다.'라는 평가를 내리기도 하였다.[48]

백제토기 연구에서도 양식에 대한 논의가 활발하다. 양식의 형성시점에 대해서는 다소 이견이 있지만 3세기 중엽 경에는 百濟土器漢城樣式이 성립하여[49] 백제 중앙의 정치력이 미치는 주변 지역으로 차츰 파급되었다고 하며 한성에서 멀어질수록 양식의 유사도가 낮아진다고 한다.[50] 지역적으로 보면 舊來의 토기문화 속에 한성양식의 토기문화가 공존하는 경우도 있고 또 지역색이 현저한 경우도 있다. 그런데 토기는 금공품이나 철기와는 달리 중심지에서 제작하여 넓은 범위로 유통한 것이라 보기 어려우며 지역마다 생산지가 존재했던 것으로 보인다.[51] 그렇지만 백제토기에서 살펴지는 이러한 양식차는 백제

---

47) 성정용, 2000 「중서부 마한지역의 백제 영역화과정 연구」서울대학교 박사학위논문, pp.130~131
48) 이성주, 2008 「양식의 생성 : 신라, 가야양식과 소지역양식의 형성에 대한 검토」『제32회 한국고고학 전국대회 양식의 고고학』 한국고고학회, pp.76~80
49) 박순발, 2001 앞의 책, pp.102~115
50) 성정용, 2008 「토기양식으로 본 고대국가의 형성」『국가형성의 고고학』 한국고고학회 편, 사회평론, pp.107~124
   위 논고에서 토기는 위세품에 비하여 지방으로 파급되는 속도가 늦어 정치적 귀속 문제를 논할 때 '후행지표'가 된다고 지적하였다.
51) 근래 태토분석을 통하여 백제토기의 산지를 추정한 연구에 따르면 한성백제 토기 생산지는 매우 다원화되어 있었다고 한다.
   조대연, 2008 「한성 백제토기의 생산기술에 관한 일고찰」『백제 생산기술의 발달과 유통체계 확대의 정치사회적 함의』 학연문화사

토기와 고구려토기, 백제토기와 신라토기를 대비했을 때 볼 수 있는 양식차에 비하면 미미한 수준이다. 여기서 인지할 수 있는 백제토기란 大樣式의 개념이며 그 하부에 여러 개의 지역양식이 포괄될 수 있을 것이다. 물론 이러한 地域樣式은 사비시기 이후가 되면 소멸하는 것으로 이해되고 있다. 이러한 양상은 신라토기에서도 살펴진다.

신라토기는 고분에서 출토되는 수량이 매우 많으며 각 토기 사이에 제작기법의 유사도가 현저하다. 그리고 크기나 두께, 문양 등 토기의 주요 속성이 일정한 방향성을 보이며 변화하는데, 이러한 변화는 지방제작 토기에도 연속하여 반영되는 양상이 확인된다. 그러한 변화는 경주에 가까운 곳의 토기에 더욱 민감하게 반영되고 있으며 경주에서 멀리 떨어진 의성, 성주, 창녕 등지에서는 지역양식의 토기 문화가 존재한다.[52] 그러나 이 지역양식이란 어디까지나 신라토기라는 대양식 내에 포함된 개념이므로[53] 백제토기의 지역양식이 지닌 의미를 이해할 때 참고할 필요가 있다.

결국 묘제가 다르다고 하더라도 백제토기의 지역양식이 발현된 토기문화를 가지고 있거나 백제 중앙에서 제작된 장신구를 소유하고 문헌사료에서 별도의 정치체 존립의 기록이 보이지 않을 때 이를 백제의 지배력이 미치는 영역으로 판단할 필요가 있을 것이다. 다만 집권력의 한계 때문이거나 지배방식의 특징 때문에 묘제나 토기의 다양성이 존재할 수 있었던 것으로 볼 수 있다.[54]

권오영·김장석, 2008「백제 한성양식토기의 유통망 분석」앞의 책
52) 定森秀夫, 1980「韓國慶尙南道昌寧地域出土陶質土器の檢討」『古代文化』33
定森秀夫, 1988「韓國慶尙北道義城地域出土陶質土器について」『日本民族文化の生成1-永井昌文教授退官記念論文集』
53) 최병현, 1992「신라토기」『한국미술사의 현황』예경, p.93
54) 5세기 이후 영산강유역에 독자적인 정치체가 존재했는지의 여부를 둘러싸고 여러

도7 고구려 고분벽화 속 蘇骨과 金銅冠飾(①개마총, ②진 集安)

　　셋째, 백제의 위세품 가운데 장신구가 어떤 용도로 활용되었을까
하는 점이다. 史書의 기록에 보이는 고구려의 蘇骨[55], 백제의 銀花[56]는
고분에서 출토되는 鳥羽冠(도7), 銀製冠飾일 개연성이 있으며[57] 官人

　　논의가 있다. 크게 보면 문헌사료에 기준을 두어 정치체가 존재하지 않은 것으로
보는 견해와 고고학 자료의 지역성과 위세품의 소유에 주목하여 독자적인 정치체
의 존재를 상정하는 견해가 있다. 전자의 경우 영산강유역 세력이 독자적인 국명을
지니고 있지 못함을 근거로 4세기 중엽 근초고왕이 영산강유역을 평정한 이후 영
역화된 것으로 보며 신촌리9호분에서 출토된 위세품은 독자적인 세력의 존재를 보
여주는 것이라기보다는 이 세력이 백제의 중앙 귀족으로 전화된 양상을 보여주는
것으로 이해한다.
　　노중국, 2003 「웅진 사비시대의 백제사」 『고대 동아세아와 백제』 충남대학교 백제
　　연구소편, 서경, p.32
55) 『周書』卷49 列傳 異域上 高麗
　　「其冠曰蘇骨 多以紫羅爲之 雜以金銀爲飾 其有官品者 又插二鳥羽於其上 以顯異
　　之」
56) 『舊唐書』卷199 列傳 東夷 百濟國
　　「其王服大袖紫袍靑錦 烏羅冠 金花爲飾」
57) 권오영, 2007 「유물과 벽화를 통해본 고구려의 관」 『고고자료에서 찾은 고구려인
　　의 삶과 문화』 고구려연구재단
　　이남석, 1990 「백제의 관제와 관식 : 관제·관식의 정치사적 의미 고찰」 『백제문
　　화』 20, 공주대학교 백제문화연구소

이라도 冠과 帶의 사용에 엄격한 규제가 있었다는 기록[58]과 고분 출토 장신구의 재질, 도안, 소유에 일정한 제한이 보이는 고고학적 양상을 결합시켜 본다면, 장신구 가운데 일부는 관복의 구성품에 포함될 것이다. 관련 기록이 존재하고 물품의 제작과 부장에서 뚜렷한 정형성이 확인되는 사비시기의 장신구가 더욱 그러하다.

그렇다면 그에 선행하는 한성~웅진시기의 경우는 어떠할까? 한성~웅진시기의 장신구 가운데 관모와 대금구는 무덤 속 부장양상이 사비시기와 비슷하며 보다 화려하면서도 덜 정형화되어 있다는 점에서 차이를 볼 수 있다. 그 가운데 공주 수촌리1호분이나 4호분, 서산 부장리5호분 출토품처럼 용이나 봉황을 정교하게 도안한 금동관모가 지방 고분에서 출토되는 현상은 色服規定의 이미지와는 큰 괴리를 보여준다. 즉, 물품의 格이란 측면에서 보면 사비시기에 비하여 높으며 무령왕릉의 사례를 참고하면 중앙 지배층의 물품에 準하였던 것으로 이해할 수 있다.

중앙으로부터 사여 받은 화려한 도안의 금동관모와 대금구는 물품 자체를 보유하는 것만으로도 효과가 있었겠지만 의복과 함께 착용했을 때 위세는 더욱 드러났을 것이다. 더욱이 단위 지역의 범위를 넘어서서 보다 많은 사람이 모이는 의례의 공간에 장신구를 착용하고 참석하거나 亡者의 신체에 착장시켜 매장하는 일련의 장례과정을 통하여 장신구의 소유자 또는 그의 권위를 계승하는 인물의 위세를

---

58) 『周書』卷49 列傳 異域上 百濟
　　「官有十六品 左平五人一品 達率三十人二品 恩率三品 德率四品 扞率五品 奈率六品 六品已上 冠飾銀華 將德七品紫帶 施德八品皁帶 固德九品赤帶 季德十品靑帶 對德十一品 文督十二品 皆黃帶 武督十三品 佐軍十四品 振武十五品 克虞十六品 皆白帶」

드러내기도 했을 것이다. 이러한 측면에서 보면 한성~웅진시기의 장신구는 관복이나 예복을 구성하는 물품으로 이해할 수 있는데 소유자가 극히 제한적이었다는 점, 그리고 중앙의 지배층과 지방 유력자 사이의 구별이 현저하지 않은 점 등을 고려하면 사비시기와는 다소 성격이 달랐던 것으로 이해할 수 있다.

한성~웅진시기의 장신구 가운데 실용품으로 보기 어려운 것도 있다. 금동식리에서 전형을 볼 수 있듯이 장송의례용품이 포함된 것이다. 금동식리는 장식성은 뛰어나지만 지나치게 크고 너무나 허약한 구조를 지니고 있어 실용품으로 사용할 수 없다. 더욱이『三國史記』나『舊唐書』등 史書에는 공식석상에서 盛裝하였을 때 가죽신을 신은 것으로 기록[59]되어 있으므로 더욱 그러하다. 무덤 출토 양상으로 보면 양자가 함께 출토되기도 하고 또 공주 수촌리3호분이나 나주 복암리3호분 96년석실, 서산 부장리6호분과 8호분의 경우처럼 도굴되지 않았음에도 불구하고 관모나 대금구와 공반되지 않은 채 금동식리만 출토되기도 한다. 이처럼 성격이 다른 두 종류의 장신구가 一襲으로 사여된 것일 수도 있겠지만, 사여 시점이 달랐을 가능성도 고려해볼 만하다. 고대사회의 장례식, 특히 권력을 소유한 인물의 장례식은 망자를 추모하는 본래의 기능에 더하여 장례의식을 주관하는 인물이 망자의 권위를 잇는 의식으로서의 성격도 지녔다.[60] 백제 무령왕릉 지석에서 확인된 殯[61] 역시 이러한 시각에서 검토할 수 있다.

---

59)『舊唐書』卷199 列傳 東夷 百濟國
「其王服大袖紫袍 靑錦袴 烏羅冠 金花爲飾 素皮帶 烏革履」
60) 일본 고분시대에 동경에 대한 연구에 의하면 동경의 사여가 이루어지는 시점은 지역 수장권의 계승이 이루어지는 시점이라고 하며 동경의 의미를 '세대교체의 이데올로기적 장치'로 이해하고 있어 시사점이 있다.
辻田淳一郎, 2007 앞의 책, pp.327~334

복식을 사여하는 모습은 중국 중원 왕조와 주변국의 관계에서도 볼 수 있고 고구려와 신라의 관계에서도 확인된다. 다음의 사료는 그러한 예의 일부이다.

① 그 풍속은 의책을 좋아한다. 하호가 군현에 조알할 때는 모두 의책을 내려준다. 스스로 인수와 의책을 착용하는 자가 천명 이상 있다.[62]

② 매금의 의복을 내리고 (중략) 제위에게 교하여 상하 관리의 의복을 내렸다.[63]

③ 진덕왕 재위 2년에 김춘추가 당에 들어가 당의 의례에 따르기를 청하니 태종이 조를 내려 허가하면서 관복을 내려주었다. 마침내 돌아와 시행하였다.[64]

④ 춘추가 또 관복을 고쳐 중국의 제도를 따르고자 청하니, 이에 진귀한 의복을 내어 춘추와 그 종자에게 내려주고[65]

사료①은 漢郡縣이 下戶에게도 衣幘을 사여하였으며『三國志』가 찬술된 3세기 중엽 이전의 마한사회에서는 印綬와 衣幘의 착용이

---

61) 和田萃, 1995「殯の基礎的考察」『日本古代の儀禮と祭祀』塙書房
   권오영, 2000「고대 한국의 상장의례」『한국고대사연구』20. 한국고대사학회
62)『三國志』卷30 魏書 烏丸鮮卑東夷傳 東夷 韓
   「其俗好衣幘 下戶詣郡朝謁 皆假衣幘 自服印綬衣幘千有餘人」
63)『中原高句麗碑』
   「賜寐錦之衣服 (中略) 教諸位 賜上下衣服」
64)『三國史記』卷33 雜志 色服
   「至眞德在位二年 金春秋入唐 請襲唐儀 太宗皇帝詔可之 兼賜衣帶 遂還來施行」
65)『三國史記』卷5 新羅本紀 眞德王2年
   「春秋又請改其章服 以從中華制 於是 內出珍服 賜春秋及其從者」

유행하였음을 보여준다. 이러한 유행은 다음 시기까지 지속되었을 가능성이 있다. 漢風 인수·의책의 소유는 그 사회에서 지배층의 일원임을 시각적으로 보여주는 장치 가운데 하나였을 것이다.

사료②는 고구려 태자가 신라왕과 그 수종자에게 의복을 하사하는 내용이다. 이 비문에서는 신라를 東夷로 표현하고 있고, 중국왕조가 조공국에게 爵號, 印章, 朝服을 하사하는 것처럼 의복을 사여하고 있다. 여기서의 의복은 일상복이 아니라 고구려의 관복으로 여겨지며[66], 이 책에서 다루게 될 장신구는 이와 관련이 있을 것으로 생각된다. 中原高句麗碑는 5세기 후반에 세워진 것으로 이해되고 있지만[67] 廣開土王陵碑 永樂10년조에 이미 신라의 조공기록이 있고, 고구려와 신라의 본격적인 교섭이 4세기말에 시작된 이후 5세기 전반까지는 신라가 고구려의 강한 영향력 아래에 놓여 있었다는 점을 감안한다면, 의복의 授受關係가 4세기 말~5세기 초에 이미 이루어졌을 가능성이 있다.

사료③과 ④는 진덕여왕 2년인 648년에 金春秋가 入唐하여 당의 의복제도를 수용하는 모습을 기록한 것이다. 김춘추의 요청을 받은 당태종은 보관 중이던 官服과 그에 부속한 官帶를 사여하였다. 김춘추는 귀국 후 진덕여왕의 재가를 얻어 진덕여왕 3년인 649년부터 唐式으로 복식을 바꾸게 된다.

위 史書의 기록처럼 고대사회에서는 臣屬의 징표로 복식을 사여

---

66) 노태돈, 1988 「5세기 금석문에 보이는 고구려인의 천하관」『한국사론』19, 서울대학교 국사학과, pp.45~46
67) 변태섭, 1979 「중원고구려비의 내용과 연대에 대한 검토」『사학지』13, 단국사학회
   노태돈, 1997 「삼국사기 신라본기의 고구려관계 기사 검토」『경주사학』16, 경주사학회

하는 방식을 활용하였다. 백제의 경우도 기록은 남아 있지 않지만 이러한 방식이 존재하였을 가능성이 있다. 앞서 살펴본 것처럼 장신구 가운데는 복식의 구성품이 존재하는 바, 양자가 조합을 이루어 賜與라는 행위를 통하여 지방사회에 전해졌을 것으로 추정할 수 있다.

제2장
裝身具 賜與體制 設定을 위한 자료 분석

1. 장신구의 공간적 분포

　　장신구 사여체제를 설정하기 위한 기초 작업으로서 백제의 장신구가 어느 지역의 어느 유구에서 출토되었는지에 대하여 검토하고자 한다. 장신구가 출토된 고분의 위치를 지도에 표시하면 〈도8〉과 같다.

　　근래 백제고분에 대한 분포조사 및 발굴조사가 상당히 진척된 상황임에도 불구하고 장신구가 출토된 고분은 백제 영역 내에 고르게 분포하지 않고 금강 수계에 밀집되어 있음을 알 수 있다. 그것은 웅진, 사비시기의 왕도인 공주와 부여가 금강변에 위치한 점과 관련이 있겠지만 한성시기까지 소급되는 고분군 역시 금강변이나 금강수계의 미호천 변에 입지하고 있음은 주목된다. 그 외에 남한강과 섬강이 합류하는 지점에 법천리고분군이, 아산만에 인접한 서산의 부장리고분군, 아산만으로 합류하는 황구지천변의 사창리고분군에도 장

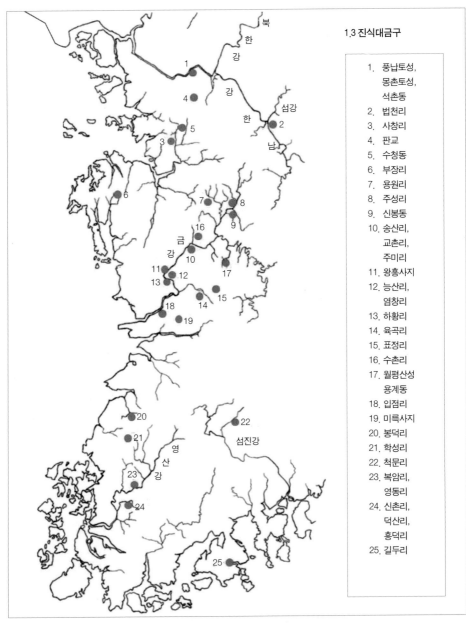

1.3 진식대금구

1. 풍납토성,
   몽촌토성,
   석촌동
2. 법천리
3. 사창리
4. 판교
5. 수청동
6. 부장리
7. 용원리
8. 주성리
9. 신봉동
10. 송산리,
    교촌리,
    주미리
11. 왕흥사지
12. 능산리,
    염창리
13. 하황리
14. 육곡리
15. 표정리
16. 수촌리
17. 월평산성
    용계동
18. 입점리
19. 미륵사지
20. 봉덕리
21. 학성리
22. 척문리
23. 복암리,
    영동리
24. 신촌리,
    덕산리,
    흥덕리
25. 길두리

도8 분석 대상 장신구의 분포

신구가 분포되어 있다. 호남지역의 경우 영산강 수계에 장신구가 집중되며 예외적으로 섬진강 수계와 고흥반도에 장신구 출토 고분이 1기씩 분포한다.

이러한 분포양상은 고대사회에서 水系가 物流 및 문화교류의 通路로 기능하였던 점과 관련이 있을 것이다.[1] 백제 장신구 분포의 群集樣相을 기준으로 출토례를 集成하면 다음과 같다.

漢江 水系

한강 수계에서는 서울, 성남, 원주에서 출토된 바 있다. 〈표2〉에 정리한 것처럼 서울의 경우 석촌동4호분 주변의 금제 이식[2], 풍납토성[3]과 몽촌토성의 금동제 대금구[4]가 출토품의 전부이다. 이식[5]은 고식의 특징을 지니며, 대금구는 東晉에서 수입한 것이다. 성남 판교고분군 3호석실에서 銀釧과 은제 뒤꽂이가 출토되었다.[6] 원주 법천리

---

1) 선석열, 2006 「고대의 낙동강 –신라와 가야의 경계–」『동남어문논집』 22, 동남어문학회, pp.23~48
한편, 마한 目支國의 성장배경을 교통로의 통제에서 찾는 연구가 있다. 즉, 중국 군현과 교류하는 과정에서 해로와 육로의 접점을 장악함으로써 권위를 인정받았다고 한다.
윤선태, 2001 「마한의 진왕과 신분고국」『백제연구』 34, 충남대학교 백제연구소, pp.32~35
2) 김원용·임영진, 1986 『석촌동3호분 동쪽고분군 정리조사보고』 서울대학교박물관, pp.72~73
3) 김태식, 2001 『풍납토성 500년 백제를 깨우다』 김영사
4) 김원용, 1986 「몽촌토성의 유문금구」『동국대학교 개교80주년기념논문집』
박순발, 2004 「한성기 백제 대중교섭 일례」『호서고고학』 11, 호서고고학회
5) 이 책에서 다루는 이식은 수하식을 갖춘 것에 한정한다. 素環耳飾의 경우 간소하며 오랜 기간 존속하는 것이어서 위세품적인 성격을 지녔다고 보기는 어렵기 때문이다.
6) 한국문화재보호재단, 2008 「무덤에 반영된 한강유역 - 백제·고구려의 각축 -」

고분군[7]은 남한강과 섬강이 만나는 지점에 위치하며 1호분에서 금제이식과 금동식리가, 4호분에서 금동식리가 출토되었는데 조사 전에 이미 도굴되어 정확한 조합관계를 파악하기 어렵다.[8] 무덤의 구조는 각각 횡혈식석실묘와 횡구식석실묘이다.

표2 한강수계 장신구 출토현황

수량 : 점

지역	유구명	유구성격	관	이식	천	대금구	식리	비고
서울	석촌동4호분 주변	적석총 주변		1				
서울	풍납토성	불명				1		수입품(晋)
서울	몽촌토성	포함층				1		수입품(晋)
성남	판교3호석실	횡혈식석실묘			1			뒤꽂이
원주	법천리1호분	횡혈식석실묘	1				1	도굴
원주	법천리4호분	횡구식석실묘					1	도굴

牙山灣 周邊

아산만 일원에는 청동기시대 이래의 중요한 유적·유물이 집중적으로 분포되어 있는데, 아산만에서 조금 떨어진 주변 지역에 장신구가 분포한다. 黃□池川으로 연결된 화성의 사창리, 오산 수청동 아산만에서 가까운 거리에 위치한 서산 부장리가 해당한다. 사창리고분군은 정식으로 발굴되지는 않았으나 국립중앙박물관에 소장중인 일괄유물 가운데 진식대금구가 포함되어 있다.[9] 수청동 고분군 5-1지

『2007 한국고고학저널』국립문화재연구소편, 주류성, pp.115~116

7) 국립중앙박물관, 2000 『법천리Ⅰ』

8) 법천리30호분에서는 刻目紋이 장식된 팔찌가 출토되었으나 철제품이므로 분석대상에서 제외하였다.
국립중앙박물관, 2002 『법천리Ⅱ』 p.133

9) 권오영·권도희, 2003 「사창리 산10-1번지 출토유물의 소개」『길성리토성』한신대학교박물관

점 1호분에서는 銀釧이 출토되었다.[10] 서산 부장리고분군은 5호분, 6호분, 8호분에서 장신구가 출토되었다.[11] 이 고분군의 묘제는 방형의 墳丘式古墳인데 지상에 성토하여 만든 분구 속에 목곽을 설치하고 주변에 도랑을 돌린 구조이다. 5호분에서 금동관모가 출토되었다. 다른 두 무덤에서는 금제 이식과 금동식리가 출토되었다.

표3 아산만 주변 장신구 출토현황   수량 : 점

지역	유구명	유구성격	관	이식	천	대금구	식리	비고
화성	사창리고분	불명				1		수입품(晉)
서산	부장리5호분	분구내 목곽묘	1					
서산	부장리6호분	분구내 목곽묘		1			1	
서산	부장리8호분	분구내 목곽묘		1			1	

錦江 水系

백제의 장신구 가운데 대다수는 금강과 그에 연결되는 정안천, 미호천, 갑천, 논산천 등 수계에 인접하여 출토되었다. 익산, 부여, 공주, 청주, 청원, 천안, 대전, 논산에 분포하며 한성에서 사비시기에 이르기까지의 장신구가 망라되었다. 무령왕릉을 제외한다면 대부분 單數副葬이며 관, 이식, 釧, 대금구, 식리 가운데 1~2종류가 부장된 것이 많다.

미호천에 인접한 청주 신봉동고분군[12]에서는 2점의 장신구가 출토된 것으로 알려져 있다. 그러나 1점은 발견신고품[13]이고 신봉동54

10) 이창엽·오승열, 2008 「오산 수청동 삼국시대분묘군」 『제32회 한국고고학전국대회 양식의 고고학』 한국고고학회, p.234
11) 이훈, 2006 「서산 부장리고분과 분구묘」 『2006 제49회 전국역사학대회 고고학부 발표자료집』
12) 차용걸, 2005 「청주 신봉동유적의 고고학적 검토」 『백제 지방세력이 존재양태』 한국학중앙연구원

표4 금강수계 장신구 출토현황1　　　　　　　　　　　　　　　　　　　　　　수량 : 점

지역	유구명	유구성격	관모	이식	천	대금구	식리	비고
청주	신봉동	불명		1				신고품
청주	신봉동54호분	목곽묘		1				금동제
청원	주성리2호석곽	수혈식석곽묘		1				
청원	주성리1호석실	횡혈식석실묘		1				
천안	용원리9호석곽	수혈식석곽묘	1	1				흑유계수호
천안	용원리37호분	목곽묘		1				
천안	용원리129호분	목곽묘		1				
논산	표정리13호분	횡혈식석실묘				1		
논산	육곡리7호분	횡혈식석실묘	1					
대전	월평산성 E11호	저장공					1	폐기
대전	용계동 1호석곽	석곽묘					1	

호분에서 출토된 이식[14]은 금동제여서 다른 유적 출토품에 비하면 격
이 떨어진다. 청원의 주성리 2호 석곽과 1호 석실에서도 이식이 출토
되었다.[15]

　　천안 용원리고분군[16]은 화성리고분군[17]과 함께 현재의 행정구역
은 천안이지만 수계에 기준한다면 미호천의 지류에 인접해 있다. 용원
리고분군에서는 여러 점의 장신구가 출토되었다. 이 고분군에서 가장
큰 무덤인 9호석곽묘에서는 금동관식과 금제 이식이 중국제 흑갈유계
수호와 공반되었다. 37호분과 129호분에서는 금제 이식이 출토되었
다. 무덤은 목곽묘와 석곽묘로 구분되는데 전자가 압도적으로 많다.

13) 박영복 · 김성명, 1990 「중부지역 발견 고구려계 귀걸이」 『창산 김정기박사 화갑기
　　념논총』
14) 충북대학교박물관, 1995 『청주 신봉동고분군』 p.131
15) 한국문화재보호재단 외, 2000 『청원 주성리유적』
16) 공주대학교박물관, 2000 『천안 용원리고분군』
17) 국립공주박물관, 1991 『천안 화성리 백제묘』

논산천에 인접한 육곡리고분군은 사비시기의 묘제인 능산리형 석실묘로 구성되어 있다. 7호분에서 은제 관식이 출토되었다.[18] 육곡리고분군에 선행하는 표정리나 모촌리고분군[19]에서 특징적인 토기문화가 확인되지만 장신구는 표정리 13호분에서 출토된 대금구 1점[20]이 유일하다. 이외에 甲川邊에 위치한 대전 월평산성 E11호 저장공 매몰토에서 사비시기의 토기 및 기와 편과 함께 동제 逆心葉形 銙板 1점이 출토된 바 있고[21], 용계동 삼국시대 1호 석곽묘에서는 동제 대금구가 출토되었다.[22]

금강 수계에서 장신구가 가장 많이 출토된 곳은 공주와 부여지역이다. 먼저 공주의 경우 웅진시기의 왕도라는 위상에 걸맞게 장신구가 많이 출토되었다. 이 지역에서는 한성시기 후반에서 웅진시기에 걸치는 시기의 장신구가 출토되며 사비시기의 자료는 아직 알려져 있지 않다. 正安川邊에 위치한 공주 수촌리고분군은 좁은 면적을 조사했음에도 불구하고 최고수준의 장신구와 중국 도자가 출토되었다.[23] 1호분은 목곽묘이며 금동관모, 금제 이식, 금동제 대금구, 금동식리가 靑磁四耳壺와 공반되었다. 3호분은 횡구식석실묘이며 금동식리가 출토되었다. 4호분은 횡혈식석실묘이며 출토유물의 조합상은 1호분과 같고 黑釉鷄首壺와 靑磁盞이 공반되었다.

---

18) 안승주 · 이남석, 1988 『논산 육곡리 백제고분 발굴조사보고서』 백제문화개발연구원

19) 안승주 · 이남석, 1993 『논산 모촌리 백제고분군 발굴조사보고서』 백제문화개발연구원

20) 윤무병, 1979 「연산지방 백제토기의 연구」『백제연구』 10, 충남대학교 백제연구소

21) 국립공주박물관, 1999 『대전 월평동유적』

22) 중앙문화재연구원, 2009 『대전 용계동 유적』 p24

23) 이훈, 2004 「묘제를 통해 본 수촌리유적의 연대와 성격」『백제문화』 33, 공주대학교 백제문화연구소

표5 금강수계 장신구 출토현황2

지역	유구명	유구성격	관	이식	천	대금구	식리	비고
공주	수촌리1호분	목곽묘	1	1		1	1	청자사이호
공주	수촌리3호분	횡구식석실묘					1	
공주	수촌리4호분	횡혈식석실묘	1	1		1	1	흑유호,청자잔
공주	무령왕릉-왕	전축분(횡혈식)	1	1		1	1	부부합장
공주	무령왕릉-왕비	전축분(횡혈식)	1	4	4		1	부부합장
공주	송산리1호분	횡혈식석실묘				1		도굴
공주	송산리3호분	횡혈식석실묘				1		도굴
공주	송산리4호분	횡혈식석실묘				1		도굴
공주	송산리6호분	전축분(횡혈식)		1				도굴
공주	송산리29호분	횡혈식석실묘				1		
공주	교촌리고분	불명		1				
공주	주미리3호분	횡혈식석실묘		1				

　　무령왕릉은 무덤의 주인공을 알 수 있을 뿐만 아니라 왕과 왕비의 유해부에서는 완전한 조합을 지닌 장신구가 일괄로 출토되었다.[24] 왕비의 이식이나 釧처럼 한 종류의 장신구가 複數로 부장되었다. 왕과 왕비의 격에 맞게 최고급 도안과 기법이 구사되어 화려한 모습을 보여준다. 웅진시기 왕족의 묘역인 송산리고분군의 1·3·4·6호분에서 금제 이식과 금동대금구가, 29호분에서는 은제 역심엽형 과판 1점이 출토[25]되었지만 도굴의 피해를 입은 것이어서 조합관계는 알 수

---

24) 주지하듯 이 무덤의 발굴은 너무나 급하게 마무리되었고 조사기록도 제대로 남아 있지 않아 역심엽형 과판을 갖춘 대금구가 왕의 소유인지 왕비의 소유인지 불분명한 부분이 있다.
　　문화재관리국, 1973『무령왕릉 발굴조사보고서』
　　이한상, 1993「무령왕릉 출토품 추보(1) -대금구-」『고고학지』5, 한국고고미술연구소
25) 野守健·神田惣藏, 1935「公州宋山里古蹟調査報告」『昭和2年度古蹟調査』第2册,

없다. 송산리에 인접한 교촌리고분에서 출토된 금제 이식이 국립중
앙박물관에 소장되어 있으며[26] 공주 시가지 동남쪽에 위치한 주미리3
호분 출토 금제 이식도 알려져 있다.[27] 이상의 내용을 정리하면 표5와
같다.

　사비시기의 왕도인 부여에서는 공주지역 이상으로 장신구가 많
이 출토되었다. 그러나 화려함이라는 측면에서는 공주지역을 따라가
지 못한다. 왕릉으로 추정되는 능산리고분군의 경우 도굴의 피해를
입었기 때문에 장신구의 출토예는 알려져 있지 않지만 주변의 귀족
묘와 왕경유적, 사찰유적에서 여러 점의 장신구가 출토되었다.

　능산리고분군에서 동쪽으로 약 2km 가량 떨어진 능안골고분군
에서 은제 관식, 금 및 금동제 이식, 은제 대금구가 출토되었고[28] 인접
한 염창리고분에서는 은제 관식, 금동제 이식, 동제 대금구가 출토되
었다.[29] 무덤의 구조는 옹관묘와 횡구식석실도 있지만 대부분 횡혈식
석실이며 소위 능산리형 석실의 범주에 포함되는 구조를 지녔다. 부
여 시가지 서남쪽의 금강 서안에 위치한 하황리에서도 은제 관식이
출토되었는데 일괄유물 가운데는 청동거울과 유리제 球形 장식도 포

　朝鮮總督府
　이한상, 1997「송산리분묘군 출토 금속제 장신구」『고고학지』8, 한국고고미술연
　　구소
　有光敎 ‥藤井和夫, 2002「公州宋山里第29號墳發掘調査報告」『朝鮮古蹟硏究會
　　遺稿 II』유네스코동아시아문화연구센터 재단법인 동양문고
26) 국립중앙박물관, 1995『하찌우마타다수선생 기증유물특별전』p.11
27) 輕部慈恩, 1936「公州に於ける百濟古墳(8)」『考古學雜誌』26-4, p.206
28) 국립부여문화재연구소, 1998『부여 능산리공설운동장 신축예정부지 백제고분1·
　　2차긴급발굴조사보고서』
29) 강인구, 1973「백제 옹관묘의 일형식」『백제문화』6, 공주대학교 백제문화연구소
　　공주대학교박물관, 2003『염창리고분군』

표6 금강수계 장신구 출토현황3   수량 : 점

지역	유구명	유구성격	관	이식	천	대금구	식리	비고
부여	능안골36호분-동	횡혈식석실묘	1			1		합장
부여	능안골36호분-서	횡혈식석실묘	1			1		합장
부여	능안골44호분	횡혈식석실묘	1			1		
부여	능안골50호분	횡혈식석실묘				1		
부여	능안골32호분	횡혈식석실묘		1				
부여	능안골49호분	횡혈식석실묘		1				
부여	하황리고분	석실묘(추정)	1					주민신고
부여	염창리 옹관묘	옹관묘		1				
부여	염창리 I -2호분	횡혈식석실묘		1				
부여	염창리III-72호분	석실묘	1					
부여	염창리IV-62호분	횡구식석실묘				1		
부여	염창리V-55호분	횡혈식석실묘				1		
부여	관북리	왕경유적		1				
부여	능산리사지	목탑 하부			1	1↑		공양품
부여	왕흥사지	목탑 하부	1		1	1		공양품
익산	입점리1호분	횡혈식석실묘	1	1			1	수습조사

함되어 있다.[30]

　　이외에 567년에 매납한 능사 목탑지 사리공양품 가운데 은제 대금구와 동제천이 출토되었고[31] 577년에 매납한 왕흥사 목탑지 사리공양품 가운데는 관, 천, 대금구가 포함되어 있다.[32] 두 유적 모두 매납의 절대연대를 알 수 있는 자료이다. 부여 관북리 연지에서도 금동제 이식 1점이 출토되었다.[33]

---

30) 홍사준, 1962「부여 하황리 백제고분 출토의 유물」『연제고고논집』고고미술동인회
31) 국립부여박물관, 2000 『능사-부여 능산리사지 발굴조사 진전보고서-』
32) 국립부여문화재연구소, 2008 『국제학술대회 요지문 부여 왕흥사지 출토 사리기의 의미』

입점리고분군은 금강 하구에서 멀지 않은 강의 南岸에 위치한다. 1호분 유물은 주민이 수습한 것이어서 정확한 출토위치를 알 수 없는 약점은 있으나 금동관모, 금제 이식, 금동식리가 공반되었다.[34] 臺輪이 출토되어 帶冠이 포함될 가능성도 있다.

그 외에 수계로 치자면 만경강 수계에 포함될 것이지만 입점리에서 멀지 않은 익산 금마면의 미륵사지에서 최근 은제 관식 2점, 은제 대금구의 과판과 대단금구가 출토되었다.[35]

榮山江 水系

영산강 수계에서는 나주에 집중되어 있으며, 함평을 관통하는 영산강 지류 하천의 상류에 위치한 장성 학성리에도 분포한다. 나주의 경우 모두 12기의 유구에서 장신구가 출토되었는데 이는 백제의 지방에서는 유례를 찾기 어려울 정도로 집중도가 높은 것이다. 대형무덤이 밀집된 반남고분군 가운데 신촌리9호분에서는 금동관, 금동식리 등 중요유물이 집중 출토되었고 사비시기의 무덤인 홍덕리석실묘에서 은제 관식이 출토된 바 있다.[36]

---

33) 국립중앙박물관, 1999 『특별전 백제(도록)』 p.157
    윤무병, 1985 『부여 관북리 백제유적 발굴보고(I)』 충남대학교박물관
34) 문화재연구소, 1989 『익산 입점리고분 발굴조사보고서』
    이 무덤의 봉토를 조사한 결과 봉토의 지름은 약 8.5m이고 筒形器臺片이 출토되었다.
    원광대학교 마한백제문화연구소 외, 2001 『익산 입점리 백제고분군 -부 : 1호분 봉토조사』 p.159
35) 국립문화재연구소 외, 2009 『미륵사지 석탑 사리장엄』 pp.6~14
    국립문화재연구소 · 익산시, 2009 『미륵사지석탑 사리장엄특별전』 미륵사지유물전시관, p.12
36) 朝鮮總督府, 1920 『大正六年度古蹟調査報告』
    有光敎一, 1980 「羅州潘南面新村里第9號墳發掘調査記錄」 『朝鮮學報』 94, 朝鮮學會
    국립광주박물관 외, 1988 『나주 반남고분군 종합조사보고서』

복암리고분군에서는 모두 4기의 무덤에서 장신구가 출토되었다.[37] 복암리3호분의 석실 가운데 가장 연대가 올라가는 96년 석실에서는 금동식리가, 능산리형 석실묘인 5~7, 16호분에서 관식과 대금구가 출토되었다. 그중 일부는 도굴되지 않았음에도 온전한 세트가 아니다. 근래 발굴조사가 진행된 복암리3호분 주변 대형수혈유구에서 금동제이식 1점이 출토되었다.[38] 이외에 나주 영동리1호분 4-1호석실에서 동제 대금구가 출토되었고[39] 장성 학성리에서는 동제 대금구가 출토되었다.[40]

표7 영산강 수계 장신구 출토현황   수량 : 점

지역	유구명	유구성격	관	이식	천	대금구	식리	비고
나주	신촌리9호분 을관	분구내 옹관	1	1	1		1	
나주	복암리3호-96석실	분구내 횡혈식					1	
나주	복암리3호-5석실	분구내 횡혈식	1			1		
나주	복암리3호-6석실	분구내 횡혈식				1		
나주	복암리3호-7석실	분구내 횡혈식	1			1		
나주	복암리3호-16석실	분구내 횡혈식	1					
나주	복암리3호 주변	원형수혈		1				폐기
나주	흥덕리석실분	횡혈식석실묘	1					
나주	덕산리4호분 을관	분구내 옹관묘			1			
나주	신촌리9호분 경관	분구내 옹관묘			1			
나주	대안리9호분 경관	분구내 옹관묘			2			2점(3개)
나주	영동리1호4-1석실	분구내 횡혈식				1		
장성	학성리 A6호분	횡혈식석실묘				1		

37) 국립문화재연구소, 2001 『나주 복암리 3호분』
38) 국립나주문화재연구소, 2009 『나주복암리유적 출토 목간』(팸플릿)
39) 이정호, 2008 「나주 영동리고분군」『제51회 역사학대회 고고학분야 발표요지문』
40) 전남대학교 외, 1995 『장성 학성리 고분군』

蟾津江 水系와 南海岸

섬진강 지류인 蓼川邊에 위치한 남원 척문리에서는 은제 관식[41] 이 출토되었고 남해안 고흥반도에 위치한 길두리 안동고분에서 금동 관모와 금동식리가 출토되었다.[42]

이상에서 정리해본 것처럼 백제의 장신구는 고도인 서울ㆍ공 주ㆍ부여를 비롯하여 지방에서는 원주ㆍ화성ㆍ서산ㆍ천안ㆍ청주ㆍ 청원ㆍ대전ㆍ논산ㆍ익산ㆍ장성ㆍ남원ㆍ나주ㆍ고흥에 분포한다.[43] 백제의 영역 내에 고르게 출토되는 양상이지만 특히 한강, 아산만, 금 강, 영산강, 섬진강, 남해안 등 수운을 통한 교통의 요지에 분포하는 경우가 많으며 분포지점이 일정한 거리를 유지하며 연계를 가지는 것처럼 보인다.

표8 섬진강 수계와 남해안 장신구 출토현황   수량 : 점

지역	유구명	유구성격	관	이식	천	대금구	식리	비고
남원	척문리고분	횡혈식석실묘	1					
고흥	길두리 안동고분	수혈식석곽묘	1				1	식리 1짝

---

41) 홍사준, 1968 「남원 출토 백제 飾冠具」『고고미술』 9-1, 고고미술동인회
42) 임영진, 2006 「고흥 안동고분 출토 금동관의 의의」『한성에서 웅진으로』 충청남도 역사문화원ㆍ국립공주박물관
전남대학교박물관, 2007 「고흥 길두리 안동고분」『2006 한국고고학저널』
서정은, 2008 「고흥 길두리 안동고분 출토 금동관모의 수습과 보존처리(I)」『보존 과학연구』 29, 국립문화재연구소
43) 정읍 운학리고분에서 출토된 龍紋透彫金銅板 2점에 대하여 대금구의 과판으로 이 해하는 연구가 많다. 그런데 함께 출토된 금제 장식판이 화살통 부속구일 가능성 이 높으므로 이 투조판의 용도 또한 재검토가 필요할 것으로 판단하여 이 글에서는 장신구의 범위에 넣지 않았다. 이외에 연기 송원리유적에서는 이식 혹은 경식의 편 으로 추정되는 금제 空球體가 출토되었다.
전영래, 1974 「정읍 운학리 고분군」『전북유적조사보고』 3
조동식, 2008 「연기 송원리 백제 한성기 고분군」『제32회 한국고고학전국대회 양 식의 고고학』 한국고고학회, p.284

2. 장신구의 시간적 위치

앞 절에서 살핀 백제 장신구의 공간적인 위치는 통시대적인 분포였으므로 여기서는 시간이라는 개념을 가미하여 각 시기별 분포의 추이를 확인하고자 한다. 특히 백제의 장신구가 언제쯤 출현하여 어떤 변화를 겪었는지에 대하여 주목하고자 하며 장신구 편년의 기준자료를 검토하여 편년의 전체 틀을 잡아 보고 이어 외형 및 제작기법의 변화양상을 보완적으로 살펴 편년안을 제시하고자 한다.

1) 편년의 기준자료

장신구의 출토 수량이 많은 신라의 경우 형식학적인 방법을 활용하여 상대연대를 결정하기 용이하지만 백제는 장신구의 출토 수량이 적기 때문에 장신구 사이의 계기적인 변화 양상을 파악하기가 쉽지 않다. 그 대신 무령왕릉, 능산리사지, 왕흥사지, 미륵사지 출토품처럼 매납의 연대를 알 수 있는 자료가 존재하며 한성시기 자료 가운데 중국물품이 공반된 예가 있어 이를 통하여 연대를 추정해볼 수 있다.

첫째, 중국 陶磁가 공반된 장신구를 들 수 있다. 근래 한성시기 백제유적에서는 절대연대를 추정할 수 있는 중국도자가 여러 점 출토된 바 있다.[44] 그중 공주 수촌리와 천안 용원리유적에서는 금제 이

---

44) 성정용, 2003 「백제와 중국의 무역도자」 『백제연구』 38, 충남대학교 백제연구소
   박순발, 2005 「공주 수촌리고분군 출토 중국자기와 교차연대문제」 『충청학과 충청문화』 4, 충청남도역사문화원
   門田誠一, 2006 「百濟土器と共伴する中國陶磁器の時空」 『第18回東アジア古代史, 考古學硏究交流會預稿集』 東アジア考古學會

식 등 장신구가 공반되어 백제 장신구의 연대 파악에 좋은 자료가 된다. 수촌리1호분과 4호분, 용원리9호 석곽 출토 도자의 연대를 살펴보면 다음과 같다.

水村里1號墳 靑磁四耳壺[45]

蓋의 頂部에는 帶狀鈕가 있고 그 주변은 수평면을 이룬다. 구연쪽으로 내려가면서 나팔상으로 벌어진다. 호는 구연이 직립하고 견부에 각진 橫耳가 4개 부착되었다. 胴最大徑은 견부에 위치하며 구경에 비하여 胴徑이 2배가량 크다.(도9-①②)

이 유물의 연대를 알아보기 위하여 이에 先行할 것으로 보이는 東晋代 四耳壺의 예를 들어보면 다음과 같다.

南京仙鶴觀M6號墓(동진 조기, 320~340년경으로 편년) → 南京仙鶴觀 M2號墓 1차매장(高崧夫人謝氏, 356년) → 南京仙鶴觀M2號墓 2차매장(高崧, 서기366년) → 杭州黃岩秀嶺水庫M45號墓(369년) → 鎭江陽彭山M1號 墓·鎭江諫壁塼瓦廠東晋墓(동진 중만기)[46]

변화의 방향은 蓋頂部의 수평면이 좁아지고 최대경이 上位로 이동하는 것이 확인된다. 이중 杭州黃岩秀嶺水庫M45號墓(도9-⑤)에 비

45) 국립공주박물관·충청남도역사문화원, 2006 『4~5세기 백제유물 특별전 한성에서 웅진으로』
정상기, 2006 「무령왕릉 출토 중국도자에 대한 검토」 『무령왕릉 출토유물분석보고서(II)』 국립공주박물관
46) 林留根, 1989 「江蘇鎭江東晋紀年墓淸理簡報」 『東南文化』 1989-8
이정인, 2000 「중국동진청자연구」 이화여대 석사학위논문
南京市博物館, 2001 「江蘇南京仙鶴觀東晋墓」 『文物』 2001-3
박순발, 2005 앞의 논문

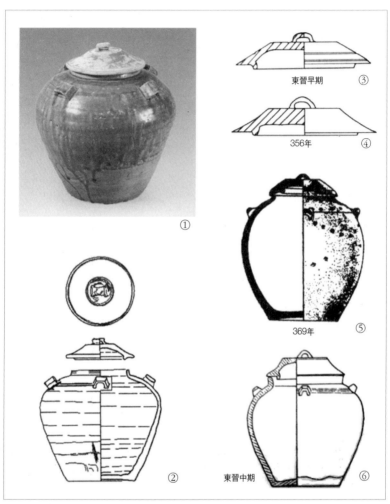

도9 공주 수촌리1호분 출토 청자사이호와 비교자료
①②水村里1호분, ③仙鶴觀M6호묘, ④仙鶴觀M2호묘, ⑤黃岩秀嶺水庫M45호묘, ⑥鎭江陽彭山M1호묘

하면 鎭江陽彭山M1號墓(도9-⑥)나 諫壁塼瓦廠東晋墓 출토품이 한 단
계 늦은 자료로 볼 수 있고 수촌리1호분 四耳壺는 이 보다 더 늦은 속

성을 지니고 있음을 알 수 있다.

따라서 수촌리1호분은 4세기 4/4분기를 소급하기 어려우며, 중국도자가 백제왕실로 이입되고 다시 수촌리의 무덤 속으로 묻히기까지의 시차를 고려한다면 5세기 1/4분기 정도로 편년할 수 있을 것 같다.

水村里4號墳 黑釉鷄首壺

이 계수호는 胴徑이 胴高에 비하여 넓어 편구상을 띤다. 盤口는 얕고 넓은 편이며 경부는 곡선적이다. 파수와 구연의 접합부에는 아무런 장식이 없다.(도10-①②) 기형상으로 보면 杭州 老和山墓[47](364년, 도10-④) 예보다는 늦고 南京 謝溫墓[48](406년, 도10-⑤) 예보다는 빠를 것으로 보인다. 다만 頸部나 胴體의 형태로 보면 謝溫墓 출토품과 계통이 다를 가능성도 고려할 필요가 있다.

따라서 수촌리4호분 출토품과 동형의 계수호가 중국의 무덤에 묻히는 연대는 400년에 가까울 것으로 추정해 볼 수 있다. 수촌리1호분의 경우와 마찬가지로 이입에서 매납까지 걸린 기간을 조금 더 보정해준다면 5세기 2/4분기 정도로 편년할 수 있다.

龍院里9號石槨 黑釉鷄首壺[49]

이 계수호는 수촌리4호분 출토품에 비하여 盤口가 높고 頸部가 직선적이라는 점에서 차이를 보이지만 동체의 형태나 頸部의 길이는 유사하다.(도10-③) 謝溫墓 출토품과의 비교를 통하여 이 계수호의 제

---

47) 浙江省文物管理委員會, 1961「杭州鎭興寧二年墓發掘簡報」『考古』1961-7

48) 華國榮・張九文, 1998「南京南郊六朝謝溫墓」『文物』1998-5

49) 공주대학교박물관, 2000『천안 용원리고분군』

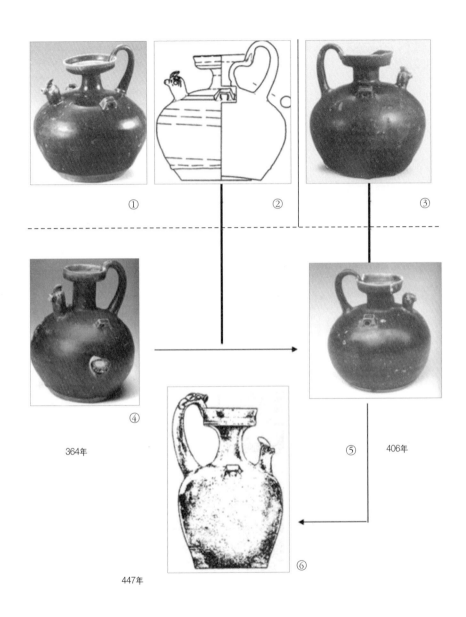

① 　 　 　 　 　 　 　 ② 　 　 　 　 　 　 　 ③

④

364年

⑤　　406年

447年 　 　 　 　 　 　 　 ⑥

도10 수촌리4호분 출토 흑갈유계수호와 비교자료
(①②수촌리4호분, ③용원리9호석곽, ④老和山墓, ⑤謝溫墓, ⑥黃岩秀嶺水庫M49호분)

작연대를 4세기말로 보는 견해[50]가 있다. 제작연대를 이렇게 파악했을 때 무덤에 매납된 연대는 역시 5세기 제1/4분기의 늦은 시점이나 2/4분기경으로 편년할 수 있다.

　　이상 3점의 중국도자와 공반된 백제의 장신구는 금동관모 1점과 금제 이식 3점이다. 용원리9호 석곽 출토 관모는 발굴 당시 이미 대부분이 결실되어 일부분만 남아 있었기 때문에 다른 유적 출토품과의 비교검토가 불가능하다. 다만 5세기 2/4분기 경 천안 용원리고분군에 금동관모 소유자가 존재했음을 알려주었다는 점에서 의의를 찾아볼 수 있을 뿐이다. 이외에 수촌리1호분과 4호분, 용원리 9호석곽에서 각기 특색있는 의장을 갖춘 이식이 출토된 바 이를 분석하면 한성시기 이식의 특징과 변화의 방향성을 추적해볼 수 있을 것 같다.

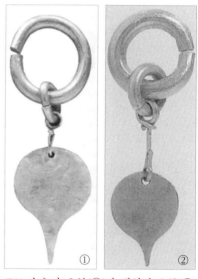

도11 수촌리1호분(①)과 법천리1호분(②)
　　　이식

　　수촌리1호분 이식(도11-①)은 한성시기 백제 이식 가운데 원주 법천리1호분 이식(도11-②)[51]과 유사하다. 비록 구조는 단순하지만 한성백제 이식의 변화템포를 고려하면 평행기의 자료로 볼 수 있고, 수촌리4호분과 용원리9호석곽묘 출토품에 선행함은 분명할 것 같다. 앞에서 수촌리1호분 출토 도자의 매납연대를

50) 성정용, 2003 앞의 논문
51) 국립중앙박물관, 2000 앞의 책

도12 용원리9호 석곽묘 이식

5세기 1/4분기로 보았으므로 이 2점의 이식에는 같은 연대를 부여할 수 있을 것이다.

　이에 후속하는 수촌리4호분 이식(도13-①)의 경우 주환은 비틀어 만들었고 심엽형 수하식은 상하로 길다. 이러한 형태의 주환을 갖춘 이식 가운데 수촌리4호분 이식이 가장 이른 시기의 자료일 것으로 추정되며, 용원리37호분 이식[52](도13-②)은 보다 화려하고 복잡한 구조를 지니고 있어 늦은 단계에 위치지울 수 있다. 절대연대로 보면 수촌리4호분을 5세기 2/4분기로 볼 수 있으므로 용원리37호분 이식은 5세기 중엽 이후의 연대를 부여할 수 있을 것이다.

　수촌리4호분과 큰 시차가 없는 이식으로 용원리9호석곽묘 출토품(도12)을 들 수 있다. 이 이식은 중간식에 특징이 있다. 즉, 금판을 땜으로 접합하여 만든 원판상 장식을 세로로 매단 것이다. 이 장식은 서산 부장리6-6호분 이식(도13-③)[53]에서도 확인되는데 보다 늦은 시기의 자료라 추정된다. 이러한 중간식은 합천 옥전23호분 이식[54]에도 있어 백제-대가야의 교류관계 파악에 도움이 되는 자료이다. 다만 주환이 가늘고 큰 것은 대가야적인 특색인 바, 향후 제작지에 대한 상세

52) 공주대학교박물관, 2000 앞의 책
53) 국립공주박물관 · 충청남도역사문화원, 2006 『4~5세기 백제유물 특별전 한성에서 웅진으로』
54) 경상대학교박물관, 1997 『합천옥전고분군VI』

한 검토가 필요하다.

　한성시기의 이식 가운데 가장 늦은 시기의 자료는 어느 것일까? 즉, 어느 이식이 서기475년에 가까운 것일까 하는 점에 대하여 검토해볼 필요가 있다. 백제 이식 가운데 가장 이른 시기의 것은 서울 석촌동4호분 주변 출토 이식[55]이며 이후 5세기에 접어들어 본격적으로 제작되는데 점차 화려해지는 방향으로 변한다. 전술한 것처럼 가장 화려한 이식은 용원리37호분과 부장리6-6호분 이식이다. 현재까지 조사례가 적어 단정하기는 어렵지만 이 2점이 475년에 근접하는 자료라 추정하고자 한다.

　둘째, 武寧王陵 출토 耳飾과 帶金具를 들 수 있다. 무령왕은 523년에 사망하여 525년에 매

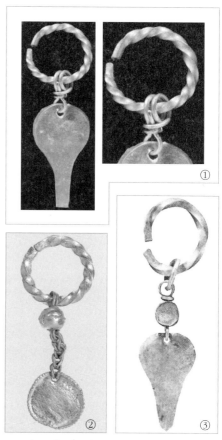

도13 수촌리4호분이식(①)과 비교자료
　　　(②용원리37호분, ③부장리6-6호분)

장되었고 왕비는 526년에 사망하여 529년에 매장되었음이 왕릉에서 출토된 誌石에 기록되어 있다. 능 안에서 다량의 유물이 출토되었는데 유물의 제작시점은 확실하지 않다. 다만 多利作銘의 銀釧이 520년

55) 서울대학교박물관, 1997 『발굴유물도록』

에 제작되었다는 점에 주목한다면 520년대를 전후한 시기에 제작된 것이 많을 것으로 추정된다.[56]

武寧王 耳飾[57]

이 이식은 중간식과 연결금구가 특징적이다. 중간식은 2개의 원통체를 상하대칭이 되도록 연결했다. 원통체는 날개모양 장식을 접어서 만들었다.(도14) 이와 비교할 수 있는 예가 日本 江田船山古墳[58]과 경주 황오리34호분[59], 황남동106-3번지1호분[60]에서 출토되었다.

연결금구도 특이한 구조를 가진다. 주환에 걸린 환은 遊環처럼 보이지만 실은 환이 아니고 환의 표면을 감싼 장식이다. 이와 비교할 수 있는 예로서 경주 데이비드총[61] · 천마총 · 노서리138호분 · 보문리부부총 적석목곽분, 합천 옥전M4호분 출토 이식을 들 수 있다.[62] 이러한 기법의 상한은 6세기 초일 가능성이 있고 6세기 전반에 유행하였던 것으로 보인다.

---

56) 문화재관리국, 1973 앞의 책
   국립공주박물관, 1997 『국립공주박물관I-무령왕릉-』
   국립공주박물관, 2006 『무령왕릉 출토유물 분석보고서(II)』
57) 伊藤秋男, 1974 「武寧王陵發見の金製耳飾について」『백제연구』5, 충남대학교 백제연구소
   이한상, 2000 「백제이식에 대한 기초적 연구」『호서고고학』3, 호서고고학회
58) 野上丈助, 1983 「日本出土の垂飾付耳飾について」『藤澤一夫先生古稀記念 古文化論叢』古代を考える會
   本村豪章, 1991 「古墳時代の基礎研究稿-資料篇(II)-」『東京國立博物館紀要』26
59) 경북대학교박물관, 2000 『경북대학교박물관 유적발굴40년』
60) 장정남, 1995 『경주 황남동 106-3번지 고분군 발굴조사보고서』경주문화재연구소
61) 穴澤咊光, 2007 「慶州路西洞'ディヴィッド塚'の發掘-梅原考古資料による研究-」『伊藤秋男先生古稀記念考古學論文集』
62) 이상 4점의 이식 중간식에 대한 세부사진은 다음의 도록에 게재되어 있다.
   국립경주박물관, 2001 『신라황금』씨티파트너

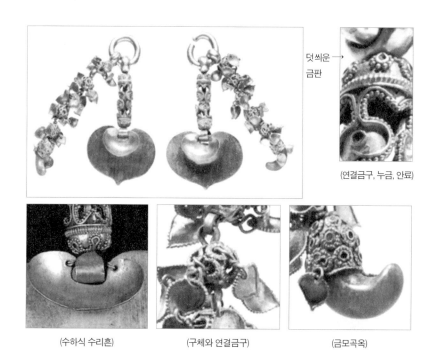

덧씌운 →
금판

(연결금구, 누금, 안료)

(수하식 수리흔)　　　　(구체와 연결금구)　　　　(금모곡옥)

도14 무령왕 이식 세부

武寧王妃 耳飾[63]

　왕비의 이식은 왕의 이식보다 더욱 백제적이다. 백제 웅진시기 이식의 일반적인 형태인데 가장 화려한 기법이 구사되어 있다. 중간식에는 유리옥을 끼워 장식하고 사슬을 이용하여 四翼形 수하식을 연결하였다. 유환에 중간식을 걸기 위해 사용한 金絲는 縱으로 2회 감은 다음 橫으로 감아 마무리하였는데 끝이 외부로 드러나 있다.(도15-①) 이와 비교할 수 있는 예로 공주 송산리6호분(도15-②)[64], 합천

---

63) 이한상, 2000 앞의 논문
64) 이한상, 1997 「공주 송산리분묘군 출토 금속제 장신구」 『고고학지』 8, 한국고고미술연구소

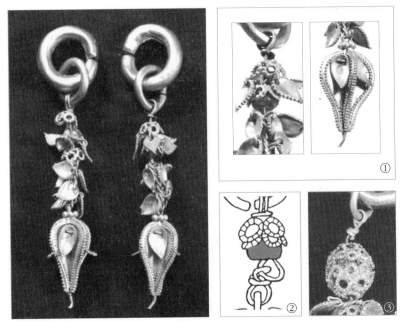

도15 무령왕비 이식(①) 세부와 비교자료(②송산리6호분, ③옥전M11호분)

옥전M11호분(도15-③)[65], 일본 鴨稻荷山古墳 출토 이식[66]이 있다. 합천과 일본 이식도 백제산일 가능성이 높다. 왕비의 이식과 같은 유형의 이식은 웅진시기 후반에서부터 사비시기 초반에 걸쳐 제작된 것 같다.

武寧王 帶金具[67]

왕릉에서 2점의 대금구가 출토되었다. 2점 모두 왕의 허리 부위

65) 경상대학교박물관, 1995 『합천옥전고분군V』
66) 森下章司・高橋克壽・吉井秀夫, 1995 「鴨稻荷山古墳出土遺物の調査」 『琵琶湖周邊の6世紀を探る』 京都大學文學部考古學研究室
67) 이한상, 1993 「무령왕릉 출토품 추보(1) -대금구-」 『고고학지』 5, 한국고고미술연

에서 출토된 것으로 추정된다. 먼저 腰佩를 갖춘 대금구는 가죽이나 천 없이 금속만으로 만든 것이다. 鉸具는 버섯모양이다. 銙板은 크고 작은 타원형판을 연결한 것이고 帶端金具는 7엽장식이 기본구조이며 전체는 반원형 혹은 오각형에 가까운 모양이다.(도16-①)

이 대금구의 과판 및 요패장식과 비교할 수 있는 예는 6세기대 신라 대금구의 요패장식이다. 백제에서는 본 예가 유일하기 때문에 신라 대금구의 요패장식으로부터 영향을 받아 변용시킨 것으로 볼 수 있다. 교구나 대단금구의 형태는 천마총 출토 은제 대금구와 비교할 수 있다.(도16-②)

다음으로 교구와 과판만으로 구성된 대금구가 있다. 교구는 버섯모양이고 띠 연결부의 이면에 7개의 못 구멍이 뚫려 있으며 내면에는 자색의 가죽이 남아 있다. 과판은 금판을 두드려 만들었고 4개의 금 못을 끼워 넣어 혁대에 직접고정한 점이 주목된다. 이러한 구조의 과판은 신라의 경우 5세기부터 6세기 전반에 이르는 시기에 유행하였다. 특히 경주 천마총의 역심엽형 과판과 유사도가 높다.

셋째, 陵山里寺址 木塔址 출토 帶金具와 釧을 들 수 있다. 부여 羅城과 능산리고분군 사이에 위치한 능산리사지는 백제 27대 威德王(昌王)대에 창건되어 백제 멸망기까지 존속한 왕실의 願刹로 추정되고 있다. 4차조사에서 목탑지가 발굴되었다. 목탑지의 심초석 하부에 대한 조사에서 금은제 장신구, 금동 문양판, 각종 옥, 塑造佛像 등 다수의 유물이 수습되었다.[68] 여기서 출토된 유물은 생활유물이 아니며, 목탑 축조 시 매납한 사리공양품으로 추정된다. 舍利龕의 ‘百濟

구소
(68) 국립부여박물관 외, 2000 『능사』

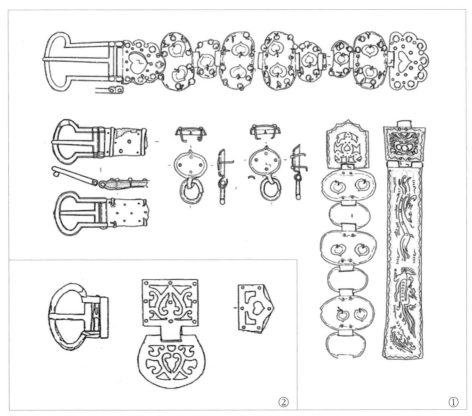

도16 무령왕(①), 천마총 대금구(②)

昌王十三年太歲在丁亥妹兄公主供養舍利' 명문으로 본다면 567년에
묻힌 것임을 알 수 있다.[69]

---

69) 신광섭, 2006 『백제 사비시대 능사연구』 중앙대학교 박사학위논문 pp.88~91
   이 유물군은 교란된 상태였으므로 교란시점에 대한 검토가 필요하다. 이 목탑의
   心柱와 舍利龕도 교란되었는데 조사당시의 양상으로부터 본다면 근래에 교란된
   것은 아니며 사찰의 폐사, 향로의 退藏時點과 동일하다고 추정된다. 이 같이 추정
   한다면 나당연합군이 백제의 사비도성을 함락한 시점인 660년도 유력한 후보 가운
   데 하나로 상정할 수 있을 것이다.

銀製帶金具

　심초석 하부에 흩어진 채 출토된 은제 대금구는 1벌 혹은 그 이상이다. 교구는 上緣金보다 下緣金이 길어 左緣金은 斜角을 이룬다. 左緣金의 하단부가 아래쪽으로 돌출하는 것이 특징이다. 상하 緣金의 선단에 구멍이 1개씩 뚫려 있는 점으로 보면 橫棒만 있고 刺金軸은 없었던 것 같다. 은봉의 단면은 둥글다.

　과판은 역심엽형이고 역심엽부의 못 수와 이면 고리의 형태에 따라 몇 종류로 나눌 수 있다. 역심엽부에는 못이 좌우 2개만 있는 것이 많고 상 혹은 상하에는 판의 이면으로부터 打出하여 못의 효과만 낸 것도 있다. 좌우의 못은 혁대을 직접 고정하는 것이 아니고 별도의 고리와 과판의 역심엽부를 고정하는 기능만을 가진다. 능안골고분군에서 출토된 과판을 예로 든다면 판상금구에 나무 조각을 끼운 다음, 나무 조각과 혁대를 실 등의 끈으로 고정한 것이다. 대단금구는 많이 파손되었지만 띠 연결부의 잔존상태는 좋다. 띠 연결부의 이면에는 못으로 고정한 2개의 금구가 있는데 상하로 배치된 점이 다른 예와 다르다.(도17-①)

　이와 비교할 수 있는 예는 부여 능안골50호분, 동 36호분-東, 동 36호분-西[70], 羅州 복암리3호분 5호석실[71], 장성 학성리A지구 6호분[72] 등 백제지역 출토품과 경산 임당C-I-35호분[73], 창녕 계성A지구 1호분 2관[74] 등 신라 출토품이 있다. 고구려의 경우도 유례가 있는데 덕화리

70) 국립부여문화재연구소 외, 1998 『능산리』
71) 국립문화재연구소, 2001 『나주복암리3호분』
72) 전남대학교박물관, 1995 『장성 학성리 고분군』
73) 김재열, 2007 「경산지역 고분의 장신구연구」 영남대학교 석사학위논문, p.106
74) 정징원, 1977 「A지구 고분발굴조사보고」 『창녕계성고분군발굴조사보고』 경상남도

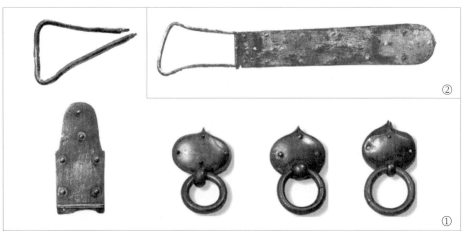

도17 능산리사지(①)와 복암리3호분 5호석실(②) 대금구

3호분[75], 오녀산성[76], 撫順 施家墓M7호분에서 출토되었다.[77] 이 대금
구의 구조적인 변화방향은 띠 연결부 구조가 간략해지는 과정이다.
백제 자료의 경우 능산리사지, 능안골50호분, 복암리3호분 5석실은
560년대로, 이에 비하여 구조상 한 단계 변화된 능안골36호분 동쪽
피장자의 대금구는 6세기 3/4분기의 늦은 시기로, 능안골36호분 서쪽
피장자의 대금구는 그에 후속하기 때문에 6세기 4/4분기 이후로 편년
할 수 있을 것 같다.

---

75) 조선유적유물도감편찬위원회, 1990 『조선유적유물도감』 4
76) 遼寧省文物考古研究所, 2004 『五女山城』 文物出版社
77) 遼寧省文物考古研究所 外, 2007 「遼寧撫順市施家墓地發掘簡報」 『考古』 2007
    -10, pp.29~41
    M23호분에서 출토된 과판과 대단금구는 이보다 한 단계 늦은 자료이며 철제품인
    점이 특징이다.

銅製釧

동제 주조품이며 단면은 장방형이다. 둥근 천의 외면에 방형의 돌기장식 62개가 배치되었고 돌기장식의 단면은 마름모꼴이다.(도18) 삼국시대의 천 가운데 가장 유행한 유형은 輪의 표면에 刻目

도18. 능사 목탑지 하부 釧(좌)과 세부(우)

과 돌기를 표현한 것이다.[78] 6세기대의 천은 輪의 단면이 장방형이고 선단에 돌기가 장식된다. 대표적인 예로 평양 만달산록15호분과 고성군 봉화리1호분, 경주 노서리215번지고분, 보문리부부총 적석목곽분과 석실분[79], 창녕 계성A지구 1호분 1관, 고성 내산리34호분 출토품[80]을 들 수 있다. 천의 변화는 輪의 단면에서 잘 관찰된다. 즉, 원형·타원형에서 방형으로, 다시 장방형으로 변화하며 돌기형태는 둥근 것에서 梯形으로 변화한다. 황룡사 목탑지 하부 출토품[81]이 가장 늦은 요소를 가진다.

넷째, 王興寺 木塔址 帶金具를 들 수 있다. 2007년에 발굴된 부여 왕흥사지에서는 백제 창왕 24년 즉, 577년에 매납한 일괄유물이 발굴되었다. 『三國史記』에는 이 절이 백제 法王 2년인 600년에 낙성된 것으로 기록되어 있지만 사리함의 명문(도19)으로 보아 목탑은 그

78) 박희명, 2001 「삼국시대 팔찌에 대한 硏究」한양대학교 석사학위논문
79) 今西龍, 1916 『朝鮮古蹟圖譜』 3, 朝鮮總督府
80) 국립창원문화재연구소, 2005 『고성 내산리고분군II』
81) 문화재연구소, 1983 『황룡사』

도19 왕흥사 사리장엄구와 명문 일부

에 앞선 577년 혹은 그 직후에 완성된 것으로 보인다. 금속장신구를
비롯한 일괄유물은 목탑 심초석의 남쪽에 인접하여 산포되어 있었으
며 심초석 상면과 평행하거나 조금 낮은 위치에서 집중 출토되었
다.[82]

　　출토유물은 종류가 다양하다. 장신구 내지 장식품의 범주에 넣
을 수 있는 것이 다수이지만, 玉璧[83]이나 常平五銖錢처럼 수입한 물
품도 있고, 철도자나 젓가락과 같은 일상용품도 포함된다. 그 외에 금

---

82) 국립부여문화재연구소, 2007 「부여 왕흥사지 발굴조사 (제8차) 지도위원회의 자
　　료」
　　국립부여박물관·국립부여문화재연구소, 2008 『특별전 백제왕흥사』
　　국립부여문화재연구소, 2008 앞의 책
　　國學院大學文學部史學科, 2008 『古代文化の源流を探る-百濟王興寺から飛鳥寺へ』
83) 雙身龍紋玉璧, 혹은 夔龍紋玉璧 자료에 대해서는 다음의 논고에서 집성이 이루어
　　진 바 있다.
　　蔡慶良, 2003 「試論器物學方法在玉器硏究中的應用」 『古代文明』 2, 文物出版社

은의 소재와 鐵滓[슬래그]도 출토되었다. 무령왕릉, 능사 목탑지, 왕흥사 목탑지에서 공통하는 장신구 가운데 逆心葉形 銙板이 주목된다.

왕흥사 목탑지 대금구는 교구와 대단금구 없이 과판만 5점 출토되었다. 과판은 역심엽부 이면에 부착된 띠 고정용 금구의 제작기법에 따라 두 가지로 구분된다. 하나는 세장방형의 은판에 굴곡을 주어 ⊓형의 금구를 만든 다음 못을 박아 고정한 것이다. 다른 하나는 역심엽형의 얇은 은판에 U형의 금구를 땜으로 접합한 다음 이 은판과 역심엽부를 못으로 고정한 것이다. 못으로 고정할 때 모루에 대고 이면에서 좁은 망치로 두드렸는데 능산리사지 출토품에 비하여 마무리가 매끈하다. 역심엽부와 그 하부에 원환을 현수하기 위한 고리를 땜으로 접합한 부분도 육안으로는 잘 드러나지 않는다.(도20)

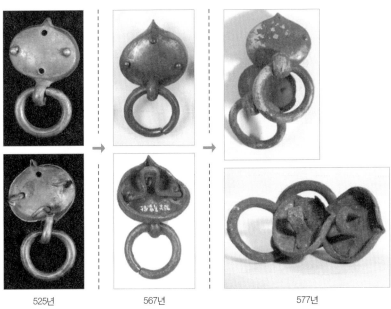

525년　　　　　567년　　　　　577년

도20 역심엽형 과판의 흐름(좌: 무령왕릉, 중: 능산리사지, 우: 왕흥사지)

무령왕릉, 능산리사지 목탑지, 왕흥사 목탑지의 역심엽형 과판은 단조품이라는 점에서 공통점을 지니지만 세부적으로는 조금씩 차이를 보인다. 무령왕릉 과판은 역심엽부의 못이 이면의 혁대를 관통하고 있음에 비하여 능사나 왕흥사지 예는 별도의 고정용 금구를 붙인 다음 실로 꿰맨 점이 다르다. 능사와 왕흥사지 자료 사이에는 큰 차이가 보이지 않으나 땜질 기법이 보다 정교하게 활용된 점에서 차이가 있다.

왕흥사지에서 출토된 두 가지 형식은 각기 능산리 능안골 50호분과 동 36호분 동쪽 유해부에서 출토되었다.[84] 이로 보면 이 두 무덤은 577년에서 멀지 않은 시기로 편년할 수 있을 것이다. 능안골 36호분은 남녀 각 1인씩 합장되었다. 서쪽 유해부 출토 과판의 역심엽부 이면에는 띠고정용 금구를 땜으로 붙인 역심엽형 은판이 부착되어 있는데, 왕흥사지 예와는 달리 못이 사용되지 않았고 모두 땜으로만 부착한 것이다. 이는 장성 학성리A지구 6호분[85]이나 부여 염창리V-55호분 출토품[86] 등 7세기를 전후한 시기의 과판과 연결되는 제작기법이다. 이런 점으로 보아 능안골 36호분 동쪽 유해부 과판에 비하여 동서쪽 유해부 과판이 신식이며, 연대는 577년보다 늦음이 분명해 보이므로 그 연대는 580년대나 590년대 정도로 편년할 수 있을 것 같다.

다섯째, 2009년 발굴된 익산 미륵사지 서탑 舍利供養品 가운데 포함된 銀製 冠飾과 銀製 帶金具이다. 심주석을 받치는 방형 석재를 舍利石函으로 설계하고 몸체에 한 변 24.8cm, 깊이 27cm 크기의 방형 사리공을 파고 내부에 매납한 금제 舍利壺, 금제 舍利奉安記, 호

---

84) 국립부여문화재연구소, 1998 앞의 책
85) 전남대학교박물관 외, 1995 앞의 책
86) 공주대학교박물관, 2003 앞의 책

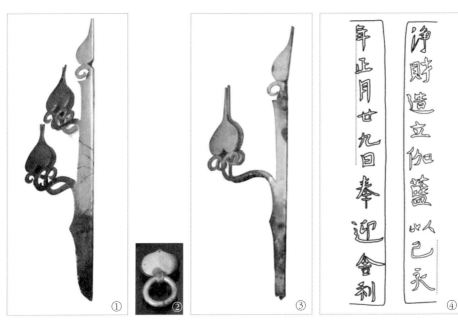

도21 미륵사지 관식(①③), 과판(②), 奉安記 명문 세부(④)

박, 옥, 유리구슬 등 19종 683호의 유물[87] 가운데 은제 관식 2점(도21-
①③)과 은제 역심엽형 과판(도21-②)이 포함되어 있다. 舍利奉安記에
의하면 백제 佐平 沙乇(宅)積德의 딸인 백제 왕후가 재물을 희사하여
가람을 창건하고 己亥年인 639년에 사리를 奉迎하였다(도21-④)고 하
며 유물의 출토 상태를 살펴본다면 함께 공양된 은제 관식과 과판은
이 때에 매납된 것이 분명한 것으로 판단할 수 있다.

　　능사 목탑지와 왕흥사지 목탑지에서는 은제 관식이 출토되지 않
았기 때문에 화형 도안을 갖춘 백제의 은제 관식이 언제 쯤 출현하여

----

87) 배병선·조은경·김현용, 2009 「미륵사지석탑 사리장엄 수습조사 및 성과」『목간
　　과 문자연구』 3, 한국목간학회 엮음, 주류성, p.202

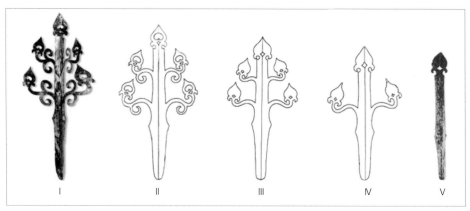

도22 은제관식의 분류(I:능안골36-동, II:복암리3호분-5석실, III:육곡리7호분, IV:복암리 3호분-16석실, V:능안골36-서)

어떤 변화를 겪었는지에 대하여 알기 어려웠다. 다만 능사와 왕흥사 지에서는 은제 과판이 출토된 바 있었고, 그 자료를 고분 출토품과 비 교하여 고분을 편년할 수 있었으며 다시 그러한 고분에서 대금구와 공반한 은제 관식의 연대를 간접적으로 추정하는 정도였다. 그런데 미륵사지에서는 639년의 매납연대를 알 수 있는 은제 관식이 2점이 나 발굴되었기 때문에 백제 은제 관식의 연대를 파악하는데 결정적 인 단서가 되었다.

먼저 도안을 기준으로 살펴본다면 곁가지와 꽃봉오리모양 장식 이 3段에 5個인 것[88](도22- I II III), 2단에 3개인 것(도22-IV), 1단에 1개 인 것(도22-V)으로 구분된다. 이 가운데 前 2者가 중심을 이룬다. 段·個數는 다르지만 은판을 반으로 접어 좌우대칭의 화형장식을 투 조로 표현한 점은 같다. 은제 관식의 제작기법 가운데 시간의 변화를

88) 頂部까지 포함한 숫자이다.

보여주는 속성은 화형장식의 도안이다. 화형장식의 도안은 조금 복잡한 것과 간소한 것으로 구분된다. 가장 복잡·화려한 것은 능안골 36호분 동쪽 피장자 유해부, 하황리 출토품인데 화형장식의 내부에 심엽형 투공이 뚫려 있고 줄기 쪽에서 파생되어 상하로 둥글게 말린 엽문이 표현되어 있다. 나주 복암리3호분 5호 석실 출토품은 곡선적인 葉紋 2개 가운데 1개가 생략되어 있다. 이에 비하여 미륵사지, 육곡리7호분, 척문리, 복암리3호분 16호석실, 염창리Ⅲ-72호분 출토품의 경우 심엽형 투공과 줄기 쪽에서 파생된 엽문이 없다.

이러한 형태차는 소유자의 신분차를 반영하는 것이라고만 단정하기에는 주저되는 점이 있으며, 오히려 시간의 변화를 반영하는 것으로 볼 여지가 있다. 나주 복암리3호분의 유구 축조 선후관계와 미륵사지의 연대로 본다면 능안골36호분 동쪽 피장자 유해부 관식과 복암리3호분 5호석실 관식이 미륵사지 관식에 비하여 선행함에 분명하다.

능안골 36호분 동쪽 피장자 유해부 관식의 연대는 공반된 대금구를 통해 대략적으로 파악할 수 있다. 즉, 역심엽형 과판의 구조로 보아 능사~왕흥사 목탑지 출토품과 유사하므로 670년을 전후한 시기로 편년할 수 있다. 이 연대를 상대적으로 이른 시기 관식 편년의 기준으로 삼고, 미륵사지 관식을 보다 늦은 시기 관식 편년의 기준으로 삼은 다음 관식의 속성에 기준하여 상대편년작업을 진행할 수 있을 것이다.

이러한 기준에 의거한다면 사비시기 백제의 은제관식 가운데 고식에 속하는 것은 능안골36호분 동쪽 피장자 유해부, 복암리3호분 5호석실, 하황리 관식이 해당된다. 이보다 신식의 관식으로는 능안골 36호분 서쪽 피장자 유해부, 미륵사지 석탑, 염창리Ⅲ-72호분, 육곡리

7호분, 척문리석실분, 복암리3호분 16호석실 출토품이 해당한다. 이 구분은 매우 개괄적인 것이며 앞으로 새로운 자료가 발굴되거나 고분 및 토기에 대한 편년작업이 진전되면 자연히 세분하여 살펴볼 수 있을 것으로 예상된다.

이러한 변화를 염두에 두고서 관식을 구성한 장식의 段數差를 다시 검토해볼 여지가 있다. 도22에 제시한 관식 분류에 근거하여 설명하면, 고식의 관식에서 볼 수 있는 등급차는 Ⅰ>Ⅱ 정도이지만 신식의 관식에서는 Ⅲ>Ⅳ> Ⅴ로 더욱 세분된다. 그리고 Ⅰ,Ⅱ 사이의 차이는 미세하지만 Ⅲ, Ⅳ, Ⅴ 사이의 차이는 현저하므로 이를 관위제도의 철저한 시행과 관련지어 해석해볼 여지가 있다.

관식을 중심으로 한 이 같은 편년안은 대금구의 변화양상(도23)으로도 어느 정도 검증할 수 있다. 위에서 능사 및 왕흥사 출토 대금구에 대한 언급을 한 바 있지만, 금번 미륵사지 석탑에서도 대금구가 출토되었으므로 이 자료를 편년표 작성에 적극적으로 활용할 필요가 있다. 다만 미륵사지 출토 대금구의 경우 관식에 비하여 상세한 내용을 알기 어려우므로 여기서는 고고학적 의의만을 간략하게 지적하고자 한다.

미륵사지 출토 은제 과판 1점은 전형적인 역심엽형 과판이다. 역심엽부의 측면이 넓은 편이며 윗부분이 이면으로 급격히 돌출되었다. 표면에는 4개의 못이 장식되어 있다.[89] 이면에는 ∩자형 고리가 있는

___

89) 필자는 구고에서 7세기대 과판은 모두 동제 주조품이며 역심엽부의 표면에 못이 없을 것으로 추정하였지만 금번 미륵사지에서 출토된 과판은 은제품이며 역심엽부에 못이 4개나 장식되어 있어 구고의 논지에 대한 수정의 필요성을 느끼게 되었다. 그런데 2009년 7월 미륵사지유물전시관에 전시중인 유물을 실견한 바, 못은 이면의 ∩자형 고리와는 관련이 없는 장식적인 기능만을 지니고 있음을 확인할 수 있

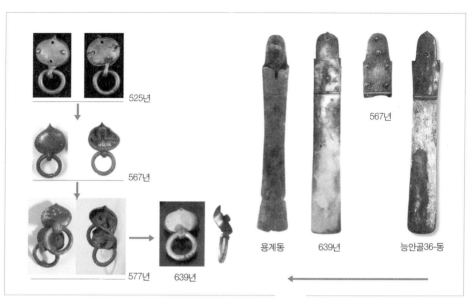

도23 백제 대금구의 변화양상(과판과 대단금구)

데 능사나 왕흥사지 과판과는 달리 땜으로 지판에 직접 부착한 것이
다. 원환 현수용 고리는 넓은 편이며 육안으로 볼 때 원환은 銅地銀張
일 가능성이 있다. 은제 帶端金具도 1점 출토되었다.[90] 띠연결부의 이
면에는 띠에 고정하기 위한 고리가 있는데 과판의 경우와 마찬가지로
땜으로 지판에 부착한 것이다. 도23에서 볼 수 있듯이 역심엽형 과판
의 경우 무령왕릉→능사→왕흥사지 출토품 순으로 변화가 명확한 편
이며 대단금구의 경우 능사→미륵사지→용계동 삼국1호석곽묘[91] 순

었다. 다만 못의 머리가 너무나 작아 은알갱이를 붙여 장식한 것일 가능성도 고려
에 넣어두고 싶다.
    이한상, 1997「5~7세기 백제의 대금구」『고대연구』5, 고대연구회
90) 국립문화재연구소·익산시, 2009『미륵사지 석탑 사리장엄 특별전』p.12
91) 중앙문화재연구원, 2009『대전 용계동유적』p.24

으로의 변화를 상정해볼 수 있다. 이처럼 미륵사지에서 발굴된 대금구 역시 관식과 마찬가지로 사비시기 백제 고고자료의 편년에 중요한 근거로 활용될 수 있는 양호한 자료임을 강조하고자 한다.

2) 장신구의 편년안

앞에서 검토한 편년의 기준자료에 더하여 기왕의 연구 성과를 종합, 백제 장신구의 편년표를 작성하고자 한다. 그간 백제의 고고자료에 대한 편년연구는 무덤의 구조와 토기의 형식변화에 기준하여 진행되었다. 전자는 주로 5~7세기, 후자는 한성시기에 연구가 집중되는 경향이 있다. 고고자료가 변화하는 양상에 대해서는 학계의 견해가 일치되고 있지만 절대연대의 설정은 연구자마다 다양하다. 여기서는 상대연대뿐만 아니라 절대연대의 설정에도 주안점을 두고자 한다.

첫째, 漢城時期(~475년)의 編年案이다. 이 시기의 최상급 고분군으로 석촌동과 가락동, 방이동고분군이 있다. 석촌동의 경우 5세기 이전의 자료가 중심을 이루며 가락동과 방이동의 경우는 백제의 한성시기 유구로 보거나[92] 신라의 한강유역 지배 시에 축조되었다고 보는[93] 등 다소 논란이 있다.[94] 근래의 발굴조사 성과에 의하면 이 시기의 割石造 석실묘와 석곽묘가 지방에서도 확인되고 있으며 중심연대

이 대금구는 6세기 후반~7세기 전반대 신라 대금구와 유사한 면모를 보이지만 교구의 緣金 단면형태가 둥근 점으로 보아 백제 대금구로 판단할 수 있다. 무덤의 구조는 능산리형 석실을 모방한 지방식 무덤이다.

92) 이남석, 1992 「백제초기 횡혈식석실분과 그 연원」『선사와 고대』 3, 한국고대학회
93) 강현숙, 1996 「백제 횡혈식석실분의 전개과정에 대하여」『한국고고학보』 34, 한국고고학회
  최병현, 1997 「서울 강남지역 석실분의 성격」『숭실사학』 1, 숭실사학회
94) 이남석, 2002 「제2장. 백제묘제의 수용과 전개」『백제묘제의 연구』 서경문화사

는 5세기 중엽에 가까운 시기로 보인다.[95] 앞 절에서 살핀 절대연대 기준자료를 중심으로 편년의 골격을 잡고 각 유물의 변화상을 고려하여 편년안을 작성하면 〈표9〉와 같다.

표9 한성시기 장신구의 편년

시기		관	이식	대금구	천	식리	비고
한성 시기	1기		석촌동4호 주변	몽촌토성 풍납토성 사창리고분			4세기
	2기	수촌리1호분 안동고분	용원리129호분 수촌리1호분 법천리1호분 신봉동54호분	수촌리1호분		수촌리1호분 법천리1호분 안동고분	5세기 1/4분기
	3기	용원리9호석곽 수촌리4호분	용원리9호석곽 수촌리4호분 주성리2호석곽	수촌리4호분		법천리4호분 수촌리3호분 수촌리4호분	5세기 2/4분기
	4기	부장리5호분 입점리1호분	주성리1호석실 용원리37호분 입점리1호분			부장리6-6호분 부장리8호분 입점리1호분	5세기 3/4분기

한성시기의 백제 장신구는 4기로 세분할 수 있다. 제1기에 해당하는 자료는 적다. 서울 석촌동4호분 주변의 이식과 풍납토성, 몽촌토성, 사창리고분 출토 진식대금구에 한정된다. 진식대금구의 경우 廣州의 大刀山墓(324년) 출토품과 유사한 예가 포함되어 있으므로 4

---

95) 박순발, 2001 『한성백제의 탄생』 서경문화사
   김기범, 2004 「한성시기 백제 횡혈식석실분의 수용」 『백제연구』 40, 충남대학교 백제연구소
   吉井秀夫, 2008 「墓制からみた百濟と倭」 『百濟と倭國』 高志書院

세기 무렵 제작, 수입되었을 가능성이 있다. 이식은 공반유물이 분명히 알려져 있지 않아 연대의 특정은 곤란하지만 이식의 주환이나 심엽형 수하식에 남아 있는 거친 마무리 흔적은 5세기 이후의 이식에서는 찾아보기 어려운 기술 수준이므로 역시 4세기의 어느 시점으로 편년할 수 있다. 보다 구체적으로 편년하기에는 아직 자료가 부족하다.

　제2기는 백제에서 장신구의 제작이 본격적으로 개시되는 시기이다. 공주 수촌리1호분을 기준으로 삼았는데, 수촌리1호분 이식과 동형의 이식을 반출한 법천리1호분을 이 시기에 배치하였다. 용원리129호분과 신봉동54호분 이식은 소형의 空球體를 중간식으로 끼워 넣은 구조를 지니고 있어 고식이라 판단, 이 시기로 편년하였다.

　제3기의 기준자료는 용원리9호 석곽과 수촌리4호분이다. 주성리2호 석곽 이식은 용원리129호분 이식에서 한 단계 변화한 것이어서 이 시기로 편년하였다. 수촌리3호분과 법천리4호분은 식리로 보아 수촌리1호분과 수촌리4호분의 중간에 위치할 것으로 보았는데 1호분보다는 4호분에 가깝지 않을까 판단하였다.

　제4기의 기준자료는 입점리1호분이다. 이 무덤에서는 靑磁壺가 반출[96]되었는데 중국자료와 비교하면 웅진천도 직전에 반입되었을

---

96) 이 청자 사이호는 宋 大明6년(462)의 연대를 가지는 福建 松源 M831호묘 출토품보다 늦을 것으로 보이는 동 M833호묘 출토품과 유사하다 하여 5세기 후반으로 추정하는 견해(定森秀夫 1989)가 있고, 溫嶺縣 北山 宋 元嘉10年墓(433) 출토품과 유사한데 이보다 조금 늦을 것으로 보아 5세기 중엽에 제작된 것으로 보는 견해(성정용, 2003)가 있다. 이 자기가 입점리 지역으로 유통되는 시기는 한성기를 넘어서지 않을 것으로 보았다. 후자의 견해를 수용한다면 이 사이호의 제작연대는 5세기 중엽 경으로 볼 수 있다.
　定森秀夫, 1989「韓國ソウル地域出土三國時代土器について」『生産と流通の考古學 橫山浩一先生退官記念論文集 I』

가능성이 있다. 그런데 천도 직후 일정 기간 동안 이러한 물품을 수입하여 지방에 나누어주는 것이 어려웠을 것으로 상정한다면 입점리1호분에 묻힌 중국도자와 장신구는 한성시기 말에 익산으로 전해진 것으로 추정해볼 수 있다. 부장리5호분은 공반된 철제 鑣壺로 보아, 부장리6호와 8호는 耳飾과 飾履의 형태로 보아 각각 이 단계로 편년하였다. 주성리2호 석곽과 1호 석실은 묘제로 보아 선후관계를 설정할 수 있으며 보다 늦은 요소를 지닌 1호 석실 출토 이식을 이 시기에 배치하였다. 용원리37호분에서 출토된 이식은 주환·중간식의 제작에서 한성시기 이식 가운데 가장 발전된 모습을 보이고 있어 한성시기의 마지막 단계로 편년하였다.

둘째, 熊津時期(475~538년)의 編年案이다. 이 시기의 중심고분은 공주에 분포한다. 송산리고분군에서 조사된 무덤 가운데 무령왕릉을 제외하면 편년에 활용할만한 자료는 매우 적다. 무덤의 구조를 중심으로 한 연구에서는 송산리1~5호분[97] 등 穹窿狀天井을 가진 석실분을 이른 단계로, 송산리6호분과 무령왕릉 등 전축분이 그 뒤를 잇는

성정용, 2003 앞의 논문

97) 송산리고분군 중 1~5호분의 유구번호는 2차례에 걸쳐 부여되었기 때문에 여러 논저에서 혼동을 일으키는 요인이 되고 있다. 1927년 발굴조사 시 조사자는 송산리고분군의 동쪽 능선 상에 5기의 무덤이 존재하는 것으로 추정하고 서에서 동으로 1~5호분까지 명명하였다. 그러나 조사결과 4호분은 무덤이 아니었으므로 이곳에는 4기의 무덤이 분포되어 있음이 확인되었다. 이 발굴조사의 보고서에서는 원래 명명하였던 1, 2, 5호분의 명칭을 그대로 사용하였다.
그 후 송산리고분군의 서쪽 능선 상에서도 새로이 2기의 무덤(궁릉상석실분 1기와 전축분 1기)이 차례로 확인·조사되었기 때문에 輕部慈恩은 송산리고분군의 동쪽 능선 상에 분포한 4기의 고분을 재차 東에서 西로 編號하여 1(구5호), 2(구3호), 3(구2호), 4호(구2호)분으로, 새로 확인된 무덤을 5, 6호분으로 명명하였고 현재까지 이 고분번호가 사용되고 있다. 따라서 이 논문에서는 현재 사용되고 있는 고분번호를 사용하고 괄호 내에 1927년 발굴조사 당시의 번호를 명기하였다.

것으로 이해하였다.[98]

표10 웅진시기 장신구의 편년

시기		관	이식	대금구	천	식리	비고
웅진시기	1기	신촌리9호분	주미리3호분	송산리1호분 송산리3호분	신촌9호-乙 신촌9호-庚 덕산4호-乙	신촌리9호분	5세기 4/4분기
	2기	무령왕 무령왕비	무령왕 무령왕비 송산리6호분 교촌리고분	송산리4호분 무령왕	무령왕비	무령왕 무령왕비 복암3-96석실	501년- 538년

　　1~5호분의 상대연대를 검토할 때 棺臺와 塼의 유무, 혹은 무덤
의 형태변화로 세분[99]하는 것은 가능하지만 유물로 편년하기는 어렵
다. 다만 궁륭상 천정을 가진 석실분은 구조상 완성도가 높으며 서로
간에 형태차가 크지 않음은 고려할 수 있다. 송산리4호분과 금관총에
서 출토된 대금구를 교차 편년하여 송산리4호분을 6세기 초로 고정
할 수 있다면, 그와 무덤의 구조가 유사한 송산리1~3호분, 5호분도 그
에 가까운 연대를 부여할 수 있을 것이다. 그런데 송산리고분군의 무
덤 축조는 대체로 1호분 쪽 능선에서 시작하여 무령왕릉이 위치한 능
선 쪽으로 이동하였을 가능성을 고려하고 송산리3호분 출토 귀면 과
판이 공주 수촌리4호분 출토품과 연결되는 요소가 보임을 주목하면
1·3호분 → 4·5호분의 순서를 상정할 수 있다.
　　송산리6호분의 '梁官瓦(品)爲師矣'명 蓮花紋塼의 내용에 의하

---

98) 吉井秀夫, 1993 「百濟地域における横穴式石室分類の再檢討」『考古學雜誌』79-2
99) 毛利光俊彦, 1999 「古代朝鮮冠(百濟)」『瓦衣千年森郁夫先生還曆記念論文集』

면 전의 제작과 전축분의 축조에 남조 梁文化의 영향이 있었음을 알 수 있다. 양은 502년에 건국하여 557년에 멸망하였기 때문에 6호분의 상한은 502년이다. 또 무령왕릉의 폐쇄전으로부터 출토된 '~士壬辰年作' 명의 전은 512년에 제작된 것이기 때문에 아마도 510년대에는 전축분이 축조될 수 있었을 것으로 보인다.

이식이 출토된 주미리3호분은 궁륭상 천정을 갖춘 석실분이며 이식의 형태[100]로 보아 5세기 4/4분기로, 교촌리고분 이식은 유리옥이 끼워져 있는 점을 주목하여 6세기 1/4분기로 편년하였다.

나주의 신촌리9호분은 專用甕을 매장주체부로 하는 무덤이다. 을관에서는 금동관을 포함하여 많은 양의 유물이 출토되었다. 그 가운데 금동관이나 관모는 한성시기 자료보다는 늦은 요소를, 금동식리는 무령왕릉 출토품보다 고식의 요소를 함께 지니고 있다. 따라서 5세기 4/4분기 무렵으로 편년할 수 있다. 釧이 출토된 신촌리9호분 경관, 덕산리4호분 을관은 공반된 개배 등의 토기가 5세기로 편년할 수 있는 자료라는 점을 감안하여 5세기 4/4분기로 보았다.

복암리3호분은 방형의 봉토 내에 여러 기의 옹관묘, 석실묘가 혼재한다. 그 가운데 96년 석실분은 割石造의 橫穴式石室 안에 4기의 옹관이 매납된 구조이다. 옹관묘에서 '陵山里型 石室墓'로 이행하는 중간단계의 모습을 보이고 있다. 4기의 옹관 가운데 가장 늦게 매납된 4호 옹관의 주변에서 출토된 금동식리는 무령왕릉 출토품과 유사한 특징을 보인다. 따라서 이 무덤의 연대는 6세기 1/4분기 혹은 2/4분기 초반 무렵으로 편년할 수 있다. 이상의 내용을 정리하면 앞의 〈표10〉

---

100) 주미리 이식은 중간식이 원통형이다. 원통형 중간식은 고구려, 신라에도 유례가 있으나 신라에서 가장 유행하였다.

과 같다.

셋째, 泗沘時期(538~660년)의 編年案이다. 이 시기의 고분문화는 앞 시기와는 달리 소형화, 薄葬化의 경향을 보인다. 즉, 무덤의 규모가 축소되며 사비도성 외곽의 무덤과 유사한 예가 지방에서도 보이는데 이를 '능산리형 석실묘'라 부른다. 지방의 중심묘에서도 은제 관식, 은제 대금구 등의 장신구류와 木棺 부속구가 제한적으로 출토된다.[101]

이 시기의 고고자료 가운데 절대연대를 알 수 있는 자료가 근래에 발굴되었다. 바로 부여 능산리사지 목탑지와 왕흥사 목탑지 하부에서 매납의 연대를 알 수 있는 일괄유물이 출토된 것이다. 여기서 567년과 577년 무렵의 백제 장신구의 양상을 부분적으로 확인할 수 있게 되었다. 이 자료를 기준으로 무덤의 연대를 결정하여 보면 〈표 11〉과 같다.

사비시기 백제 장신구를 4기로 나누어 보았다. 1기는 능산리사지 목탑지 사리공양품이 지표이다. 부여에서 아직 이에 선행하는 자료가 출토되지 않았다. 능산리사지 대금구와 유사한 자료가 능안골 50호분과 복암리3호분 5호석실에서 출토되었다. 이 3례를 평행기로 본다면 복암리3호분 5호석실 관식도 이 시기로 편년할 수 있다. 능안골32호분 이식은 중간식이 특징이며 진천 회죽리나 평양 안학궁 이식과 유사하므로 고구려에서 계통을 찾을 수 있다.[102] 회죽리 이식은

---

101) 山本孝文, 2006 『삼국시대 율령의 고고학적 검토』 서경문화사
    山本孝文, 2008 「考古學から見た百濟後期の文化變動と社會」 『百濟と倭國』 高志
    書院
102) 사비시기 문물 가운데 고구려적인 요소가 많다. 이식뿐만 아니라 토기와 와당에서도 고구려의 영향이 살펴진다. 그 계기에 대하여 475년 이후 한 동안 고구려 지배를 받았던 집단을 사비도성 축조에 활용하는 과정에서 전해진 것으로 보기도

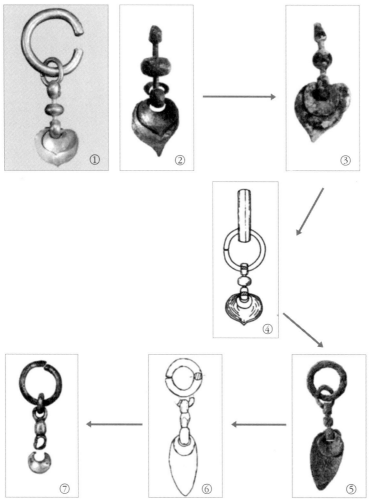

도24 사비시기 이식의 상대편년(①능안골32호분, ②관북리, ③복암리, ④八幡大塚2號
墳, ⑤염창리옹관묘, ⑥염창리I-2호묘, ⑦능안골49호분)

하고 부여계승의식을 내세우던 시기의 예제건축에 고식의 고구려계 와당을 사용
한 것으로 보기도 한다.
박순발, 2006 「사비도성 연구의 현황과 과제」 『백제 사비시기 문화의 재조명』 춘
추각, pp.116~120

고구려의 中原地域支配와 관련된 것으로 보여 이입의 하한연대는 551년이 될 가능성이 있다. 대개 이러한 기법의 유행시점을 6세기 중엽 경으로 본다면 능산리32호분 이식의 연대는 이 단계로 편년할 수 있을 것 같다. 그리고 이러한 형식의 이식이 사비시기에 지속적으로 제작되었는데 가장 늦은 자료가 염창리 I-2호묘 출토품이다. 능안골 32호분·관북리 이식과 염창리 I-2호묘 이식 사이에 복암리3호분 주변 대형수혈, 염창리 옹관묘 이식을 배열할 수 있다.

2기는 왕흥사 목탑지 사리공양품이 지표이다. 능안골36호분 동쪽 유해부와 능안골44호분 대금구는 능사 출토품과도 유사하지만 왕흥사지 대금구에 보다 가깝다. 능안골36호분 동쪽 유해부의 관식은 화형장식 내부에 하트형 투조문양이 베풀어져 있는데 이는 복암리3호분 5호석실, 하황리 관식과 유사하나 이 3자의 연대는 관식만으로

표11 사비시기 장신구의 편년

시기		관식	이식	대금구	천	식리	비고
사비시기	1기	복암3-5호석실 하황리	능안골32호분 관북리	능사 목탑지 능안골50호분 복암3-5호석실	능사 목탑지		천도~560년대 (능사 567년)
	2기	능안골36-동	복암리대형수혈	왕흥사 목탑지 능안골36-동 능안골44호분	왕흥사 목탑지		570년대 (왕흥사지 577년)
	3기	능안골36-서	염창리옹관묘	능안골36-서 복암3-6호석실			580년대 이후
	4기	미륵사지 서탑 염창리III-72호 육곡리7호분 척문리석실분 복암3-16호석실	염창리I-2호 능안골 49호분	염창리V-55호 학성리A6호분 복암3-7호석실 용계동1호석곽			7세기 (미륵사지 639년)

결정하기 어렵고 대금구 등의 자료를 아울러 검토하면 이 단계에 위치지울 수 있을 것 같다. 홍덕리 석실분의 경우 은제 관식의 곁가지가 결실되어 편년이 어렵지만 무덤의 구조가 전형적인 능산리형 석실과는 달라 이 단계에 위치할 가능성이 있다.

3기의 기준자료는 능안골36호분 서쪽 유해부의 대금구이다. 이 무덤은 板石造의 전형적인 능산리형 석실분이며 부부합장묘로 추정된다. 서쪽의 대금구는 동쪽의 대금구보다 늦은 형식이다. 관식은 간략한 것인데 관식만으로는 편년하기 어려운 자료이다. 복암리3호분 6호석실 출토 대금구도 이 단계의 특징을 지니고 있다.

4기의 기준자료는 미륵사지 서탑 관식, 염창리V-55호분과 복암리3호분 7호석실 출토 대금구이다. 미륵사지 관식은 639년에 매납된 것이므로 유사한 관식이 출토된 염창리Ⅲ-72호, 육곡리7호분, 척문리, 복암3-16호석실도 7세기 전반의 어느 시점으로 편년할 수 있을 것 같다. 다만 보다 세밀한 검토는 향후의 연구과제로 남기고자 한다. 염창리V-55호분과 복암리3호분 7호석실 출토 대금구는 동으로 주조하여 만든 것인데 이 역시 정확한 편년은 어렵지만 능산리36호분 서쪽 유해부의 대금구와는 형태차이가 존재한다. 이러한 형태차기 시간의 변화를 반영하는 것으로 이해하여 한 단계 늦은 시기로 편년하고자 한다.

제3장

裝身具 賜與體制의 성립

1. 장신구 사여체제의 성립 기반

1) 鐵素材 貢納網의 형성

　백제는 늦어도 3세기 후반에는 국가체제를 확립하고 국제무대에 등장한다. 백제사의 상한을 언제로 볼 것인지 학계에서 논란[1]이 있지만, 風納土城의 발굴성과[2]에 기준하여 보면 3세기 중엽에는 王都

---

1) 송호정, 2007 「제2절 고고학 자료를 통해 본 백제의 기원」『백제의 기원과 건국』충청남도 역사문화원, pp.161~164
2) 국립문화재연구소, 2000 『풍납토성I』
　국립문화재연구소, 2002 『풍납토성II』
　신희권, 2007 「풍납토성의 도성 구조 연구」『풍납토성 50년 백제왕도의 비전과 과제』국립문화재연구소
　신희권, 2008 「도성의 출현과 백제의 형성」『국가형성의 고고학』사회평론
　위의 보고문과 논문에 의하면, 성벽조사를 담당한 국립문화재연구소 연구자들은 성의 축조시점을 2세기까지 올려보고 있다.

漢城이 존재한다. 이는 하한시점이므로 앞으로의 조사 성과에 따라 백제의 국가성립 시기는 더 소급될 여지가 있다.

백제는 주변에 산재한 여러 소국을 차례로 통합하면서 국가의 기틀을 다져나갔을 것이다. 풍납토성에서 볼 수 있듯이 3세기 중엽의 백제는 연인원 백 만 명 이상을 동원하여 거대한 왕성을 축조할 수 있는 힘을 지니고 있었다. 또한 『三國史記』초기기록의 내용 및 紀年을 그대로 믿을 수 있을지에 대하여 여러 논의가 진행되는 과정에서도 고구려와 쟁패한 근초고왕대 기록에 대해서는 신빙하는 견해가 일반적임을 주목한다면, 4세기 무렵의 백제는 54개의 소국 가운데 하나처럼 묘사된 『三國志』의 百濟史像과는 격단의 차이를 지녔음에 틀림없다.

당시 백제는 옛 馬韓 전역을 아울렀을 것이다. 국가의 토대를 견실하게 다지려면 안정적인 수취원의 확보가 필요하다. 이 시기에 지방으로부터 어떤 물자를 어떻게 거두어 들였는지 알 길이 없다. 아마도 곡물, 특산물, 노동력의 수취가 주종을 이루었을 것이다.[3] 고구려, 신라와의 전쟁을 수행함에 있어 수취체제의 정비는 필수적이었다. 그렇지만 백제의 수취체제를 구체적으로 알려주는 사료나 고고학 자료는 거의 남아 있지 않다.[4]

---

3) 백제의 수취체제에 대한 연구에서는 백제도 고구려·신라와 마찬가지로 良人農民을 대상으로 租·調·力役 등의 형태로 농업생산물과 노동력을 수취했는데 읍락공동체를 단위로 한 수취에서 개별 인신적인 수취로 변화한 것으로 보고 있다.
　김기흥, 1991 『삼국 및 통일신라의 세제 연구』 역사비평사
　양기석, 1995 「경제구조」 『한국사』 6, 국사편찬위원회
　김영심, 2005 「백제 5방제 하의 수취체제」 『역사학보』 185, 역사학회
4) 나주 복암리 출토 木簡에는 力役動員의 양상이, 함안 성산산성 목간에는 穀物收取의 양상이 드러나 있다.
　윤선태, 1998 「'나주 복암리유적 출토 명문유물'에 대한 토론」 『제1회 백제학회 정기발표회 요지문』
　이수훈, 2004 「함안 성산산성 출토 목간의 稗石과 負」 『지역과 역사』 15, 부경역사

곡물, 특산물, 노동력의 수취양상을 고고학 자료에서 확인하기란 어렵다. 곡물이나 특산물의 운반과 관련하여 특정지역의 토기가 한성 일원에 어떻게 분포되어 있는지를 추적하는 방법이 있겠지만 지방 토기가 대량으로 출토되는 예를 찾을 수 없다. 다만 지방의 인력을 동원하여 현지에서 반제품을 만들어 공납하였을 철의 경우가 주목된다.

고대사회에서 철은 매우 중요한 자원이었다. 전쟁에 필요한 각종 무기와 농경도구의 제작에 필수적인 소재였기 때문이다. 삼한사회에서는 弁辰의 철이 유명하여 馬韓도 구매하였지만[5] 백제의 성장과정에는 철의 자체생산이 전제되었을 것이다. 좋은 철광을 확보하였다고 하더라도 철광석을 제련하여 양질의 철소재를 만들어내기란 쉽지 않았을 것이다. 제철공정에서 제철기술자 집단을 확보하는 것뿐만 아니라 채광 및 제련작업에 필요한 노동력의 체계적 확보 또한 긴요한 일이다. 조선시대의 사례를 보더라도 좋은 철광을 찾기 위한 시험이 계속되었고[6] 춘추로 제철소 주변 백성들을 製鐵場 負役에 동원하여 농사에 큰 지장이 있었다고 하므로[7] 백제 사회에서도 철소재 제작에는 많은 지방민이 동원되었을 것으로 추정할 수 있다.

연구소

전덕재, 2008 「함안 성산산성 목간의 연구현황과 쟁점」 『신라문화』 31, 동국대학교 신라문화연구소

5) 『三國志』 卷30 魏書 烏丸鮮卑東夷傳 東夷 弁辰
  「國出鐵 韓濊倭皆從取之」

6) 『世宗實錄』 11年 2月 19日
  「慶尙道 銅鐵炒鍊等事以聞 (中略) 其慶尙道銅鐵炒鍊 則令所産 昌原咸安固城靈山義城密陽金海仁同等官 當農隙採取 以試所産多少 炒難易」

7) 『世宗實錄』 14年 4月 17日
  「然因春秋兩等貢鐵炒鍊 方春農務最緊之時 役於鐵場 或二十日或三十日 裏糧往來 失時廢事 誠爲未便 幸今新都完備 營繕稍減 乞但於秋節 一度炒鐵 以副民望」

4세기 무렵 백제사회에서 제철이 갖는 의미를 이해함에 있어 『日本書紀』의 다음 기록이 주목된다.

① 이 때 백제 초고왕은 매우 기뻐하며 후하게 대접하고 다섯 가지 빛깔의 綵絹 각 1필과 角弓箭 및 鐵鋌 40매를 爾波移에게 주었다. 또 보물창고를 열어 여러 가지 진기한 것들을 보여주며 "우리나라에는 이 같은 진기한 보물들이 많이 있습니다. 귀한 나라에 바치고자 하나 길을 알지 못하여 마음만 있을 뿐 따르지 못하였습니다. 그렇지만 지금 使者에게 붙여서 貢獻합니다."라고 하였다.[8]

② 그리고 啓하기를 "신의 나라 서쪽에 강이 있는데 그 근원은 谷那鐵山으로부터 나옵니다. 7일 동안 가도 미치지 못할 정도로 멉니다. 이 물을 마시다가 문득 이 산의 철을 얻었기에 그것으로 성스러운 조정을 영원히 받들겠습니다."라고 하였다.[9]

『日本書紀』神功紀의 기년을 그대로 믿기는 어려우나 위 사료의 경우 近肖古王(재위 346~375년)과 관련한 것이며 내용이 구체적이어서 典據에 입각한 서술로 보인다. 46년조의 기록으로 보면 4세기 단계에도 여전히 철정은 사신에게 선물로 줄 정도의 귀한 물품이었다.

---

8) 『日本書紀』卷9 神功皇后46年
「時百濟肖古王 深之歡喜而厚遇焉 仍以五色綵絹各一疋 及角弓箭 幷鐵鋌四十枚 幣爾波移 便復開寶藏 以示諸珍異曰 吾國多有是珍寶 欲貢貴國不知道路 有志無從 然猶今付使者 尋貢獻耳」
9) 『日本書紀』卷9 神功皇后52年
「仍啓曰 臣國以西有水 源出自谷那鐵山 其邈七日行之不及 當飮是水 便取是山鐵 以永聖朝」

52년조의 기록에는 谷那鐵山이 등장한다. 이 철산의 위치에 대하여 전남 谷城으로 보거나[10] 황해도 谷山으로 보기도 하는데[11] 모두 音相似에 기준한 것이다. 한성의 서쪽에 있는 강의 상류에 위치하며 7일 동안 가도 도착하기 어려울 정도로 멀다고 하므로 그 위치를 황해도 일원으로 비정하는 견해가 설득력이 있어 보인다.[12] 이러한 견해를 받아들인다면 이 철산은 4세기 후반 고구려와의 전투에서 패한 후 빼앗겼을 것으로 추정할 수 있다.

기록에는 남아 있지 않지만 백제는 곡나철산 이외에 또 다른 철산을 확보하고 있었을 것이다. 근래 발굴되고 있는 제철유적의 분포[13]로 보면 그러한 추정이 가능하다. 특히 충주의 철산은 고려~조선시대에 이르기까지 울산의 달천광산과 더불어 국가의 중요한 자원이 되었다. 충주 탄금대의 남사면에 위치한 칠금동 제련유적[14]에서는 최대 규모(직경 1.8m)의 製鍊爐가 발견되었는데 철을 대량으로 생산하던 유구로 보인다.[15]

백제에서 제련이 이루어졌을 것으로 보이는 곳은 화성 기안리[16],

---

10) 池內宏, 1970 『日本上代史の一研究』 中央公論美術出版社, p.63
11) 鮎貝房之進, 1931 『日本書紀朝鮮地名攷』 『雜攷』 上, p.162
12) 문동석, 1997 「4세기 백제의 가야원정에 대하여 -철산지 확보문제를 중심으로-」 『국사관논총』 74, 국사편찬위원회
    서보경, 2000 「철제품을 매개로 한 백제와 왜의 교섭」 『사총』 52, 고대사학회
13) 김일규, 2007 「한국 고대 제철유적의 조사현황과 특징」 『선사ㆍ고대 수공업생산유적』 한국고고학회, pp.209~230
14) 중원문화재연구원, 2006 『충주 칠금동400-1번지 내 문화유적 시ㆍ발굴조사 약보고서』
15) 이남규, 2008 「백제 철기의 생산과 유통에 대한 시론」 『백제 생산기술의 발달과 유통체계 확대의 정치사회적 함의』 학연문화사, p.192
16) 기전문화재연구원, 2002 「화성 기안리 제철유적 발굴조사 지도위원회의 자료」
    김무중, 2004 「화성 기안리 제철유적 출토 낙랑계 토기에 대하여」 『백제연구』 40, 충남대학교 백제연구소

진천 석장리[17], 청원 연제리[18], 충주 칠금동, 나주 복암리유적[19]이다.[20] 복암리유적을 제외하면 모두 한성시기의 자료이다.

화성 기안리유적에서는 철광석과 송풍관, 爐壁片, 鐵滓와 함께 鍛冶爐, 鍛造薄片도 확인되어 제련작업을 하는 공방과 단조작업을 수행한 공방이 모두 존재했음을 알게 되었다. 이 유적은 3세기가 중심 연대이며 유물 가운데 낙랑계 토기가 포함되어 있어 백제의 제철기술 확보에 서북한지역의 영향이 있었음을 보여준다.[21] 풍납토성과 기안리유적 자료를 분석한 연구[22]에 의하면 한성시기 백제는 이미 炒鋼技術을 지니고 있었고 이를 기반으로 강철제 무기를 개발할 수 있었다고 한다.

진천 석장리유적에서는 제련로와 함께 단야로가 검출됨에 따라 제련에서 단야까지 일련의 공정을 확인할 수 있었고 규모와 형태에 있어서도 장방형의 대형 箱形爐를 비롯하여 원형로, 방형로, 장방형로 등이 다양하게 검출되었다. 석장리 주변에 광산이 보이지 않으므

---

17) 국립청주박물관, 2004 『진천 석장리 철생산유적』
18) 조용호·서병국, 2007 「청원 연제리 제철유적」 『선사·고대 수공업 생산유적』 한국고고학회, pp.62~63
   중앙문화재연구원·한국토지공사, 2008 『청원오송생명과학단지내 청원 연제리유적』
19) 김혜정, 2008 「나주 복암리고분군 주변지역 발굴조사」 『계간 한국의 고고학』 2008-가을호, 주류성 출판사, pp.90~101
20) 단야만 이루어진 곳은 여주 연양리, 하남 미사리, 화성 장안리유적이 있다.
   윤세영·이홍종, 1994 『미사리V』 미사리선사유적발굴조사단
   국립중앙박물관, 1998 『여주 연양리유적』
21) 기안리유적의 주인공을 낙랑계 주민으로 보면서 백제 또는 화성지역 정치체가 樂浪工人을 획득하여 이곳에 사민한 것으로 추정하는 견해가 있다.
   권오영, 2004 「물자·기술·사상의 흐름을 통해 본 백제와 낙랑의 교섭」 『한성기 백제의 물류시스템과 대외교섭』 학연문화사, pp.237~238
22) 이남규, 2008 앞의 논문

로 충주-괴산-보은 등지에서 옮겨왔을 가능성이 제시되었다.[23]

청원 연제리 유적에서는 제련로 1기, 제철폐기물이 퇴적된 溝, 성격불명의 爐 1기와 함께 탄요 1기가 발굴되었다. 석장리유적에 비하면 소규모이지만 천안-청주, 진천-청주의 교통로가 만나는 지점에 위치한 점은 주목할 만하다.

제철을 위해서는 양질의 철광석뿐만 아니라 다량의 목탄이 필요하다. 그 때문에 제철시설은 철광석과 목탄 산지, 공급처 등 3개소와 연동하여 입지를 선정한다.[24]

1990년대 울산 검단리유적에서 처음 발굴된 側口附炭窯 혹은 白炭窯[25]는 근래 조사 수량이 급격히 늘었다. 여전히 영남지역에 집중하는 양상이지만 백제지역에서도 여러 기가 발굴되었다. 화성 기안리[26] · 반송리[27] · 분천리, 오산 세교지구, 안성 만정리, 평택 용이동, 서산 무장리[28], 아산 명암리[29], 천안 불당리[30] · 용원리[31] · 신계리[32], 대전

23) 윤종균, 1998 「고대 철생산에 대한 일고찰」 전남대학교 석사학위논문
　　손명조, 1998 「한반도 중 · 남부지방 철기제작유적의 현상」 『영남고고학』 22, 영남 고고학회
　　김권일, 2003 「남한지역 고대 제철로에 대한 일연구」 한신대학교 석사학위논문
24) 철제련소의 입지는 철광석 산지보다는 목탄 확보가 용이한 지역이 보다 중요한 결정요인이 된다고 한다.
　　이남규, 2004 「한성기 백제 물류시스템과 대외교섭연구의 제문제」 『한성기 백제의 물류시스템과 대외교섭』 학연문화사, pp.14~16
25) 장정남, 2002 「고대 탄요 연구」 『호서고고학』 6 · 7, 호서고고학회
　　성형미, 2006 「측구부탄요에 대한 고고지자기학적 연구」 『영남고고학』 39, 영남고 고학회
　　조병택, 2007 『한국 고대 백탄요연구』 숭실대학교 석사학위논문
26) 기전문화재연구원, 2003 「화성 기안리 풍성아파트 신축부지 내 유적 발굴조사」 『기전고고』 3, 기전문화재연구원
27) 기전문화재연구원, 2006 『화성 반송리 행장골유적 발굴조사보고서』
28) 충청매장문화재연구원, 2000 『서산 무장리요지』

노은동[33] · 대정동[34] · 용계동 · 상대동[35], 청주 강서동[36] · 용정동[37] · 비하동[38], 청원 연제리 · 각리[39] · 송대리[40], 음성 내송리[41], 진천 사양리[42], 충주 큰골 · 하구암리[43] · 뒷골[44] · 야동리[45], 장호원 진암리[46], 파주 교하리에 분포한다.

탄요에서 유물이 출토되는 예가 거의 없어 연대를 추정하기 어렵다. 진천 사양리유적에서 출토된 타날문 단경호는 4세기 자료이고 천안 불당리와 용원리C지구, 충주 하구암리에서는 석곽 및 석실과 중복된 채 조사되었는데 先築임이 밝혀졌으므로 6세기 이전에 축조된

29) 충청매장문화재연구원, 2003 『아산 명암리유적(1, 3지점)』
    충남대학교 백제연구소, 2004 『아산 명암리유적』
30) 충청남도 역사문화원, 2004 『천안 불당리유적』
31) 서울대학교박물관 외, 2001 『용원리유적 C지구발굴조사보고서』
    충청매장문화재연구원, 1999 『천안 용원리유적 A지구』
32) 한국고고환경연구소, 2004 『신계리유적』
33) 한남대학교박물관, 2003 『대전 노은동유적』
34) 고려대학교 매장문화재연구소, 2002 『대정동유적 발굴조사보고서』
35) 백제문화재연구원, 2009 『대전 서남부지구 택지개발사업지구내(상대동 · 중동골) 문화유적 발굴조사 5차 지도위원회의 자료』
36) 중앙문화재연구원, 2006 『청주 강서동유적』
37) 한국문화재보호재단, 2000 『청주 용암유적(I)』
38) 김정인, 2008 『청주 비하동 유적II(2006년도 발굴조사)』 중원문화재연구원
39) 한국문화재보호재단 외, 1999 「청원 각리유적」 『청원 오창유적II』
40) 한국문화재보호재단 외, 1999 『청원 송대리유적I』
41) 중앙문화재연구원 · 한국토지공사, 2008 『음성 유촌리 · 도청리 · 각회리유적』
42) 중앙문화재연구원, 2001 『진천 사양리유적』
43) 중앙문화재연구원, 2008. 5 『충주 하구암리 (주)애강공장부지내 유적 발굴조사 약보고서』
44) 한국문화재보호재단 외, 2001 『중부내륙고속도로 충주구간 문화유적 발굴조사보고서』
45) 박연서 · 이희준, 2009 『동막리 · 야동리 · 구룡리유적』 중원문화재연구원
46) 중원문화재연구원, 2008. 9 「이천 장호원 일반산업단지내 유적 발굴조사」 『중원문화재연구』3, 중원문화재연구원

것으로 볼 수 있다. 아울러 탄요에 대한 최근의 연구에 따르면 한반도 중부지방 탄요의 절대연대 분석치는 170~530년에 분포하므로 백탄요 축조의 중심연대가 한성시기에 위치할 가능성이 높다.[47]

도25 충주 하구암리 탄요(6세기 석실과 중복)

그간 발굴된 탄요를 지도 위에 표시해 보면 〈도26〉처럼 일정한 경향이 확인된다.[48] 첫째는 복수의 탄요가 일정한 군집을 이루는 경우이다. 그 가운데는 기안리 제철유적과 기안리 · 반송리 · 분천리 · 세교지구 탄요의 조합, 연제리와 석장리 등 미호천 수계의 제철유적과 연제리 · 강서동 · 용정동 · 각리 · 송대리 · 신계리 · 용원리 · 사양리 탄요의 조합, 칠금동 제철유적과 뒷골 · 큰골 · 수룡리 탄요의 조합처럼 제철유적과 탄요가 하나의 권으로 묶이는 경우가 있다.

둘째는 水運에 인접해 있으면서 분포의 집중도가 떨어지는 예이다. 서산 무장리는 서해안, 안성 만정리와 평택 용이동은 안성천, 아산 명암리와 천안 불당리는 곡교천을 통하여 아산만으로, 대전 노은동과 대정동은 소하천을 통하여 금강으로, 장호원 진암리는 소규모

---

47) 김경호, 2007 「삼국시대 백탄요의 분류와 변천과정연구」『호서고고학』16, p.133의 표9 참조

48) 탄요의 이러한 분포는 각종 도로 및 택지개발공사의 편중 때문에 생겨났을 가능성도 배제할 수는 없다. 그렇지만 최근의 발굴조사는 대상면적이 넓어지고 전면조사가 진행되고 있음을 고려한다면, 현재까지 조사된 탄요의 분포양상이 유적분포의 경향성을 반영한 것으로 해석할 수 있다.

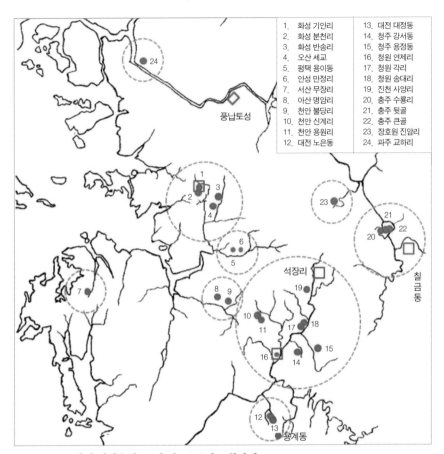

1. 화성 기안리	13. 대전 대정동
2. 화성 분천리	14. 청주 강서동
3. 화성 반송리	15. 청주 용정동
4. 오산 세교	16. 청원 연제리
5. 평택 용이동	17. 청원 각리
6. 안성 만정리	18. 청원 송대리
7. 서산 무장리	19. 진천 사양리
8. 아산 명암리	20. 충주 수룡리
9. 천안 불당리	21. 충주 뒷골
10. 천안 신계리	22. 충주 큰골
11. 천안 용원리	23. 장호원 진암리
12. 대전 노은동	24. 파주 교하리

도26 백제 제철유적(ㅁ)과 탄요(●)의 조합관계

하천을 통하여 남한강으로 연결된다. 그리고 파주 교하리의 경우도 임진강과 한강의 접점에 인접한 수상교통의 요지에 입지한다. 이러한 지리적 조건으로 보면 수운을 이용하여 목탄을 어디론가 옮기려는 의도가 있었을 것으로 추정할 수 있다.

현재까지의 발굴자료 가운데 제철유구와 탄요의 조합양상으로 보면 한성시기 백제의 제련 관련 시설은 여러 곳에 존재했던 것으로 볼 수 있다. 이 모든 것이 동시기에 공존했을지 여부는 알기 어려우나, 출토유물로 보면 기안리나 칠금동 쪽이 상대적으로 이른 시기에 존재했던 것 같다. 이곳에서 모두 철광석을 製鍊한 것인지, 제련에서 얻어낸 鐵塊를 精鍊한 것인지 분명하지 않지만 철 제작 공정과 관련한 시설이 몇 개소에 일정한 조합을 이루며 분산되어 있는 점은 주목할 만하다.

지방 소재 제철시설에서 산출된 鐵素材[49]는 중앙에 옮겨졌을 것인데 제철작업을 지방 유력자가 주도한 것으로 볼 경우 이를 貢納으로 해석할 수 있으며[50] 이와는 달리 중앙에서 파견된 인물이 생산의 全 과정을 주도하였을 가능성도 고려할 필요가 있다.[51] 두 가지 가능성을 모두 고려하더라도 철소재의 대다수는 중앙으로 옮겨져서 중앙의 수요에 충당하는 한편 지방사회에도 재분배된 것으로 볼 수 있다. 중앙으로 운송하기 위한 교통로 가운데는 수로와 육로를 모두 고려할 수 있을 것인데 유적의 입지로 보면 수로를 이용하는 것이 편리하였을 것으로 추정된다. 만약 수로를 이용하였다면 남한강과 섬강이 합류하는 지점[52]과 아산만이 물류의 거점이었을 가능성이 있다. 이같은 지점에 인접한 세력 중 법천리의 경우 백제가 濊로 진출하기 위

---

49) 석장리에서는 주조용범이나 단야로가 일부 발굴되었지만 제련로가 중심을 이루고 있다. 이를 통해 보면 한성으로 옮겨진 물품은 철소재이며 풍납토성에서 주조철부 용범이 출토되는 점으로 보아 주조 및 단조를 거쳐 철제품으로 완성하는 작업은 도성에서 진행한 것으로 보인다.
　　이남규, 2004 앞 논문, p.15
50) 이남규, 2008 앞 논문, p.192
51) 김창석, 2008 「백제 왕실 수공업의 성립과 생산체제」 『백제 생산기술의 발달과 유통체계 확대의 정치사회적 함의』 학연문화사, p.49
52) 청주, 청원의 有肩壺가 법천리고분군에 부장되는 현상이나 산수리 토기가 한성에서 출토되는 것은 이러한 네트워크와 유관할 것 같다.

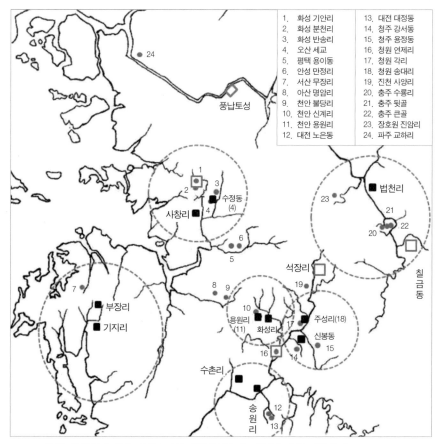

도27 한성시기 주요 고분(■)과 제철유적(□)·탄요(●)의 조합관계

1. 화성 기안리	13. 대전 대정동
2. 화성 분천리	14. 청주 강서동
3. 화성 반송리	15. 청주 용정동
4. 오산 세교	16. 청원 연제리
5. 평택 용이동	17. 청원 각리
6. 안성 만정리	18. 청원 송대리
7. 서산 무장리	19. 진천 사양리
8. 아산 명암리	20. 충주 수룡리
9. 천안 불당리	21. 충주 뒷골
10. 천안 신계리	22. 충주 큰골
11. 천안 용원리	23. 장호원 진암리
12. 대전 노은동	24. 파주 교하리

한 전략적인 교두보로서의 성격[53]도 지녔겠지만 한편으로는 백제물류의 중요한 동맥이었던 남한강 수운을 관리하는 역할도 중시되었던 것 같다.

---

53) 박순발, 1997 「한성백제의 중앙과 지방」 『백제의 중앙과 지방』 충남대학교 백제연구소

〈도27〉은 장신구 혹은 중국도자가 출토된 고분과 탄요의 분포권을 비교해본 것이다. 화성 기안리유적에서 멀지 않은 곳에 오산 세교 탄요와 수청동고분군이 자리하고 있고, 용원리 탄요와 용원리 고분군은 바로 인접해 있다. 서산 무장리 탄요와 부장리고분군 역시 지근거리에 위치하며 청주 강서동과 용정동 탄요 사이에 신봉동고분군이 있다. 청원 송대리와 각리에 인접하여 주성리고분군이 위치한다. 대체로 주요 고분군은 제철유적의 외곽에 분포한 탄요에 인접해 있고 고분군의 조영 기간과 탄요의 조업연대가 겹치므로 양자 사이의 관계를 상정할 수 있다. 한 걸음 더 나아가 이러한 고분군 축조 세력이 제철에 필요한 백탄의 생산과 공납에 관여한 것으로 볼 수는 없을까?

지금까지 알려진 자료를 가지고 그렇게 해석하기에는 어려움이 많다. 그것은 아직 백제 제철소의 규모, 조업기간, 운영체계 등 전반적인 연구가 미진하기 때문이다. 한성시기 백제의 정치적 여건으로 미루어 본다면 지방세력을 지배에 적극적으로 활용하였음이 분명하다. 특히 대규모 노동력의 투여가 상정되는 제철작업을 수행할 때 더욱 그러하였을 것이다. 이 경우 현지의 유력자를 매개로 지방사회의 역량을 최대한 이용하였을 가능성은 충분하다 하겠다. 여기서 백탄요의 입지가 가지는 특징, 즉 제철유적에 인접해 있으면서 일정한 군집을 이루며 소하천별로 산재한 점이 주목된다.(도 28-30) 이러한 군집의 단위가 백탄 공납의 단위는 아니었을까? 이러한 추정은 자료를 통하여 입증하기는 어렵지만 하나의 가능성으로 상정하고자 한다. 아마도 그러한 단위의 상부에는 지역의 유력자가, 다시 그 상부의 정점에 백제의 중앙이 위치하였을 가능성을 고려할 수 있을 것이다.

제철기술과 철기생산은 백제의 집권력이 강화되면서 차츰 국가

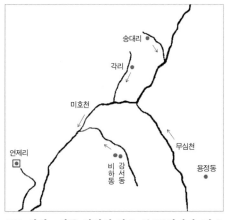

도28 청원·청주 일원의 탄요 분포(연제리: 탄요
+제철유구)

도29 대전의 탄요 분포

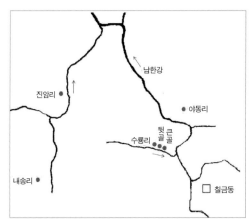

도30 충주·음성·장호원의 탄요 분포(칠금동: 제철
유구)

차원에서 엄격히 통제하였을 것으로 보인다. 이미 철기문화에 익숙
한 사회였으므로 철기의 생산-유통망을 통제하는 것은 백성들의 생
활을 규제할 수 있는 유효한 수단이 되었을 것이다.[54] 지방의 유력한
세력들은 공납 등의 의무를 수행하는 대신 국가로부터 철기를 입수

하여 지역 사회의 주민들에게 재분배하였을 가능성이 있다. 백제 중앙의 입장에서 보면 철기 유통을 매개로 지역사회를 통제하는 것이 용이하였겠지만 현지 세력의 입장에서는 보다 가시적인 威勢品을 필요로 했을 것이다. 그것은 바로 후술할 中國物品과 百濟 裝身具였을 것이다.

2) 中國物品의 수입과 사여

백제유적에서 출토된 장신구 가운데 소위 '진식대금구'[55]라 불리는 자료가 있다. 이 대금구는 晉뿐만 아니라 三燕, 고구려, 백제[56], 신라[57], 왜의 유적에서도 출토되고 있어 3~4세기 동아시아 고고자료의 교차편년 및 문물교류의 양상을 파악하는데 양호한 자료가 된다.[58]

---

54) 영남지방의 발굴조사 성과로 보면 경주 황성동 제철집단의 무덤에서 출토된 철기는 경주의 조양동, 덕천리뿐만 아니라 울산의 하대, 포항의 옥성리, 경산 임당 등 신라 각지의 주요 무덤군 출토품과 형태나 크기가 매우 유사하다는 점이 알려지게 되었다. 이 점을 조금 확대해석하면, 신라의 중앙에서 철산과 철기의 제작을 독점하고 지방의 지배층에게 이를 간헐적으로 나누어주며 지배-복속관계를 확인하거나, 공납물에 대한 반대급부로 지급하였을 가능성도 고려해볼 수 있다. 지방 세력의 경우 이러한 관계에 편입되어 새로운 문명의 利器를 구하려고 노력하였을 것으로 추정된다.

55) 孫機, 2001 「中國古代的帶具」 『增訂本 中國古輿服論叢』 文物出版社
藤井康隆, 2003 「三燕における帶金具の新例をめぐって」 『立命館大學考古學論叢』 III
권오영, 2004 「진식대구의 남과 북」 『가야사국제학술세미나 가야, 왜와 북방』 김해시
小池伸彦, 2006 「遼寧省出土の三燕の帶金具について」 『東アジア考古學論叢-日中共同研究論文集』
町田章, 2006 「鮮卑の帶金具」 『東アジア考古學論叢-日中共同研究論文集』

56) 권오영 · 권도희, 2003 「사창리 산10-1번지 출토 유물의 소개」 『길성리토성』 한신대학교 박물관

57) 신라권에서 발굴된 자료는 없으나 영주와 경산 출토로 전하는 자료가 있다.

서진(265~316년)과 동진(317~420년)의 대금구는 기본적인 형태가 유사하지만 세부도안이나 형태에서 다소 차이가 난다. 서진대의 자료 가운데 297년의 매납연대를 가진 宜興 周處墓[59] 출토품이 대표적이며 동진대 자료로는 廣州의 大刀山墓(324년) 출토품[60]이 있다.

지금까지 백제유적에서 출토된 진식대금구는 3점이다. 각 대금구의 특징을 서술하고 백제유적에서 이러한 형식의 대금구가 출토되는 의미에 대하여 정리하고자 한다.

먼저 풍납토성 과판이다.(도31-⑦) 삼엽문 투조 과판의 수하식 편이다. 이러한 수하식은 宜興 周處墓 출토품뿐만 아니라 양진시기의 대금구 모두에서 확인된다. 다만 廣州 大刀山 동진묘, 또는 비슷한 시기로 편년되는 湖北 武漢 熊家嶺 동진묘 출토품에서는 이러한 과판의 존재가 확인되지 않는다.[61]

둘째, 몽촌토성 출토 과판이다.(도31-①) 圭形 과판의 혁대 고정부 편이다. 이와 같은 형식의 과판은 광주 대도산 동진묘, 武漢 熊家嶺 동진묘, 南京大學 北園 동진묘에서 출토된 바 있다. 이중 남경대학 북원묘는 동진 元帝의 능일 가능성이 있으므로 이러한 형식의 대금구는 최고위급의 위세품이라고 한다.[62]

셋째, 화성 사창리 수습품이다.(도31-⑥) 사창리 산 10-1번지 고분에서 수습한 것이며 잔존상태가 불량하여 분명치 않지만 교구와

58) 千賀久, 1984 「日本出土帶金具の系譜」 『橿原考古學論文集』 6, 吉川弘文館
59) 羅宗眞, 1957 「江蘇宜興晋墓發掘報告」 『考古學報』 1957-4
60) 夏鼐, 1972 「晋周處墓出土的金屬帶飾的重新鑑定」 『考古』 1972-4
61) 이를 남방형 晋式帶具라 부르기도 한다.
　　권오영, 2004 앞의 논문
62) 박순발, 2004 「한성기 백제 대중교섭 일례 -몽촌토성 출토 금동과대금구추고-」
　　『호서고고학』 11, 호서고고학회

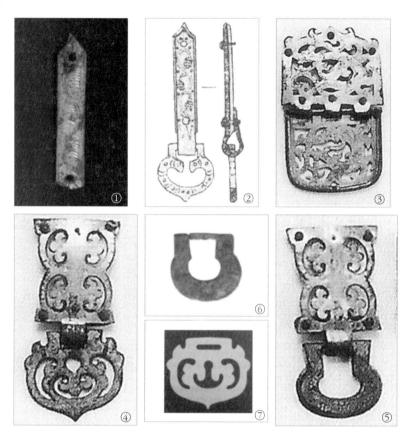

도31 진식대금구의 출토례와 비교자료
(①몽촌토성, ②熊家嶺晋墓, ③~⑤喇嘛洞, ⑥사창리, ⑦풍납토성)

대단금구, 과판 등 1식이 출토된 것으로 파악된다. 과판은 전형적인
진식대금구처럼 세 종류로 구성되며 동진대로 편년된다.

　　이와 같은 진식대금구는 초두 등 금속용기나 중국도자 등의 물
품과 함께 백제로 이입되었을 것이며, 당시 최고의 위세품이었음에
틀림없다. 백제로 전해진 것은 아마도 서진대 이후일 것이다. 서진대
錢文陶器가 몽촌토성뿐만 아니라 홍성 神衿城에서도 출토되고 있어

도32 법천리 청자양형기와 비교자료(①西崗西晋墓, ②象山7號墳, ③법천리2호분)

도33 청동용기 출토례(①풍납토성, ②법천리1호분, ③법천리4호분)

이 시기에 이미 백제와 서진 사이의 교류가 매우 활발했음을 알려준다. 백제의 對 중국 교류는 동진대 이후 양적으로 더욱 확장되었다. 특히 몽촌토성과 풍납토성에서 발견된 진식대금구는 한성백제와 晋의 교류관계를 이해하는데 매우 중요한 단서를 제공해준다. 즉, 당시 최상급에 속하는 진식대금구는 한성백제와 진 사이의 공식적 국제관계를 통해 들여왔을 것으로 보인다.[63]

중국으로부터 입수한 물품은 과연 어떤 용도로 사용되었을까? 진식대금구에 대해서는 중국과의 조공책봉관계의 산물로 보는 견해[64]가 있으며, 그렇게 볼 때 진식대금구는 陶磁(도32)나 青銅容器(도33)에

---

63) 박순발, 1997 앞의 논문
64) 박순발, 2004 위의 논문

비한다면 소유자의 폭이 극히 제한되었을 것이며, 백제적인 장신구의 제작이 활발하지 않았던 상황에서 진식대금구는 사회 최상층의 상징물로 기능하였으리라 추정해볼 수 있다.

중국도자의 경우도 역시 마찬가지이다. 중국도자는 백제왕실에서 지방으로 하사한 물품이며 백제 왕권과 지방세력 간의 정치적 관계의 산물로 볼 수 있다는 연구[65]가 있다. 이 연구에 의하면 동진청자는 백제 중앙권력이 지방수장에게 하사함으로써 자기세력에 편입시켜 지방 세력을 재편하는데 적극적으로 활용한 매개물이라 한다. 4세기 중엽 이후 동진자기가 다량 유입되면서 원거리 무역권을 독점하였던 중앙에서는 실용기로도 사용하였지만 사여 받은 지방의 수장에게는 위세품적인 성격이 보다 강했을 것이라 한다. 한걸음 더 나아가 출토수량으로 보면 사행의 보답차원을 넘어 일종의 무역적인 성격을 지닌다고 하면서 고급문화에 대한 백제지배층의 향유욕을 충족시켜주는 수단이자 지방지배방법으로도 사용되었을 것이라 추정하고 있다.[66]

〈도34〉는 한성시기에 중국으로부터 수입한 물품의 출토지를 나타낸 것이다. 진식대금구와 청동제 초두는 서울 풍납도성, 원주 법천리 2호분[67], 화성 사창리에 분포하고 있어 도자에 비하여 분포권이 좁

---

65) 권오영, 1988 「고고자료를 중심으로 본 백제와 중국의 문물교섭 -강남지방과의 관계를 중심으로-」『진단학보』 66, 진단학회

66) 성정용, 2003 「백제와 중국의 무역도자」『백제연구』 38, 충남대학교 백제연구소 이와는 달리 당시 중국에서도 계수호 등 고급 자기는 일반인이 구입할 수 없었으며 백제의 조공에 대한 반대급부, 혹은 조공무역의 산물로 보아야한다는 견해가 제기된 바 있다.
박순발, 2007 「묘제의 변천으로 본 한성기 백제의 지방편제과정」『한국고대사연구』 48, 한국고대사학회, pp.168~170

67) 김원용, 1973 「원주 법천리 석곽묘와 출토유물」『고고미술』 120, 고고미술동인회.

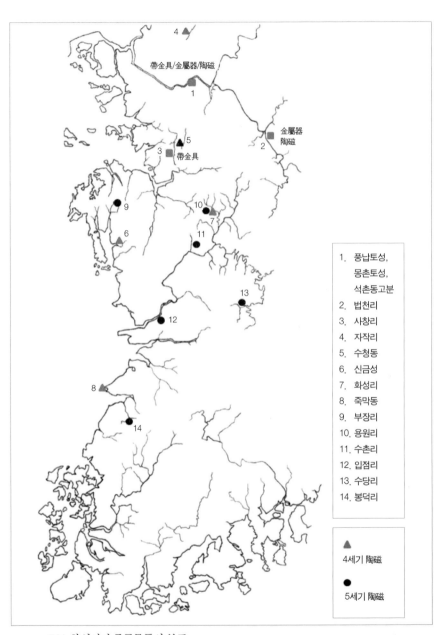

帶金具/金屬器/陶磁

1

金屬器
陶磁

5

3 帶金具

9

10

7

6

11

13

12

8

14

1. 풍납토성,
   몽촌토성,
   석촌동고분
2. 법천리
3. 사창리
4. 자작리
5. 수청동
6. 신금성
7. 화성리
8. 죽막동
9. 부장리
10. 용원리
11. 수촌리
12. 입점리
13. 수당리
14. 봉덕리

▲
4세기 陶磁

●
5세기 陶磁

도34 한성시기 중국물품의 분포

은 편이다. 4세기대의 도자는 포천 자작리[68], 오산 수청동 4지점 25호 목관묘[69], 홍성 신금성[70], 부안 죽막동[71], 천안 화성리[72]에 분포하지만 5세기대에는 서산 부장리, 천안 용원리, 익산 입점리, 공주 수촌리, 금산 수당리[73], 고창 봉덕리[74] 등지로 확산된 모습이 보인다. 5세기대의 도자의 분포권은 대체로 귀금속 장신구의 분포와 겹친다. 최근의 발굴성과로 보면 왕성이었던 풍납토성에 이러한 수입물품이 집중되어 있었음이 속속 드러나고 있다.[75] 위계에서 보면 한성이 압도적인 우위를 보인다.

한성시기 백제유적에서 출토되는 진식대금구와 초두, 도자 등의 중국물품은 고구려나 신라, 가야와 비교해보았을 때 매우 많은 수량이며[76] 특히 중국 강남지역의 물품이 주류를 점하고 있다. 이러한 물품은 물론 당시 지배층이 사용한 것이었으며 그 사회 내에서 자신들

초두의 경우 1호분 출토품인지 2호분 출토품인지 논란이 있다.

68) 경기도박물관, 2004 『포천 자작리유적I』
69) 이창엽 · 오승렬, 2008 「오산 수청동 삼국시대분묘군」『제32회 한국고고학대회 양식의 고고학』 p.248
70) 충남대학교박물관, 1994 『신금성』
71) 국립전주박물관, 1995 『부안 죽막동 제사유적』
72) 小田富士雄, 1982 「월주요청자를 반출한 충남의 백제 토기」『백제연구』 특집호, 충남대학교 백제연구소
73) 충청남도 역사문화원, 2007 『금산 수당리유적』 pp.87~90
74) 원광대학교 마한백제문화연구소, 2008 『고창 봉덕리1호분 제1차발굴조사 현장설명회의 자료』 p.10의 사진13
75) 권오영, 2008 「백제의 대외교류에 나타난 개방성」『교류와 문화변용』 한국대학박물관협회
76) 백제의 본격적인 성장 이전에도 마한은 중국에 견사하였고 그 과정에서 동경, 帶鉤, 동탁 등의 물품을 입수하였다. 지리적 여건이나 견사기록, 그리고 서진 물품의 분포양상으로 보면 辰弁韓보다는 중국물품의 입수와 소유가 활발했을 가능성이 있다. 마한의 패권이 백제로 넘어간 이후에도 중국물품에 대한 사회적 수요가 존재했을 것이므로 백제는 대중견사, 또는 교류를 통하여 신문물을 입수하여 지방사회에 공급하였을 것이다.

의 위세를 드러내고자 하는 목적으로 소유하였을 것이다. 백제 중앙은 이러한 물품을 적절히 사여하면서 지방 세력을 통제하였을 것이며 그들을 매개로 지방에 대한 지배를 실현하였을 것으로 추정된다. 위세품 사여체제가 보다 정비되는 것은 백제 장신구의 사여에서 살펴볼 수 있다.

2. 장신구 제작의 본격화와 사여체제의 성립

1) 漢城時期 裝身具文化의 등장

5세기를 전후하여 백제유적에서는 관모, 이식, 대금구, 식리 등의 금속제 장신구가 조합을 이루며 출토된다. 이 장신구는 주변국의 장신구와 구별되는 백제적인 양식을 발현한 것이다. 이 무렵 백제사회에 장신구문화가 전개된 것은 아마도 왕족을 비롯한 지배층이 자신들의 위세를 시각적으로 드러내기 위한 목적에서 제작하기 시작한 것으로 볼 수 있다.

앞에서는 장신구문화 성립의 기반으로서 철소재 공납망의 형성과 중국문물의 사여를 들어보았다. 물론 시기적으로 보면 중국문물을 지방지배에 활용한 것이 장신구문화의 성립과 시기적으로 연결되지만, 그 연원은 더욱 소급시켜 볼 수 있는 것 같다. 1장에서 언급한 것처럼 3세기 무렵 마한 사회에서 漢風의 印綬[77] · 衣幘이 유행하였는

---

77) 중국에서 印章은 전국시대 이래 제작되며 山東省 五蓮縣 盤古城 출토품처럼 戰國時代 이래 본격적으로 제작되며, 인장이 권위와 서열을 표상하는 것은 秦代 이후의 일이다. 특히 漢代가 되면 사람들 사이에서 허리에 차는 印綬가 신분의 징표로 인

데, 이러한 물품의 소유는 그 사회에서 지배층의 일원임을 시각적으로 보여주는 효과가 있었을 것이다. 삼한시기 유적에서 이와 유사한 성격을 지녔을 것으로 보이는 유물이 출토되고 있으니 바로 馬形帶鉤이다.[78] 마형대구는 虎形帶鉤와 함께 삼한 사회에서 선호된 장식품 가운데 하나였다. 마한지역에서는 주로 2~3세기로 편년되는 마형대구가 분포한다. 분포권은 아산만과 연결되는 황구지천·안성천·곡교천변, 남한강과 금강변, 금강에서 연결되는 미호천변에 분포한다.(도35) 마형대구가 출토된 무덤과 한성시기 위세품이 출토된 무덤은 동일권역에 분포하지만 양자가 어떠한 연속성을 지니는지에 대해서는 아직 밝혀져 있지 않다. 다만 천안 청당동과 화성리고분군을 예로 들어 4세기 전반 무렵 마형대구 소유 집단이 쇠퇴하고 中國陶磁 소유 집단이 부상하는 것으로 본 견해가 있다.[79] 앞에서 살펴본 4세기대 중국도자의 분포는 마형대구의 분포에 비하여 지역적으로 보다 넓어졌지만, 마형대구가 분포하던 지역에서 본다면 소유자가 급감한 것으로 이해할 수 있다. 즉, 다수의 인물이 마형대구를 소유하던 양상에서 극소수의 인물이 중국도자를 소유하는 모습으로 바뀐 것이다.

식되면서 크게 유행하였다.
門田誠一, 1997 『日本を知る はんことと 日本人』 大巧社, pp.16~25
78) 홍보식, 2007 「제2절. 신라와의 문물교류」 『백제의 문물교류』 충청남도 역사문화연구원, pp.76~80
최근 경기, 충남 일원의 여러 유적에서 마형대구가 출토되었다.
한국고고환경연구소 외, 2008 『중부내륙화물기지 건설부지내 (연기 응암리) 유적 발굴조사 지도위원회의 자료』
충청문화재연구원, 2008 『아산 탕정 제2일반지방산업단지 조성부지내 I-2지점(가지역)문화유적 발굴조사, 아산 용두리 진터유적』
한국문화유산연구원, 2008 『평택 서탄면 마두리194-9번지 공장신축부지내 유적 발굴조사 2차지도위원회의 자료』
79) 박순발, 2007 앞의 논문

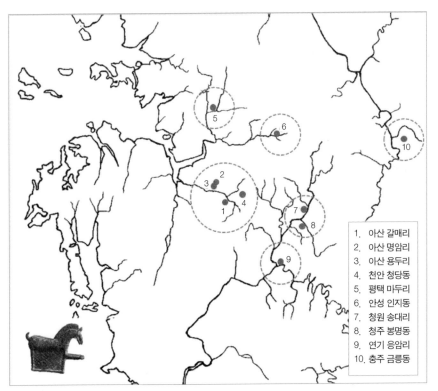

| 1. 아산 갈매리 |
| 2. 아산 명암리 |
| 3. 아산 용두리 |
| 4. 천안 청당동 |
| 5. 평택 마두리 |
| 6. 안성 인지동 |
| 7. 청원 송대리 |
| 8. 청주 봉명동 |
| 9. 연기 응암리 |
| 10. 충주 금릉동 |

도35 중서부지방 마형대구의 분포

이러한 분포 변화를 지역집단의 통합이 진전된 것으로도 볼 수 있을 것 같다. 이후 약 1세기가 지난 시점에 백제의 지방 소재 중심고분군에서 백제적인 양식을 발현한 장신구가 출토된다.

　여기서는 한성시기의 장신구 가운데 冠帽, 耳飾, 帶金具, 飾履가 어떠한 특색을 지녔는지에 대하여 검토하고자 한다.

　지금까지 출토된 한성시기 금동관모는 모두 6점이다.[80] 천안 용

---

80) 백제금동관모가 출토된 고분의 성격에 대해서는 다음의 논고에서 자세히 다루고

원리9호분[81], 공주 수촌리 1호분과 4호분[82], 서산 부장리5호분[83], 고흥 길두리 안동고분[84], 익산 입점리1호분 출토품[85]이 해당한다. 한성시기 백제고분에서 발굴된 금동관모는 외형이나 도안, 제작기법으로 보아 일정한 공통점을 지니고 있다. 시기적으로는 5세기에 집중되고 있으며 같은 시기의 동아시아 각국 자료와도 뚜렷하게 구별되고 있어 이를 '百濟樣式'이라 규정할 수 있을 것 같다.

표12 한성시기 금동관모와 비교 자료   수량 : 점

구분	출토유구	주요문양	구성부품					출토 위치
			몸체	前立飾	後立飾	側立飾	管	
백제	용원리9호석곽	불명	불명	불명	불명	불명	1	頭部
백제	수촌리1호분	용문	고깔형	1	1	0	2	두부
백제	수촌리4호분	용문,봉황문	고깔형	1	1	0	1	두부
백제	부장리5호분	용문,봉황문	고깔형	1	1	0	0	흉부?
백제	입점리1호분	魚鱗,봉황문	고깔형	△	1	△	1	불명
백제	안동고분	쌍엽문	고깔형	1	0	2(각1)	1	측부
대가야	옥전23호분	삼엽문	고깔형	0	0	2(각1)	1	수장부
왜	江田船山古墳	용문	고깔형	1	1	△	1	불명

있다.

이남석, 2006 「백제 금동관모 출토 무덤의 검토」 『선사와 고대』 26, 한국고대학회

81) 공주대학교 박물관, 2000 『용원리고분군』

82) 이훈, 2006 「공주 수촌리 백제 금동관의 고고학적 성격」 『한성에서 웅진으로』 충청남도역사문화원 · 국립공주박물관

83) 이훈, 2006 「서산 부장리고분과 분구묘」 『2006 제49회 전국역사학대회 고고학부 발표자료집』

84) 임영진, 2006 「고흥 안동고분 출토 금동관의 의의」 『한성에서 웅진으로』 충청남도 역사문화원 · 국립공주박물관

전남대학교박물관, 2007 「고흥 길두리 안동고분」 『2006 한국고고학저널』

85) 문화재연구소, 1989 『익산 입점리고분 발굴조사보고서』

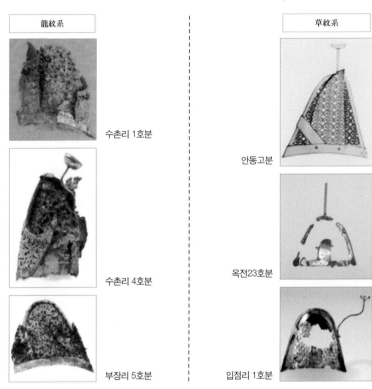

龍紋系

수촌리 1호분

수촌리 4호분

부장리 5호분

草紋系

안동고분

옥전23호분

입점리 1호분

도36 백제 금동관모의 출토례(옥전 관모는 백제산으로 추정)

그 가운데 공주 수촌리4호분 출토품이 전형인데, 고깔모양의 기본구조에 문양판과 꽃봉오리모양의 장식(대롱+반구상 장식[86])을 덧붙인 것이다. 유물에 따라 다소 가감은 있지만 전면과 측면, 그리고 후면에 문양판을 덧붙인 것이 많다. 수촌리4호분이나 부장리5호분 출토품은 전면 입식의 위쪽이 三枝狀을 이룬다. 안동고분이나 옥전23

---

86) 일본학계에서는 투구와 관모에 부착된 이러한 형태의 장식을 '受鉢'이라 부르고 있다. 이는 覆鉢에 대응되는 용어이다.

호분 출토품은 좌우에 鳥羽形 장식이 부착되어 있다. 이처럼 전후, 그리고 측면에 입식을 부가하는 것은 고깔모양 관모를 보다 화려하게 꾸미려는 의도에서 고안된 것으로 보인다.[87] 그리고 수촌리4호분이나 입점리1호분 관모처럼 꽃봉오리모양 장식이 후면 상부에 1개씩 부착된 것이 전형이지만 수촌리1호분 예처럼 2개가 부착된 것[88]도 있고 부장리5호분 예처럼 없는 것도 있다. 재질은 모두 금동제이다. 그 가운데 부장리5호분 출토품의 경우 금동판 속에 백화수피제 관모가 완전한 모습으로 끼워진 채 출토되었다.[89] 자료의 부족으로 중앙의 양상을 파악할 수 없어 아쉬움이 있지만, 한성시기 백제의 경우 신라처럼 재질이 다양하지 않았던 것 같다. 문양으로 보면 수촌리1·4호분, 부장리5호분, 江田船山古墳 출토품은 용문계열로, 안동고분과 옥전23호분 출토품은 초문계열로 구분해볼 수 있다.

금동관모를 구성하는 모든 판에는 용이나 봉황, 魚鱗紋, 雙葉紋, 당초문, 인동초 등의 문양이 베풀어져 있다. 문양은 透彫 후 彫金한 것과 조금만 한 것이 있는데 전자에서 후자로 변하는 것 같다. 백제의 수촌리1·4호분과 신라 황남대총 남분 출토품의 문양을 비교해보면 수촌리 쪽의 문양이 훨씬 사실적이며 지극히 추상화된 신라와는 차

---

87) 이러한 양상은 신라의 금동관모에서도 찾아볼 수 있다. 신라의 경우 고깔모양의 관모 앞 쪽에 鳥羽形의 冠飾을 끼워 넣는 점에서 백제와는 다소 다른 모습이다.

88) 수촌리1호분 출토품은 상부의 반구형장식이 결실되었지만 대롱모양 장식이 부착된 채로 출토되었으므로 원래는 이러한 모양의 장식 2개가 존재했던 것으로 파악할 수 있다.

89) 백제에서 백화수피가 관모에 장식된 것은 본례가 유일한 것이다. 신라의 경우 여러 무덤에서 출토되었는데 백화수피를 다듬고 칼집을 내는 등 세부기법에서 유사도가 인정된다. 신라고분 출토품에 대한 명세는 다음의 책자에 정리되어 있다.
이은창, 1978 『한국 복식의 역사 -고대편』(교양국사총서), 세종대왕기념사업회
이한상, 2004 『황금의 나라 신라』 김영사

이를 보여준다.

백제의 이식은 신라에 비하면 수량이 적다. 그 때문에 10여 년 전 만 하여도 백제 이식의 특색이 무엇인지조차 분명하지 않았다. 다행히 근래 원주 법천리, 천안 용원리, 청원 주성리, 공주 수촌리, 서산 부장리 등 한성시기 유적에서 이식이 연이어 출토됨에 따라 백제 이식의 특색이 비로소 해명되기에 이르렀다.

주환은 모두 세환이며 아직 태환은 알려져 있지 않다. 백제의 세환은 속이 찬 金棒을 휘어 만든 것이 많지만 수촌리4호분[90]이나 용원리37호분[91], 부장리6-6호분 이식[92]처럼 단면 사각형의 금봉을 비틀어 螺旋形으로 만든 것도 존재한다.(도37-③⑤⑥) 이러한 형태의 주환은 진주 중안동 이식에서도 확인되나 백제자료가 선행하므로 백제적인 기법이라 지적할 수 있을 것이다.

한성시기 이식의 중간식으로는 속이 비어 있는 구체(도37-③⑨)가 많이 사용되었는데, 구체의 크기가 매우 작다. 空球體 중간식을 갖춘 이식으로는 용원리129호분 출토품[93]이 대표적이다. 그와 함께 圓板狀의 장식 또한 특색이 있다. 용원리9호 석곽묘나 부장리6-6호분 이식의 중간식은 금판을 땜으로 접합하여 만든 원판상 장식이다. 청주 신봉동 출토로 전하는 국립청주박물관 소장품[94]은 원판형 炭木의 표면에 금판을 씌운 것인데 동일 유형의 이식이다. 이와 유사한 중간식은 대가야의 초기 이식인 합천 옥전23호분 출토품에서도 확인되고

---

90) 국립공주박물관 외, 2006 『4~5세기 백제유물 특별전 한성에서 웅진으로』

91) 공주대학교박물관, 2000 앞의 책

92) 국립공주박물관 외, 2006 위의 책

93) 공주대학교박물관, 2000 앞의 책

94) 박영복 · 김성명, 1990 「중부지역 발견 고구려계 귀걸이」 『창산 김정기박사 화갑기념논총』

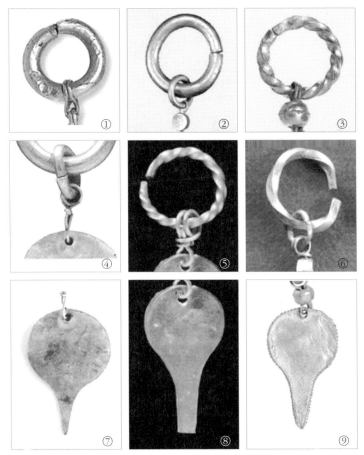

도37 한성시기 백제 이식의 세부 특징
①석촌동, ②용원리9호석곽묘, ③용원리37호분, ④⑦수촌리1호분, ⑤⑧수촌리4호분,
⑥부장리6-6호분, ⑨용원리129호분

있어 두 나라 사이의 교류관계를 보여주는 자료이다.

　　한성시기 이식 가운데 다수는 금사를 이용하여 遊環, 中間飾, 垂
下飾을 연결한 것이다. 공주 수촌리1호분이나 원주 법천리1호분 이
식[95]처럼 금사를 중간식 속으로 끼워 넣은 다음 아래쪽을 갈고리처럼

휘어 수하식을 매달았고, 위쪽은 유환에 몇 바퀴 감아 고정한 다음 횡
으로 1~2바퀴 돌려 감아 마무리한 것이다. 이처럼 연결금구의 마감처
리가 밖으로 드러나 있는 것이 백제 이식의 특징 가운데 하나이다.[96)]
이 시기 이식의 수하식은 비교적 단순한 편이다. 心葉形이 많으며, 일
부 원형이나 三翼形이 존재하지만 적은 편이다. 심엽형 수하식은 상
하로 길쭉한 것과 좌우가 넓은 것이 있다. 한성시기 백제이식의 특징
을 정리하면 앞의 〈표13〉과 같다.

표13 한성시기 백제이식의 출토례

지역	유구명	재질	주환	연결금구	중간식	수하식	비고
서울	석촌동4호 주변	금	장식 무	사슬	무	심엽형	1개 출토
공주	수촌리1호분	금	장식 무	금사	무	심엽형	
원주	법천리1호분	금	장식 무	금사	무	심엽형	
익산	입점리1호분	금	장식 무	금사	무	삼익형	
천안	용원리129호분	금	장식 무	금사	공구체	심엽형	
청원	주성리2호석곽A	금	장식 무	금사	공구체	심엽형	
청원	주성리2호석곽B	금	장식 무	금사	공구체	심엽형	1개 출토
청주	신봉동54호분	금동	장식 무	금동사	공구체	심엽형	
천안	용원리9호석곽	금	장식 무	금사	중공원판	심엽형	
공주	수촌리4호분	금	螺旋式	금사	무	심엽형	
서산	부장리6-6호분	금	螺旋式	금사	무	심엽형	
천안	용원리37호분	금	螺旋式	금사	공구체	심엽형	

---

95) 국립중앙박물관, 2000 『법천리I』
96) 백제 이식의 이같은 연결금구는 중간식이 아주 작은 공구체이거나 혹은 유리구슬
   이기 때문에 그 속으로 연결금구의 끝을 숨길 수 없었던 데서 기인한 것으로 추정
   된다. 물론 중간식이 없는 경우에는 더욱 그러한데, 이는 금 사슬의 채용이 적은 점
   과도 관련될 것이다.

한성시기의 帶金具는 출토례가 드물다. 백제에서 제작된 것으로 보이는 가장 오래된 대금구는 공주 수촌리고분군에서 출토되었다. 이 고분군의 경우 1호분과 4호분에서 금동제 대금구가 1式씩 출토되었는데 과판에는 鬼面으로도 불리는 獸面이 표현되어 있다. 아직 전모가 공개된 것은 아니지만 단편적으로 알려진 자료를 통하여 그 특징을 정리하면 다음과 같다.

수촌리1호분의 경우 피장자의 허리부위에서 金銅製 鉸具와 銙板으로 구성된 대금구가 출토되었다. 교구는 단면 원형의 금동봉을 구부려 逆D자 모양으로 만든 것인데 刺金은 확인되지 않았다. 원래부터 없었을 가능성이 있다. 과판은 모두 허리띠에 부착하는 판에 鬼面이 표현되어 있으며 구조로 보아 2종류로 구분된다.

I類는 文樣裝飾板의 외형이 모를 죽인 五角形에 가까우며 가장자리에는 못 7개를 박아 革帶에 부착하였다.(도38-①③) 가운데 부분의 무늬는 전면으로 융기되어 있는데 단면과 뒷면을 관찰하여 보면 壓出한 것이 아니라 鑄出에 의한 것으로 보인다. 귀면은 이마의 양쪽으로 두 귀와 뿔을 쫑긋 세운 듯 표현하였고 그 사이의 이마에는 세로로 선을 조밀하게 넣었다. 이러한 장식이 2점인데 모두 아래쪽에 경첩 고리가 부착되어 있다. 이 장식은 오각형판의 아랫부분을 둥글게 말아서 만든 것과 두 가닥으로 오려 뒤쪽으로 둥글게 말아 올린 것으로 나뉜다.

II類는 혁대에 연결되는 부분의 형태가 逆心葉形에 가까우며 고정 못의 숫자도 5개에 불과하다.(도38-②) 그 내부의 귀면표현은 I류와 대동소이하다. 역심엽형 판의 하부 가장자리에는 둥근 고리를 부착하였고 그 고리에는 다시 금동 小環을 부착하였다. 일반적인 역심엽형 과판처럼 여기에 직물이나 각종 장식을 매달았을 것으로 추정

도38 수촌리1호분(①-③)과 수촌리4호분 귀면 대금구(④)

된다.

수촌리4호분에서 출토된 대금구 역시 금동제품이다. 피장자의 허리부위에서 출토된 것이다. 이 과판은 1호분 출토품과는 다소 차이를 보인다. 즉, 1호분 출토품은 형태에 따라 2가지로 구분되었지만 4호분 출토품은 모두 동일한 외형을 갖추고 있다. 鬼面紋이 베풀어진 판의 형태는 방형이며 아래쪽 중앙에 고리를 만들어 하트형 혹은 원형의 수하식을 매달았다. 귀면의 도상을 보면 이마는 둥글게 표현되었고 전체적으로 갈기 모양의 장식이 줄어들었다. 가장자리에는 波狀紋의 흔적이 남아 있다.(도38-④) 이러한 기법은 송산리3호분(구 2호

분) 출토품과 연결되는 요소이다.[97]

수하식의 형태는 매우 정형화되어 있다. 맨 위쪽에는 방형판에 매달기 위한 홈이 가로로 길게 나 있고 그 아래쪽에 둥근 장식이 이어져 있다. 베풀어진 문양은 초문으로 보이는데 기본적으로 좌우대칭을 이루며 끌로 떼어내는 투조기법이 활용되었다. 진식대금구의 수하식과는 차이가 있어 백제적인 도안 및 기법으로 만든 것으로 보인다.

그간 한성시기의 유적에서는 청주 신봉동B-1호분과 풍납토성에서 청동제 獸面紋 鋪首가 출토되었다. 전자는 워낙 소편이라서 대금구인지, 성시구의 장식품인지 분명하지 않다. 후자는 칠기나 청동 용기의 손잡이 장식이며 중국에서 수입한 물품일 가능성이 있다. 그런데 귀면문이 장식된 과판은 웅진시기 대금구의 특징 가운데 하나이며 백제뿐만 아니라 백제와 정치적으로 밀접한 관계를 유지하고 있던 대가야 및 왜로도 전파된 것으로 보인다. 합천 옥전M1호분, 고령 지산동39호분, 지산동75호분 출토품이 알려져 있다. 일본 열도에서는 長野縣 八丁鎧塚古墳에서 출토되었다.[98]

수촌리의 귀면 대금구로 보면 서기 5세기 전반 무렵에는 중국의 진식내금구와는 구별되는 백제적인 금속제 대금구가 제작되었음을 알 수 있다. 이를 조금 확대해석한다면 한성시기 후반에 이미 백제적인 관복문화가 존재했음을 알려주는 증거로 판단된다. 같은 시기 신라의 대금구는 고구려의 영향을 받은 삼엽문 투조 대금구[99]라는 점에

---

97) 잔존 금동판이 매우 얇아 문양을 표현하는 기법을 이해하는데 어려움이 있지만 아마도 기존에 출토된 同形의 과판을 참고할 때 귀면이 새겨진 틀[雄型]에 銅板을 덧댄 후 두드려 무늬를 내는 壓出技法이 활용되었을 가능성도 생각할 수 있다.

98) 박천수, 2007 『새로 쓰는 고대한일교섭사』 사회평론, p.126

서 형태상 뚜렷이 구분된다. 아마도 4세기대에는 두 나라 모두 진식대금구문화를 공유했을 것으로 보이는데, 물품의 입수에 어려움이 있었을 것이므로 소유층은 극히 제한적이었을 것이다. 양국에서 각국의 특색이 농후한 대금구문화를 만들게 되면서 대금구를 소유할 수 있는 사람들의 수가 급격히 늘어났을 것으로 보인다.

한성시기 무덤 출토 백제 식리가 처음 알려진 것은 원주 법천리 신고품 중에서 식리편을 인식해낸 연구[100] 이후이다. 이 유적의 1호분과 4호분에서 식리편이 출토되었다. 중국도자나 이식이 출토된 천안 용원리고분군에서는 식리가 출토되지 않았고 수촌리의 경우 1·3·4호분에서 식리가 출토되었다. 익산 입점리86-1호분 출토 금동식리는 법천리나 수촌리 출토품과 다소 차이가 있지만 제작 시기는 한성시기 말까지 소급시켜 볼 수 있을 것 같다.[101]

이 시기의 식리는 공통의 요소를 공유한다. 즉, 신발의 중심선에서 좌우 측판이 결합되고 바닥에 작은 금동 못이 박혀 있는 점이 그것이다.[102] 신발의 세부형태나 문양은 다양한 편이며 시간의 변화를 반

---

99) 윤선희, 1987 「삼국시대 과대의 기원과 변천에 관한 연구」『삼불김원룡교수 정년 퇴임기념논총II』
  박보현, 1991 「적석목곽분문화지역의 대금구」『고문화』38, 한국대학박물관협회
100) 최병현, 2002 『신라고분연구』일지사
101) 이외에 근래 고창 봉덕리1호분 4호석실에서 금동제 식리 1점이 출토되었다. 제작 기법으로 보면 전형적인 백제식리인데 자료가 온전히 공개되지 않아 연대를 추정하기 어렵다. 발굴자는 공반된 중국 청자에 근거하여 5세기 초로 편년하였지만 문양요소로 보아 경주 식리총 출토품과 유사한 것 같다.
  원광대학교 마한·백제문화연구소, 2009. 9. 28『고창봉덕리1호분-제2차 발굴조사현장설명회 자료-』
102) 馬目順一, 1980 「慶州飾履塚古新羅墓の硏究-非新羅系遺物の系譜と年代」『古代探叢-瀧口宏先生古稀記念考古學論集』
  권혁남·유혜선, 2002 「원주 법천리 출토 금동식리에 대한 연구」『박물관보존과학』3, 국립중앙박물관

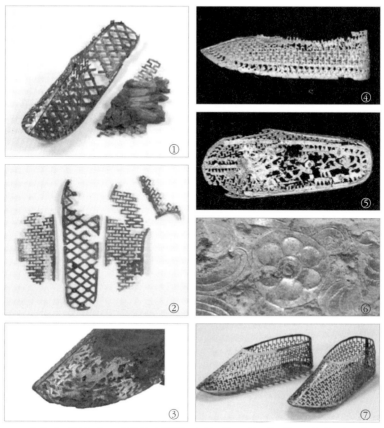

도39 수촌리고분군 출토 금동식리(①② 1호분, ③4호분, ④~⑥3호분)와 비교자료
(⑦이화여대 소장품)

영해주는 것으로 볼 수도 있다. 대표적인 문양으로는 凸자문, 용문,
능형문, 초화문 등이 있다. 법천리 식리는 측판에 凸자문, 底板에 용
문이 투조되어 있어 수촌리3호분 출토품과 유사하다. 이에 비하여 수

吉井秀夫, 1996「금동제 신발의 제작기술」『석오 윤용진교수 정년퇴임기념논총』
우화정, 2003 「삼국시대 금동신발 연구」영남대학교 석사학위논문
진소영, 2008 「금동신발과 백제의 지방통치」계명대학교 석사학위논문

촌리1호분 식리는 측판에 凸자문이 베풀어진 것은 동일하나 저판에 능형문이 투조되어 있어 공주 출토품으로 전하는 이화여대 소장품과 동일하다. 이와는 달리 수촌리4호분 출토품은 용문이 투조되어 있다. 한성시기 백제 식리의 특징을 정리하면 다음의 〈표14〉와 같다.

표14 한성시기 금동식리의 출토례

지역	출토지	길이(cm)	바닥못	영락	측판문양	저판문양
원주	법천리1호분	파편	○	X	凸 · 용 · 초문	용 · 초문
원주	법천리4호분	파편	○	X	凸문	사격자문
공주	수촌리1호분	29.5	○	X	凸문	사격자문
공주	수촌리3호분	31.5	○	X	凸문	연화문
공주	수촌리4호분	28	○	X	凸문	용문
서산	부장리6호분		○		凸문	용 · 봉문
서산	부장리8호분		○		凸문	용 · 봉문
고흥	안동고분	28		X	凸문	凸문
익산	입점리1호분	30.1	○	X	사격자문	사격자문

　　백제 식리의 기원을 어디서 찾아야할지 현재의 자료에서는 단정하기 어렵다. 연대적으로 보아 신라보다 조금 이른 시기에 제작된 것이고 고구려의 식리와는 형태차가 완연하다. 향후 자료의 증가를 기다릴 수밖에 없다.[103]

　　이처럼 5세기 무렵 고깔모양의 금동관모, 세환에 중간 · 수하식

---

103) 위진남북조시대의 유적에서도 아직 금동식리의 출토례는 없다. 금동식리는 관, 이식, 대금구와 달리 장송의례용품인 바, 당시 위진대에 장송전용의 장신구가 유행하지 않았음을 보여주는 현상이다. 다만 唐의 금동식리 1점이 도록에 실려 있지만 상세한 출토 정보는 알 수 없다. 길이가 10.4cm에 불과하다.
　　陳鳳九 編, 2007 『丹陽銅鏡青瓷博物館 集古堂』 文物出版社. p.37의 사진54

을 갖춘 금제이식, 귀면문장식의 대금구, ㅁ자문 또는 용문 투조의 금동식리 등이 조합된 장신구문화가 백제사회에 성립되어 있었음을 알 수 있었다. 이 가운데 관모, 이식, 대금구는 일상용으로도 활용할 수 있는 것이지만 식리의 경우 장송의례용품으로 볼 수 있다. 당시 백제사회에서 극히 희귀한 귀금속을 활용하여 정교한 공예기술을 발휘, 완성한 이러한 물품의 소유자는 백제사회 최상층부를 구성한 인물이었을 것이다.

2) 장신구의 사여와 지방세력의 지위 변화

백제 장신구의 조합이 갖추어진 5세기 무렵, 삼국시대 각국 사이의 국제관계는 실로 복잡하였다. 고구려·신라, 백제·가야·왜의 연합군이 국제전을 벌였으며, 5세기 전반에는 고구려의 남진정책이 본격화하자 위기를 느낀 신라와 백제가 동맹관계를 맺어 공동보조를 취하였던 시기이다. 고고자료에서 보더라도 신라 수도 경주에 고구려계 문물이 다량 이입되었고 가야의 왕족묘에는 백제에서 제작되거나 혹은 백제의 영향을 받은 물품이 매납된다.

장신구사여체제가 성립하는 시기의 백제 정치사를 간략히 살펴보고자 한다. 영토를 크게 확장한 근초고왕(재위 346~375년)의 뒤를 이어 근구수왕(375~384년), 침류왕(384~385년)이 즉위하였다. 이 사이 영역은 보다 넓어졌으며 史書를 편찬하였고 불교를 수용하는 등 일련의 왕권 강화책에 힘입어 고대국가의 기반이 확립되었다.

그러나 이후 진사왕(385~392년), 아신왕(392~405년), 전지왕(405~420년)대에는 왕위계승을 둘러싸고 분쟁이 발생하였다. 아울러 이 무렵 귀족세력이 발호하여 왕권은 약화의 기미를 보였다. 새로이 즉위한 왕은 왕권강화를 기도하여 始祖廟에 참배하고 의례를 거행하기도 하였지만[104] 그 성과가 오래도록 지속되지는 못하였다. 그런 과정에서 軍役을 기피하는 백성들이 집단적으로 신라로 도망하는 사례[105]가 생겨 국가의 기반이 위협받는 시대이기도 하였다.[106] 대외적으로 백제는 5세기 이후 고구려와 잦은 전쟁을 벌였지만 중국왕조와 朝貢-册封 관계를 유지하며 상대적인 안정을 유지한 시기였다. 당시의 조공-책봉 관계는 외형상으로는 당사국 사이의 상하관계를 규정하였지만 실제로는 교섭의례로서의 의미를 지니고 있었을 뿐이다.[107] 이러한 시대적 상황 하에서 5세기를 전후하여 백제적인 장신구문화가 성립하였다.

한성시기의 백제 장신구가 출토된 곳은 서울, 성남, 오산, 원주, 천안, 청원, 청주, 서산, 공주, 익산, 고흥 등 11개 지역이다. 이 가운데 원격지에 위치한 고흥의 경우 성격상 차이가 존재했을 것으로 보이며 여타 10개 지역의 고분군은 지금까지 발굴된 최상급 무덤에 속한다.[108] 이 점에서 백제 장신구가 가지는 위세품적 성격을 살필 수 있다. 그간 한성시기의 백제 무덤이 많이 발굴되었지만 귀금속 장신구가 출토되는 무덤은 극히 적은 편이다. 한성시기의 장신구는 아직 출

104) 『三國史記』百濟本紀 阿莘王 2年
　　「二年 春正月 謁東明廟 又祭天地於南壇」
　　『三國史記』百濟本紀 腆支王 2年
　　「二年 春正月 王謁東明廟 祭天地於南壇」
105) 『三國史記』百濟本紀 阿莘王 8年
　　「八年 秋八月 王欲侵高句麗 大徵兵馬 民苦於役 多奔新羅 戶□衰減」
106) 국사편찬위원회, 1995 『한국사6 삼국의 정치와 사회II-백제-』pp.45~48
107) 노태돈, 1984 「5~6세기 동아시아의 국제정세와 고구려의 대외관계」『동방학지』 44, pp.34~35
108) 이남석, 2006 「백제 금동관모 출토 무덤의 검토」『선사와 고대』 26, 한국고대학회

표15 한성시기 백제 제작 장신구의 분포

수량 : 점

구분	서울	성남	오산	원주	천안	청원	청주	서산	공주	익산	고흥
관	0	0	0	0	1	0	0	1	2	1	1
이식	1	0	0	1	3	2	2	2	2	1	0
천	0	1	1	0	0	0	0	0	0	0	0
대금구	0	0	0	0	0	0	0	0	2	0	0
식리	0	0	0	2	0	0	0	2	3	1	1짝

토례가 많지 않고 장신구 사이에 제작기법의 다양성이 일부 보이지만 백제적인 양식이 발현된 점은 주목할 필요가 있다.

〈표15〉에 의하면 한성시기 백제 장신구 가운데 이식의 분포권이 가장 넓은 편이며 수량 또한 많다. 그 다음으로 관, 식리의 순이다. 이 표에서 알 수 있듯이 백제의 장신구는 관-이식-대금구-식리 등이 온전한 조합을 이루며 부장되지 않고 공주 수촌리1호분과 4호분, 익산 입점리1호분처럼 3~4종의 장신구를 부장하는 것 또한 유례가 드믄 편이다. 이는 같은 시기 신라의 경우와는 다른 점이다.

〈도40〉는 5세기대 장신구의 분포현황을 표시한 것이다. 남한강 수계, 아산만 주변, 금강 수계에 집중되어 있다. 삼한시기의 마형대구 분포권과도 상당 부분 겹치고 4세기 이래의 중국물품 분포권과도 중복된다. 금동관모를 비롯한 위세품의 분포양상이 현재의 광역 혹은 기초자치단체의 행정중심지처럼 분산적이지 않으며 수계를 중심으로 집중되어 있다. 아울러 천안의 화성리와 용원리고분군처럼 멀지 않은 거리에 위치한 별개의 고분군에서 위세품을 공유하는 모습도 확인된다. 법천리, 용원리, 수촌리, 부장리, 입점리고분에 묻힌 세력을 백제의 중앙에서 1차적으로 중요시하였던 것으로 보인다. 무덤의 연대, 규모, 접근성 등을 고려하여 보면 용원리-화성리, 신봉동-주성

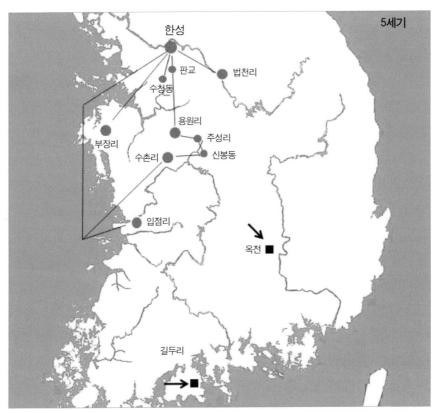

도40 5세기대 장신구의 분포

리유적은 하나의 圈으로 묶어볼 수 있으며 후자가 전자의 휘하에 편
제되어 再分配받았을 가능성도 고려할만하다.

고흥 길두리 안동고분의 경우는 금강 이북에 분포된 장신구와는
달리 백제 중앙의 필요에 의하여 단발적으로 제공된 물품으로 추정
된다. 이 무덤의 연대와 주인공에 대해서는 이미 학계에서 다양한 견
해가 제기된 바 있다.[109] 조사단은 독자적인 재지세력으로 보고 있으
며 관모 등 위세품은 호의품으로 제공된 것으로 보았다.[110] 이외에 5

세기 초반 백제와 관련된 재지 해상세력으로 보거나[111] 왜계 백제관료로 보는 견해[112]도 제기되어 있다. 이 무렵 백제는 정치적으로 긴밀한 관계를 유지하였던 가야·왜와의 교류 혹은 군사적 공조의 필요가 있을 때 이전시기에 주로 활용하였던 낙동강루트[113]보다는 4세기 후반 무렵 이후 개통한 해로를 주로 활용하게 되었던 것으로 이해할 수 있다. 이러한 상황에서 하나의 중요한 거점이 되었을 길두리 일대의 세력에게 금동관모를 하사함으로써 그들의 협조를 이끌어냈을 것으로 추정해볼 수 있다.

다음으로는 각 지역 주요 고분군의 장신구 부장양상에 대하여 검토하고자 한다. 천안 용원리9호분, 서산 부장리5호분, 공주 수촌리1·4호분, 익산 입점리1호분을 예로 들어 설명하면 다음과 같다.

용원리고분군은 목곽묘와 석곽묘로 구성되어 있고 발굴된 무덤은 모두 152기이다. 지표에서 봉분의 흔적은 확인되지 않으며 중소형의 무덤이 혼재된 양상이다. 금동관모가 출토된 9호석곽묘는 독립능선에 단독으로 배치되어 있고 묘광의 규모 또한 탁월하다. 내부에서는 동진제 흑유계수호를 비롯하여 금제이식, 금동제 盛矢具, 마구, 素環頭大刀가 출토되었다. 금동관모는 유해의 머리 위치에서 발견되었

---

109) 이동희, 2007 「백제의 전남동부지역 진출의 고고학적 연구」『한국고고학보』 64, 한국고고학회, pp.88~93

110) 전남대학교박물관, 2006 「고흥 안동고분 시굴조사 회의자료」문화재청 보도자료 (2006. 3. 24)
전남대학교박물관, 2007 「고흥 길두리 안동고분」『2006 한국고고학저널』

111) 강봉룡, 2006 「고대 동북아 연안항로와 영산강, 낙동강유역」『가야, 낙동강에서 영산강으로』 제12회 가야사 국제학술회의, 김해시

112) 박천수, 2006 「임나사현과 기문, 대사를 둘러싼 백제와 대가야」『가야, 낙동강에서 영산강으로』 제12회 가야사 국제학술회의, 김해시

113) 이 무렵 낙동강 루트는 고구려 혹은 고구려를 등에 업은 신라가 장악하였을 가능성이 있다.

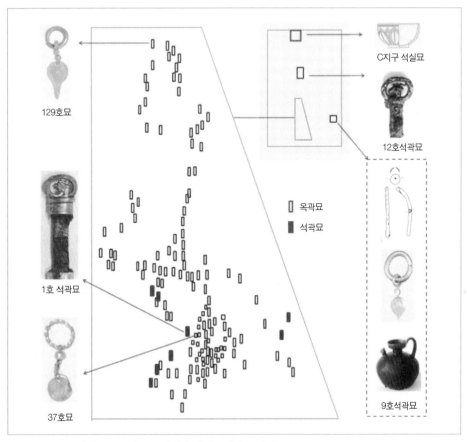

도41 용원리고분군의 유구배치와 위세품의 출토현황

으며 이식과 세트를 이룬다. 이 무덤에서는 금동식리나 대금구가 출토되지 않았다.[114]

　　〈도41〉은 용원리고분군의 고분배치와 장신구와 장식대도, 중국도자의 출토 무덤의 위치를 표시한 것이다. 그림에서 볼 수 있듯이 위

---

114) 공주대학교 박물관, 2000 앞의 책

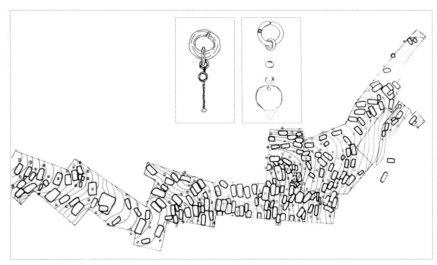

도42 신봉동고분군 유구배치도(일부)와 출토 이식

세품 반출 무덤과 중소형 무덤이 중복은 되어 있지 않지만 혼재되어 있다. 이러한 고분 배치에서 위세품 반출 무덤의 탁월한 위상은 드러나지 않는다. 다만 용원리 9호 석곽은 별도의 능선에 단독으로 조영되어 있어 여타 무덤과는 차이가 있다. 그런데 〈도42〉에 표현한 것처럼 무덤의 규모나 밀집도에서 보면 청주의 신봉동고분군은 천안의 용원리고분군에 뒤지지는 않으나 금제 장신구나 중국도자의 반출량은 훨씬 적다. 물론 무덤 가운데 많은 유구는 도굴되었지만 조사유구의 수량에 대비하여 보더라도 위세품의 집중도는 용원리에 미치지 못하는 것으로 보인다.

부장리고분군은 중대형의 무덤이 연접하여 군집을 이루고 있다. 이 가운데 13기의 무덤을 발굴하였다. 무덤을 만들기 위하여 성토하고 그 중앙에 목곽을 설치하였으며 주위에 방형의 주구를 돌린 구조이다. 금동관모가 출토된 5호분에서는 철제 鐎壺, 토기 몇 점이 공반되었고 금동관모는 흉부와 두부 중간지점에서 출토되었다. 착장품인지 목곽 혹은 목관의 상부에 매납한 물품인지 분명하지 않으며 수촌리1·4호분과는 달리 여타 장신구와 완전한 조합을 이루지 않고 단독으로 매납되었다. 이 고분군에서는 복수의 인물이 금동관모를 보유하거나 누세대적으로 연속하여 소유하는 모습도 확인되지 않아 천안 용원리고분군과 유사하다.[115]

공주 수촌리고분군은 매우 제한된 면적이 발굴되었음에도 불구하고 한성백제 최고급 위세품이 다량 출토되었다. 1호에서 5호분까지 순차적으로 조성된 것으로 보이며 목곽묘→횡구식석실묘→횡혈식석실묘 순의 묘제변화를 보여준다.[116]

1호분에서는 동진제 청자사이호, 금동관모, 금제이식, 금동제 대금구, 금동식리, 장식대도가 출토되었다. 금동관모를 비롯한 금속제 장신구는 조합을 이루며 신체 각 부위에 착장된 채 부장되었는데 백제에서 이처럼 완전히 조합된 예가 드문 편이다. 4호분에서는 동진제 흑유계수호와 함께 시유도기, 금동관모, 금제이식, 금동제 대금구, 금동식리, 장식대도가 출토되었고 장신구의 부장방식은 1호분과 마찬가지로 착장형이다. 아울러 4호분과 5호분에서 각기 출토된 호박제 관옥편이 원래는 일체였던 것을 절단, 부장한 것임이 밝혀져 무덤 주인공 사이에 일정한 친연관계가 존재했을 가능성이 높다. 분묘군 전체의 축조과정과 관옥의 이 같은 부장양상을 주목하면 금동관 소유자는 현지인일 가능성이 높다 하겠다.

천안 용원리나 서산 부장리의 경우 특정 시기에 한정하여 중앙

---

115) 이훈, 2006 앞의 논문
116) 이훈, 2004 「묘제를 통해 본 수촌리유적의 연대와 성격」 『백제문화』 33, 공주대학교 백제문화연구소

으로부터 위세품을 단발적으로 입수한 양상이지만, 수촌리는 이와는 달리 연속적이고 완전한 조합을 이루고 있는 점이 특징이다. 아울러 금동제 귀면 과판 등의 요소는 송산리고분군 출토품과도 유사하다.

익산의 입점리고분군은 수혈식석곽묘와 횡혈식석실분으로 구성되어 있는데 1986년에 발굴된 1호분에서 금동관모와 금동식리, 금제이식과 함께 남조 청자가 공반되었다. 그러나 조사 이전에 유물이 반출되었기 때문에 정확한 출토양상은 알 수 없다.[117] 다만 공반된 冠片이 많고 특히 여러 편의 대륜이 존재함을 고려하면 복수의 관이 한 무덤에 매납되었을 가능성도 있다.

이처럼 한성시기에 금동관모나 금동식리 등의 장신구를 소유한 인물은 많지 않고, 백제의 지방 소재 주요 거점지역에 위치한 집단의 유력자 가운데 일부에 한정된다. 공주 수촌리를 제외한다면 그 소유가 연속적인 경우가 드물며, 신라의 경우처럼 관에서 식리까지 신체 각 부위를 장식하는 장신구가 一襲으로 부장되는 경우가 드물다는 점이 눈에 띤다. 이는 백제의 상장의례 가운데 염습이나 물품부장방법이 신라와 다르기 때문일 수도 있고, 백제와 신라의 지방지배방식에 차이가 존재하였음에 기인할 가능성도 있다.

금동관모와 식리가 출토된 무덤의 유물부장양상을 살펴보면 금속제 장신구의 위세품적인 성격이 드러난다. 즉, 왕도에서 멀리 떨어진 곳의 경우 망자에게 착장시키지 않고 상자에 넣어 별도의 공간에 매납하기도 하고 안동고분의 예처럼 식리 1짝만 부장하는 예도 나타난다.(도43)

이 같은 장신구를 소유한 한성의 왕족·귀족 및 지방의 유력 수

---

117) 문화재연구소, 1989 앞의 책

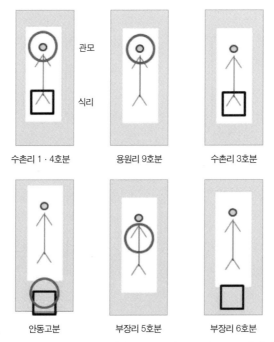

관모

식리

수촌리 1 · 4호분   용원리 9호분   수촌리 3호분

안동고분   부장리 5호분   부장리 6호분

도43 관모와 식리의 부장방식(圓形: 관모 위치, 方形: 식리 위치)

장은 백제사회의 지배층이었다. 지방 고분군에서 출토되는 위세품이
오랜 기간 동안 연속되는 예가 드물다. 이는 백제왕실 혹은 중앙세력
이 필요에 따라 장신구를 비롯한 위세품을 적절히 하사함으로써 재
지세력의 이탈을 막고 그들을 매개로 거점지역을 지배하고자 하였기
때문이라 추정된다.

　　이상에서 살펴본 것처럼 5세기를 전후하여 백제적인 장신구가
지방의 주요 거점 세력에 사여되었음을 확인할 수 있었다. 장신구의
사여는 수입 도자나 청동용기의 사여에 비하여 보다 체계적이었을
것이며 효과는 더욱 컸으리라 추정된다. 1장에서 검토한 前提처럼 아
마도 이러한 물품은 국가의 공식행사, 즉 국가적인 의례나 모임[118]에

참석할 수 있는 일종의 자격과도 같은 기능을 하게 되면서 백제사회를 구성하였던 유력자들은 이러한 물품을 얻기 위하여 노력하였을 것이며 그것은 왕실에 대한 복속의례[119]나 충성서약의 형태로 표현되었을 것이다.

사여된 장신구에서 위계가 확인되는 점을 중시하면 집단의 규모나 세력에 따라 차등을 두어 적절히 사여한 것으로 볼 수 있다. 다른 장신구에 비하여 금동관모나 식리를 부장하는 무덤의 격이 높았던 것 같다. 관모는 관위제와 관련될 수도 있으며 착장했을 때의 가시성이 높다는 점에서 그러하고, 식리는 장송의례 전용물품인 바 이러한 물품을 중앙으로부터 받았다는 점은 중앙과 강한 유대를 맺고 있다는 점을 드러낼 수 있을 것이라는 점에서 그러하다. 장신구의 격으로 보아 법천리, 부장리, 용원리, 수촌리, 입점리 세력이 주성리, 신봉동 세력에 비하여 유력하였던 것으로 보인다.

금동관모를 공유하였다 하더라도 관모의 제작의장으로 보면 몇 등급의 위계가 존재한다. 문양으로 구분하면 龍鳳紋系列과 草花紋系

---

118) 『三國史記』에 기록된 천지제사나 즉위의례 등의 행사가 포함될 것으로 추정된다. 백제의 국가제사에 대한 개관은 다음의 글이 참고된다.
서영대 · 최광식, 2007 「제2장 국가제사」 『백제의 제의와 종교』 충청남도 역사문화원

119) 노태돈, 2000 「초기 고대국가의 국가구조와 정치운영 –부체제론을 중심으로-」 『한국고대사연구』 17, 한국고대사학회, p.11
풍납토성 206호 우물 내부에서 완형으로 발굴된 215점의 토기류는 백제 중앙에서 제작한 것도 포함되어 있지만 충청 · 전라지역에서 반입된 것이 포함되어 있는 점에 주목, 발굴자는 '성스러운 물을 매개로 한 일종의 복속의례'가 존재한 것으로 보았다. 우물의 축조연대는 5세기의 이른 단계로 추정되고 있다.
권오영 · 한지선, 2008 「베일벗는 백제왕성의 문화상」 『계간 한국의 고고학』 2008년 가을호, 주류성 출판사, p.72
권오영, 2008 「성스러운 우물의 제사 –풍납토성 경당지구206호 유구의 성격을 중심으로-」 『지방사와 지방문화』 11-2, 역사문화학회, p.239

列이 있으며, 이 가운데 용봉문계열은 제작기법이 보다 정교하고 화려하다. 아울러 공반유물의 수준 또한 뛰어나다. 용봉문계열의 실례로는 공주 수촌리1호분과 4호분, 서산 부장리 5호분, 일본 江田船山古墳 출토품이 있고 초화문계열은 고흥 안동고분, 합천 옥전23호분 출토품이 해당한다. 이외에 익산 입점리1호분 금동관모는 魚鱗紋[120]이 기본문양이고 화문과 봉황문이 복합적으로 새겨져 있어 예외적인 존재로 파악된다. 전형적인 예를 위계별로 배열해 보면 수촌리〉부장리〉길두리의 순서가 될 것으로 추정된다. 한성에서 멀리 떨어질수록 용봉문 대신 초화문이 투조된 금동관모가 출토된다. 〈도44〉에서 볼 수 있듯이 합천 옥전23호분 금동관모는 고흥 안동고분과 같은 위계를 보임에 비하여 일본 江田船山古墳 관모는 공주 수촌리고분 출토품과 동일한 위계를 보이고 있다. 이는 백제가 외교관계를 통하여 사여 또는 증여한 물품도 국가 혹은 국가 내 집단의 위계에 맞추었을 가능성을 고려할 수 있다.

한성시기 후반의 지방지배방식을 알려주는 기록은 거의 남아 있지 않다. 지방민을 동원하여 성을 쌓았고 백성들이 부역 때문에 고통을 받았다[121]는 정도의 내용이 전할 뿐이다. 4세기 말의 상황을 보여주는 기록이 廣開土王陵碑에 남아 있다. 즉, 永樂6년인 396년에 廣開土王이 백제를 공격하여 백제왕의 항복을 받았고 당시 58城 700村을 빼앗았다고 한다.[122] 이 성-촌의 위치에 대하여 예성강에서 한강 하류에

---

120) 연속u자나 n자 무늬를 魚鱗紋이라고 부르지만 5세기 전반대의 자료를 보면 쌍엽문이 간략화하면서 이러한 문양으로 변화되었을 가능성도 있다.
121) 『三國史記』百濟本紀 阿莘王 8年
　　「八年 秋八月 王欲侵高句麗 大徵兵馬 民苦於役」
　　『三國史記』百濟本紀 腆支王 13年
　　「秋七月 徵東北二部人年十五已上 築沙口城」

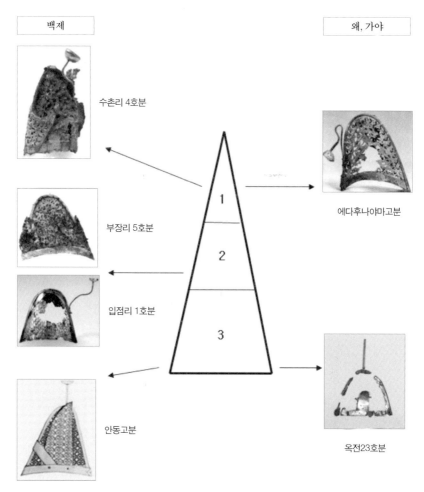

백제

왜, 가야

수촌리 4호분

부장리 5호분

입점리 1호분

안동고분

에다후나야마고분

옥전23호분

도44 한성시기 금동관모에 보이는 위계

이르는 지역으로 보거나 남한강 유역까지 미치는 것으로 보기도 한다.[123] 성 아래에 여러 개의 촌이 편재된 구조였을 것이며 部와 城-村

---

122) 『廣開土王陵碑』 永樂6年

「以六年丙申 王躬率水軍 討伐殘國 (중략) 於是 得五十八城村七百」

의 領屬關係는 강고하지 않았던 것으로 보인다. 이후 5세기대의 상황을 전하는 기록은 없으며 6세기 전반대의 상황을 전하는 『梁書』등 史書의 檐魯 관련 기사가 있을 뿐이다. 아마도 5세기 이후 4세기대의 한계를 극복하기 위하여 여러 성을 통합하는 체제를 만들었을 가능성이 있는데 그것은 담로와 같은 것이거나 그에 준하는 형태였을 것이다.

한성시기의 지방에는 대규모 고분군을 조영할 수 있는 유력한 세력이 여전히 존재하고 있었고 그러한 세력의 무덤이 삼한시기 지배층의 묘역과 멀지 않은 곳에 입지하고 있어 구래의 小國的 秩序는 여전히 남아 있었던 것 같다. 한성시기에는 그러한 질서를 온존시킨 채 성-촌을 설정, 지배하였을 것이다. 고구려와의 전선을 상시적으로 유지할 수밖에 없었던 이 시기의 경우 왕권강화를 기도하였던 왕들은 여러 성을 통합하는 주요 거점을 설정하였을 것인데 그러한 존재를 웅진시기처럼 담로라 불렀는지는 알 수 없지만 유사한 성격을 지녔을 것이다.

웅진시기에 담로의 수가 22개소였던 것은 한성함락 이후 영역의 상당부분을 상실하였기 때문일 것이며[124] 한성시기에는 훨씬 많은 수의 거점이 존재했을 것이다. 그러한 거점성과 그 하위의 성에 왕족이나 관리가 모두 파견되기는 어려웠을 것이므로 현지의 유력자 가운데 지방지배의 협력자를 선택, 활용하였을 가능성이 있다. 지방의 유력자는 자신의 기득권 가운데 일부를 잃을 수밖에 없었겠지만 백제

123) 노태돈, 2007 「제1절. 문헌상으로 본 백제의 주민구성」 『백제의 기원과 건국』 충청남도 역사문화연구원, p.145
124) 노중국, 1988 「II. 지방정치조직」 『백제정치사연구』 일조각, p.246
   유원재, 1997 「양서 백제전의 담로」 『백제의 중앙과 지방』 충남대학교 백제연구소, p.105

중앙의 인정을 받고 나름의 자율성을 유지하는 侯國적인 존재로 轉
身할 수 있었을 것이다. 신라의 예로 보면 이러한 존재는 다분히 과도
기적인 성격을 지닐 수밖에 없었다. 중앙의 집권력이 강화되고 지방
관을 통하여 지배하는 시점이 되면 후국의 자율성을 박탈하고 지방
사회를 재편하는 모습이 보이기 때문이다. 백제의 경우 이러한 단계
까지 나아가지 못한 것은 한성이 함락되는 외부적 요인 때문이었다.

　『三國史記』百濟本紀에 등장하는 여러 城 가운데 일부를 檐魯로
비정하는 연구가 있다. 이에 의하면 왕의 庶弟인 優福이 웅거하여 반
란을 일으킨 北漢城이나 加林城처럼 佐平이 파견된 경우, 沙口城과
沙井城처럼 요충지에 위치한 성이 담로였을 것이라 보기도 한다.[125]
이에 대하여 沙井城처럼 성주가 扞率인 경우도 있어 왕의 子弟宗族
이 분거한 담로라 보기 어렵다는 지적이 있다.[126] 漢城時期의 경우 고
구려와 그에 附庸된 靺鞨(濊), 그리고 신라와 쟁패를 거듭하는 등 상
시적으로 유지해야하는 전선이 광범위하였고 永樂 6년 고구려에게
58城 700村을 빼앗기기 이전에는 거점성이 더욱 분산되어 있었을 것
이다. 그 외에 辰斯王 2년(386)에 靑木嶺에서 八坤城에 이르기까지 關
防을 설치하였다[127]고 하므로 이에 가까운 곳에 거점성이 존재하였을
것이고, 『三國史記』阿莘王 2년(393)조에 '關彌城은 우리 북쪽 변경의
옷깃과 같이 중요한 곳인데 지금 고구려의 소유가 되었다.'[128]라고 언

125) 김주성, 1992 「백제 지방통치조직의 변화와 지방사회의 재편」 『국사관논총』 35,
　　　국사편찬위원회, pp.30~41
　　　박현숙, 1993 「백제 담로제의 실시와 그 성격」 『송갑호교수 정년퇴임기념논문집』
　　　p.625
126) 이용빈, 2002 『백제 지방통치제도연구 -담로제를 중심으로-』 서경, pp.153~158
127) 『三國史記』卷25 百濟本紀3 辰斯王2年
　　　「發國內人年十五歲已上 設關防 自靑木嶺 北距八坤城 西至於海」

급하고 있는 점에 주목하면 이 성 역시 고구려에 빼앗기기 이전에는 중요한 거점성이었을 것이다. 아울러 자제종족을 大城에 파견한 것이 웅진시기에 한정된 것인지, 한성시기까지 소급시켜 볼 수 있을지 분명하지 않기 때문에 百濟本紀의 기록에 등장하는 성 가운데 담로가 포함되었을 것이라는 추정은 가능하다. 담로란 변경지역뿐만 아니라 영역 내의 주요 거점지역에도 설치되었을 것이다.

현재의 고고학 자료를 가지고 담로의 위치를 특정하기란 쉽지 않다. 앞에서 검토한 장신구의 주요 분포권 가운데 변경에 위치하였다고 이야기할 수 있는 곳은 원주 법천리, 청주 신봉동고분군 정도이다. 그 외의 대부분은 백제의 영역 내 주요 거점에 위치한다. 이 세력이 대형 고분을 축조하고 중앙에서 제작한 고급 물품을 보유할 수 있었던 것은 기왕의 자치력을 여전히 보유했던 증거로 볼 수 있다.

그렇지만 4~5세기의 백제 중앙에서 그러한 자율성을 용인하였던 것은 지방 세력이 중앙과 대등하거나 혹은 더욱 강했기 때문이 아니라 지방지배의 효율성 때문일 것이다. 즉, 지방 세력이 지닌 기왕의 지배력을 인정하고 그들에게 지방 지배를 위임하는 대신 중앙에서 필요로 하는 물자와 역역동원의 책임을 지웠을 것으로 추정할 수 있다. 지방 세력의 이러한 위상은 한성시기말까지 지속되었던 것으로 보이며, 그 성격은 內治에는 상당한 자율성을 지니지만 독자적인 외교나 군사행동이 제약받는 '侯國'적인 존재였던 것으로 이해할 수 있다. 물론 그 가운데는 『梁書』에 檐魯로 묘사된 大城도 존재했을 것이고 현지 유력자가 그 城의 책임자로 임용된 경우도 상정할 수 있다.[129]

---

128) 『三國史記』卷25 百濟本紀3 阿莘王2年
「關彌城者 我北鄙之襟要也 今爲高句麗所有」

이상에서 한성시기 장신구 사여체제가 어떻게 성립되었는지에 대하여 검토하였다. 백제의 장신구 사여체제는 5세기를 전후하여 성립되지만 그 연원을 따져보면 4세기에 형성된 鐵素材 공납망의 형성과 중국물품의 사여가 기반이 되었던 것으로 이해하였다.

철자원은 일찍부터 국가 차원에서 독점하였을 것인데 철광은 왕성에서 먼 거리에 떨어져 있는 경우가 많았을 것이므로 이러한 자원을 효율적으로 관리하고 철제품을 만들어내기까지는 조직화된 체제가 필요했을 것이다. 그간 발굴된 제철유적과 당시 제철소에 필요한 목탄을 생산하였던 탄요의 분포를 아울러 살펴 한성시기 백제에는 여러 곳의 製鐵所가 존재였고 이 제철소의 운영에 필요한 제반 업무는 지역 세력이 담당하였을 것으로 추정하였다.

4세기 이후 한성시기의 유적에서는 중국물품이 출토된다. 그 가운데 陶磁의 분포는 5세기대 장신구의 분포와 상당 부분 겹친다. 양자 모두 백제사회에서 위세품으로 활용되었을 것인데 4세기에는 중국물품이 최고의 위세품이었다면 5세기에는 장신구가 그 역할을 대신하는 것으로 보인다. 5세기에는 중국에서 수입한 도자뿐만 아니라 가시적인 효과가 뛰어난 착장용 장신구를 사여하였고 더불어 장례의식의 공유를 상징하는 금동식리를 내려주는 장신구 사여체제가 성립

---

129) 입점리1호분은 횡혈식석실분이며 중앙에서 사여받은 중국도자나 장신구를 소유하였고 백제적인 특징을 갖춘 토기문화를 공유한 점으로 미루어 5세기 후반 중앙으로부터 王侯號를 사여받은 존재로 파악한 견해가 있다.
    김영심, 2003 「웅진 사비시기 백제의 영역」『고대 동아세아와 백제』충남대학교 백제연구소편, 서경, p.107
    이와는 달리 입점리1호분 피장자는 주변 고분군의 존재로 보아 재지인일 가능성이 높아 자제종족으로 보기 어렵다고 하면서 왕후제 실현 직전의 토착수장일 가능성이 높다는 견해도 있다.
    박순발, 2003 「토론문 웅진 사비시기 백제의 영역에 대하여」위의 책, p.137

하였다. 장신구 사여체제의 한 축인 지방 세력, 그 가운데 수촌리1호분과 4호분, 용원리9호분, 부장리5호분 주인공처럼 유력한 세력은 나름의 독자성을 가진 地方侯國적인 존재로 전신하였으며, 백제 왕실은 이들과 상하관계를 맺고 지방지배의 한 축을 담당하였고 장신구가 그 매개물이었을 가능성을 언급하였다.

제4장

裝身具 賜與體制의 변화

1. 熊津遷都와 장신구 사여체제의 변동

1) 熊津時期 裝身具文化의 새로운 전개

웅진시기의 장신구는 한성시기에 비하여 출토 수량이 적다. 그나마 대부분의 장신구가 무령왕릉에 집중되며 귀족이나 왕족의 무덤에서 조차 출토되는 경우가 드물다.

3장에서 살펴본 것처럼 서기 5세기 경 백제의 금속제 장신구문화는 백제적인 양식을 발현하였고 다양한 기법을 구사하는 등 높은 수준을 보여주었다. 그렇지만 서기 475년 고구려의 공침을 받아 수도 한성이 함락되고 웅진으로 천도하였으며, 천도 초기 정정의 불안으로 다시 원래의 상태를 회복하는 데는 꽤나 많은 시일이 필요하였다. 대체로 6세기에 가까워지면서 한성시기 후반의 기술력을 회복하는 것으로 보인다. 웅진시기의 장신구란 어떤 특징을 지니고 있고 공간적

도45 웅진시기 관식(①②무령왕릉)과 금동관(③신촌리9호분)

으로 어떻게 분포하는지에 대하여 살펴보고자 한다.

먼저 이 시기의 冠으로 금제관식과 대륜을 갖춘 금동관이 있다. 무령왕의 관식[1]에는 인동초와 화염문이 도안되었고 영락이 달려 있다. 왕비의 관식은 왕의 관식과 달리 관식 문양이 좌우대칭을 이루고 영락이 달려 있지 않다. 이 장식이 바로 중국사서『舊唐書』에 기록된 '烏羅冠에 장식한 金花'[2]였던 것으로 보인다.

신촌리9호분 을관 출토 금동관[3]은 관테를 가진 帶冠과 관모로 구성되어 있다. 대관의 경우 草花形의 입식 3개를 못으로 고정하였다. 관모는 반타원형 금동판 2장을 접합한 다음 가장자리에 좁고 길쭉한 판으로 덮어씌우고 못으로 고정한 것이다.

---

1) 이송란, 2006「백제 무령왕과 왕비 관의 복원시론과 도상」『무령왕릉 –출토유물 분석보고서 II』국립공주박물관
2)『舊唐書』卷199 列傳 東夷 百濟
　「其王服大袖紫袍青錦 烏羅冠 金花爲飾」
3) 신대곤, 1997「나주 신촌리 출토 관·관모 일고」『고대연구』5, 고대연구회, pp.11~16

표16 웅진시기 관식과 금동관

지역	유구	외형	재질	문양	비고
공주	무령왕릉-왕	관식	금	화염, 인동초	
공주	무령왕릉-왕비	관식	금	화염, 인동초, 연화	
나주	신촌리9호분-을관	帶冠+帽	금동		대가야 요소

표17 웅진시기 이식의 주요 특징

지역	유구명	재질	주환	연결금구	중간식	수하식	비고
공주	송산리6호분	금	장식 무	금사	반구+유리옥	심엽형	
공주	무령왕릉-왕	금	장식 무	금관	원통체	심엽형	
공주	무령왕릉-왕비A	금	장식 무	금사	반구+유리옥	포탄, 삼익	2줄
공주	무령왕릉-왕비B	금	장식 무	금사	반구+유리옥	삼익	
공주	무령왕릉-왕비CD	금	장식 무	금사	무	원형	
공주	교촌리고분A	금	장식 무	금사	유리옥	심엽형	
공주	교촌리고분B	금	장식 무	금관	공구체	심엽형	
공주	주미리3호분	금	장식 무	금사	무	심엽형	
나주	신촌리9호분 을관	금동	장식 무	금동사	무	심엽형	

    무령왕의 머리 쪽에서 출토된 금제 뒤꽂이는 동곳처럼 왕의 머리카락을 틀어 올려 고정하는 용품이었을 수 있겠으나 관식이 함께 출토되었으므로 烏羅冠에 부착하였던 장식으로 볼 수도 있다.

    웅진시기 이식의 대부분은 무령왕릉에서 출토된 것이며 2장에서 설명한 것처럼 백제적인 특색이 짙다. 주미리3호분[4]과 무령왕비의 소형 이식은 한성시기의 이식과 연결되며, 교촌리고분[5]·무령왕·무령왕비의 착장 이식은 웅진시기 장신구를 대표한다. 특히 무령왕비의 이식은 중간식으로 유리옥을 사용한 점이 특색이다. 그 외

4) 伊藤秋男, 1974 「武寧王陵發見の金製耳飾について」 『백제연구』 5, 충남대학교 백제연구소
5) 梅原考古資料 10278

에 나주 신촌리9호분 을관에서는 수식을 갖춘 금동제 이식이 출토되었다. 백제에서 金銅製 垂飾附耳飾은 본 예가 유일하다.

웅진시기의 대금구는 한성시기에 비하면 유례가 많다. 양식적으로 보면 수촌리1호분과 4호분 등 한성시기 후반의 대금구와 이어진다. 귀면을 장식한 과판이 그것이다. 鉸具는 대부분 버섯모양이다. 무령왕릉 출토품[6]이 전형이며, 송산리분묘군 출토 2점[7] 역시 그러하다. 이런 형태의 교구는 5세기 후반 이후 신라, 가야, 백제, 왜에서 모두 유행하였으며 마구 등의 장식에서는 6세기 후반까지도 계속된다. 교구의 형태는 거의 통일되어 있지만 과판은 다양하다. 귀면문이 장식된 방형판, 귀면문이나 투조문이 없는 방형판, 역심엽형 장식, 타원형 장식 등으로 나뉘어져 있고 신라처럼 三葉紋 透彫板으로 통일된 모습은 보이지 않는다.

표18 웅진시기 대금구의 주요 특징

지역	유구명	재질	교구	과판	문양	비고
공주	송산리1호분	금동	버섯형	방형	귀면문	구5호분
공주	송산리3호분	금동	버섯형	방형	귀면문	구2호분
공주	송산리4호분	은	불명	방형+심엽형	삼엽문	구1호분, 신라산
공주	송산리 29호분	은	불명	역심협형		
공주	송산리 수습	은	불명	방형판	점열문	
공주	무령왕릉-왕A	금+은	버섯형	타원형	귀면, 虎, 雀, 蟾	요패 유
공주	무령왕릉-왕B	금+은	버섯형	역심엽형		

6) 이한상, 1994 「무령왕릉 출토품 추보(1)-대금구-」『고고학지』 5, 한국고고미술연구소
7) 이한상, 1997 「공주 송산리분묘군 출토 금속제 장신구」『고고학지』 8. 한국고고미술연구소
有光敎一・藤井和夫, 2002 「公州宋山里第29號墳發掘調査報告」『朝鮮古蹟硏究會遺稿 II』유네스코동아시아문화연구센터 재단법인 동양문고

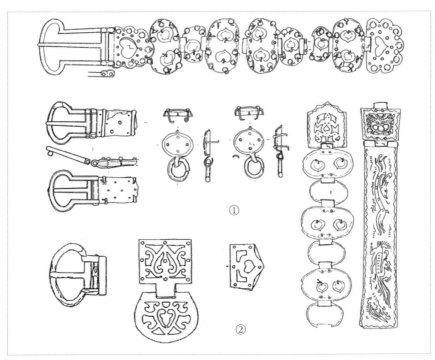

도46 무령왕릉 대금구(①)와 비교자료(②천마총)

송산리4호분에서 출토된 2점의 과판(도47)[8]은 전형적인 신라 대
금구의 구성품이다. 네모난 은판에 간략화된 인동초 무늬를 투조로
표현한 것이다. 신라의 '三葉透彫帶金具'[9]의 과판 가운데 금관총 출
토품[10]과 특히 더 유사하다. 양자는 동일 도안과 기법으로 만들었기

8) 野守健外 1935「忠淸南道公州宋山里古墳調査報告」『昭和二年古跡調査報告』第二
    冊 朝鮮總督府
9) 윤선희, 1987「삼국시대 과대의 기원과 변천에 관한 연구」『삼불김원룡교수정년기
    념논총II』
    박보현, 1991「적석목곽분문화지역의 대금구」『고문화』38, 한국대학박물관협회

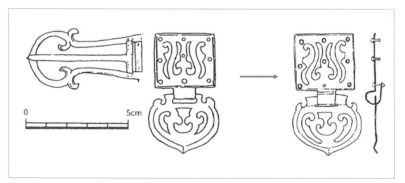

도47 신라로부터 전해진 대금구(좌:금관총, 우:송산리4호분)

때문에 신라에서 백제로 이입된 것으로 판단된다.[11]

　　이 대금구가 백제로 전해진 계기를 찾기란 쉽지 않은 일이겠으나 430년대부터 551년까지 유지된 羅濟同盟[12]의 산물로 볼 수 있겠다. 다만 대금구가 지니는 특수한 성격을 고려하여 보다 구체적인 역사기록과 접목해본다면 동성왕15년(494년)의 혼인기록[13]과 관련지어 살펴볼 여지가 있다.

　　백제유적에서는 금속으로 만든 목걸이나 팔찌가 출토되는 예가 드물다.[14] 더욱이 반지는 출토례가 제대로 알려져 있지 않다. 반지로

10) 濱田耕作・梅原末治, 1924『古蹟調査特別報告第三冊 慶州金冠塚と其遺寶』朝鮮總督府
11) 최병현, 1988『신라고분연구』일지사
　　최종규, 1992「제라야의 문물교류」『백제연구』23, 충남대학교 백제연구소
12) 노중국, 1981「고구려・백제・신라 사이의 역관계변화에 대한 일고찰」『동방학지』28, 연세대 국학연구원
　　김병주, 1984「나제동맹에 관한 연구」『한국사연구』46, 한국사연구회
　　정운용, 1996「나제동맹기 신라와 백제관계」『백산학보』46, 백산학회
13)『三國史記』百濟本紀 東城王 15年
　　「十五年 春三月 王遣使新羅請婚 羅王以伊湌比智女歸之」

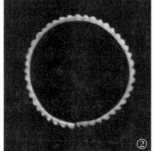

도48 무령왕비의 釧

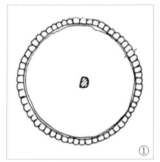
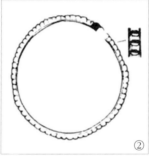
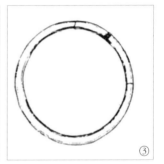

도49 나주 반남고분군 銅釧(①덕산리4호분, ②③대안리9호분)

보고된 자료도 반지가 아니라 刀子 칼집장식이거나 頭髮裝飾일 가능
성도 있다.

백제 경식의 전형은 무령왕의 九節 경식과 七節 경식이다. 각 마
디는 가운데가 가장 넓으며 6면으로 각져 있고 전체적으로 약간 휘었
다. 각 마디의 양 끝을 끈처럼 가늘게 늘여서 고리를 만들고 다시 몸
체에 5회 내외로 정교하게 감아서 마무리하였다. 이러한 기법은 이식
이나 釧의 제작에도 사용되는 백제적인 기법이다.(도48-③)

---

14) 박희명, 2001 「삼국시대 팔찌에 대한 연구」한양대학교 석사학위논문

釧 가운데는 1장에서 서술한 多利作銘 銀釧뿐만 아니라 무령왕비의 오른쪽 손목 부위에서 출토된 金釧이 주목된다. 金棒을 휘어서 만든 것으로 양끝이 약간 벌어져 있다. 외면은 刻目紋이 베풀어져 있다.(도48-②) 이러한 유형의 釧은 5~6세기에 크게 유행하는 형식이다.[15]

나주 신촌리9호분 을관과 경관, 덕산리4호분 을관(도49-①), 대안리9호분 경관 출토품(도49-②③)은 동제품이란 점이 특징이다. 모두 通環이며 刻目紋이 새겨진 것과 무늬가 없는 것으로 구분된다.

표19 웅진시기 釧의 주요 특징

지역	유구명	재질	외형	문양	비고
공주	무령왕릉-왕비A	은	通環	용, 多利作 명문	520년 제작
공주	무령왕릉-왕비B	금	양 끝 분리	刻目	
공주	무령왕릉-왕비C	은	양 끝 분리	刻目	
공주	무령왕릉-왕비DE	금은	4절		다각
나주	신촌리9호분 을관	동	通環	무	
나주	신촌리9호분 경관	동	通環	刻目	
나주	덕산리4호분 을관	동	通環	刻目	
나주	대안리9호분 경관	동	通環	刻目, 무	

한성시기에 이어 웅진시기에도 금동식리가 출토된다. 무령왕의 금동식리[16]는 내측판, 외측판과 저판 등 3판을 서로 붙여 만들었다.

---

15) 이러한 유형의 釧은 중국 육조시기 무덤에서도 종종 출토되고 있으며 금은제품이 알려져 있다. 근래 출토된 자료 가운데 남경시 栖霞區 東楊坊 남조묘 M1호분 출토품이 있다. 이 무덤에서는 劉宋 文帝元嘉7년(서기 430년)에 처음 주조된 元嘉四銖錢이 공반되었다.
南京市博物館, 2008「南京市栖霞區東楊坊南朝墓」『考古』2008-6, pp.36~42

모든 판은 안에 은판이 있고 바깥쪽에 금동판을 덧댄 것이다. 왕비의 식리[17]는 외형과 제작기법이 왕의 식리와 비슷하지만 문양의 구성은 다르다. 내외측판은 전면에 귀갑문을 구획하고 그 안에 봉황문, 인동당초문을 표현했는데 모두 문양부분만 남기고 바탕을 투각하였다.

나주의 신촌리9호분 출토품[18]은 양측판과 밑판 등 3매의 금동판을 못과 금동실로 접합하여 만들었다. 전면에 걸쳐 안에서 밖으로 두드려낸 능형문으로 도안하고 그 안에 화문을 점으로 두드려 표현하였다. 달개는 없으며 바닥에 금동 못이 스파이크처럼 박혀 있다.

표20 웅진시기 식리의 주요 특징

지역	출토지	길이(cm)	바닥못	영락	측판 문양	저판 문양
공주	무령왕	38	○	○	귀갑 · 연화 · 봉황	귀갑 · 연화문
공주	무령왕비	35	○	○	귀갑 · 인동 · 봉황	귀갑 · 인동 · 봉황
나주	신촌9호을관	29.7	○	X	사격자문	사격자문
나주	복암3-96석실	27	○	○	귀갑문 외	귀갑문 외

복암리3호분 출토품[19]은 판의 조립방법은 신촌리 예와 같지만 문양이 다르다. 전체를 귀갑문으로 구획하고 그 내부에 花紋을 打出로 표현하였다. 귀갑문의 結節點에는 영락이 달려 있다. 바닥에는 자그마한 물고기모양의 장식품을 영락처럼 매달았다. 묘제와 공반유물

16) 신영호, 2000 「무령왕의 금동제 신발에 대한 일고찰」『고고학지』 11, 한국고고미술연구소
17) 정광용, 2001 「무령왕릉 왕비 신발의 제작기법 연구」『호서고고학』 4 · 5, 호서고고학회
18) 穴澤咊光 · 馬目順一, 1973 「羅州潘南面古墳群」『古代學研究』 70, 古代學研究會
    국립광주박물관 외, 1988 『나주 반남고분군 종합조사보고서』
19) 국립문화재연구소, 2001 『나주 복암리3호분』

로 보면 능형문 장식의 식리가 귀갑문 장식의 식리보다 시기가 앞서는 것으로 보인다.

웅진시기의 금동식리는 底板에 금동 못이 박히고 표면에 능형문, 귀갑문, 花紋, 인동당초문, 魚紋 등의 다양한 문양이 베풀어진다. 무령왕릉 식리에는 문양이 없는 금속판으로 식리의 형태를 만든 다음 문양이 투조된 금동판을 표면에 덧대어 문양의 돌출효과를 내거나 영락을 매달아 화려하게 장식하는 기법이 활용되었다. 백제 금동식리는 고구려나 신라 출토품과는 제작기법이 판이하게 다르며 江田船山古墳[20], 鴨稻荷山古墳[21], 一須賀WA1호분 출토 식리[22] 등 6세기대 일본열도 식리와 유사도가 높다. 이는 당시 백제와 왜가 정치적으로 밀접한 관계를 유지했던 역사적 상황을 반영해준다.[23]

웅진시기 장신구의 연대를 살펴보면 5세기말부터 장신구의 제작과 소유가 본격화된다. 공주에서는 왕족묘역인 송산리고분군에 집중되어 있다. 송산리1~6호분의 경우 도굴의 피해를 입어 출토유물의 부장양상이나 원래의 세트관계를 확인할 수 없다. 송산리1·3·4호분에서 대금구, 송산리6호분에서 금제이식이 출토되었을 뿐이다. 장신구 출토 고분 가운데 가장 주목되는 것은 역시 무령왕릉이다. 왕·

---

20) 本村豪章, 1991 「古墳時代の基礎研究稿-資料篇(II)-」『東京國立博物館紀要』 26
   菊水町史編纂委員會, 2007 『菊水町史 江田船山古墳編』
21) 森下章司・高橋克壽・吉井秀夫, 1995 「鴨稻荷山古墳出土遺物の調査」『琵琶湖 周邊の6世紀を探る』京都大學文學部考古學研究室
22) 大阪府立近つ飛鳥博物館, 2003 『黃泉のアクセサリ-古墳時代の裝身具』 p.58
23) 江田船山古墳 식리는 함께 출토된 二山式冠과 彫金技法이 동일하고 鴨稻荷山古墳 식리에는 직물로 만든 화형장식이 부착되어 있는데 이는 列島産으로 보이는 冠장식품과 동일하다. 따라서 이 2점의 식리는 백제의 물품을 참고하여 왜에서 제작한 것으로 추정할 수 있다. 다만 一須賀WA1호분 식리는 백제에서 제작된 것으로 볼수도 있다.

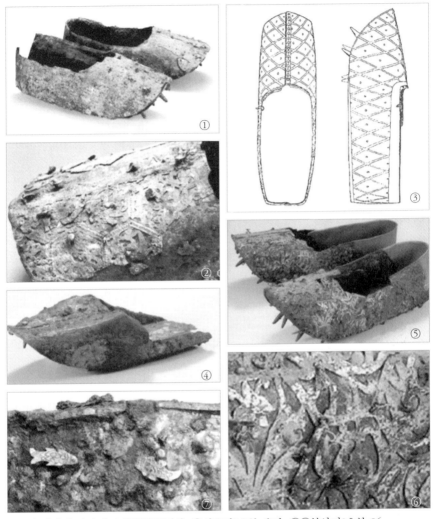

도50 웅진시기 식리 출토례(①②무령왕, ③신촌리9호분 을관, ④⑦복암리3호분 96
년 석실,⑤⑥무령왕비)

왕비 모두 화려한 冠飾-耳飾-飾履를 공유하였으며 왕은 대금구[24], 왕
비는 경식과 釧을 소유하였다.

공주 일원에는 수촌리나 취리산고분군[25]처럼 한성시기까지 연대가 올라가는 고분군이 존재하는데 모두 금강 이북에 분포한다. 웅진시기의 고분군으로는 송산리고분군, 교촌리고분군[26], 금학동고분군[27], 옥룡동고분군[28], 주미리고분군[29], 웅진동고분군[30]이 금강 이남의 산록에 밀집되어 있다. 장신구가 출토된 무덤은 교촌리고분[31], 주미리3호분 정도이다. 기타 옥룡동고분군, 금학동고분군에서 금제 장식품이 출토된 바 있으나 소량이다. 왕도의 중심고분임에도 불구하고 왕릉을 제외하면 장신구의 부장 수량이 적은 점이 눈에 띈다. 한성시기의 지방 무덤인 수촌리 1호분과 4호분에 금동관모, 금제이식, 금동제대금구, 금동식리가 부장되었던 것과는 뚜렷한 차이를 보여준다. 지방에서는 나주 신촌리와 복암리고분군에 한정된다. 지방의 출토 양상에 대해서는 절을 달리하여 검토하고자 한다.

그러면 무령왕릉의 예처럼 왕릉급 무덤에 장신구의 부장이 집중된 이유는 무엇일까? 왕이나 왕비의 장례의식은 그 사회에서 최고의 격을 유지한 채 치렀을 것이다. 묘지를 미리 선정하고 壽陵처럼 고분

---

24) 왕릉 출토 2점의 대금구 가운데 역심엽형 과판을 갖춘 것은 보고서에 누락되어 있어 출토위치를 알 수 없다.
  이한상, 1994「무령왕릉 출토품 추보(1)」『고고학지』 5, 한국고고미술연구소
25) 공주대학교박물관, 1998『제라회맹지 취리산』
26) 輕部慈恩, 1972『百濟遺蹟の研究』吉川弘文館
27) 충청매장문화재연구원, 2002『공주 금학동고분군』
28) 안승주·이남석, 1991『공주 보통골 백제고분발굴조사보고서』백제문화개발연구원
29) 輕部慈恩, 1972『百濟遺蹟の研究』吉川弘文館
30) 안승주, 1980「공주 웅진동고분군 발굴조사보고서」『백제문화』 14, 공주대학교 백제문화연구소
31) 이 이식은 수하식은 같지만 주환이나 중간식이 많이 달라 1쌍이라고 볼 수 있을지 논란의 여지가 있을 수 있다.
  국립중앙박물관, 1995『하찌우마타다수선생 기증유물특별전』 p.11

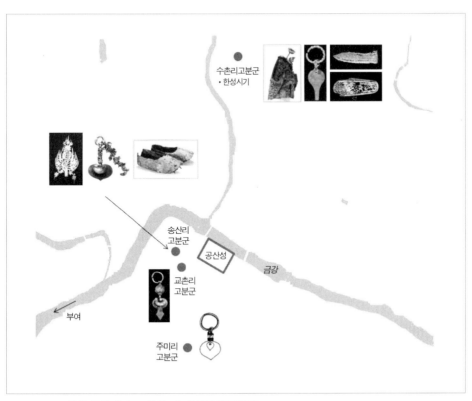

도51 공주 일원 주요 고분군 및 장신구 분포양상

을 사전에 축조하였을 가능성도 있으며 장례에 소용되는 다양한 물품도 미리 준비하였을 것이다. 무령왕릉 誌石에 드러나 있듯이 무령왕과 왕비는 사후 바로 무덤에 안장되지 않고 27개월간의 殯을 거쳤다.[32] 이 기간 동안 무덤을 만들거나 조문객을 받았을 것이며 왕위계

---

32) 권오영, 2000 「고대 한국의 상장의례」『한국고대사연구』 20, 한국고대사학회
권오영, 2005 「백제문화의 이해를 위한 중국육조문화 탐색」『한국고대사연구』 37, 한국고대사학회

승절차를 마무리하였을 것이다. 왕릉 속 장신구 가운데 생전에 제작한 것이 많은데 신라의 사례로 보면 장례과정에서 만든 것도 일부 포함되어 있을 것이다.

　주지하듯 무령왕릉은 남조 梁代에 유행한 형식의 전축분이다. 무령왕릉의 구조를 중국 남조 전축분과 비교하는 연구[33]가 있는데 근래에는 중국학자의 연구성과[34]가 연 이어 제출되고 있다. 이에 의하면 무령왕릉은 남조묘 등급 중 B형(혹은 2등급)에 속하는 대형묘이며 벽돌의 번조와 무덤의 축조에 중국 기술자들이 참여했을 것으로 보고 있다. 6세기 전반의 백제사회에 외래의 묘제가 수용되고 성대한 장례의식이 거행된 배경으로는 추락된 왕권을 복구하려는 목적이 개재되어 있었을 것이며[35] 강대한 귀족으로부터 왕권 내지 왕실을 보호하는 것이 우선시되었기 때문에 지방으로의 사여보다는 왕릉에 장신구의 집중적인 부장이 이루어진 것으로 볼 수 있다.

2) 영산강유역 재편의 배경과 양상

　웅진시기가 되면 한성시기에 백제 장신구가 분포하였던 대부분

---

33) 윤무병, 1974「무령왕릉 및 송산리6호분의 전축구조에 대한 고찰」『백제연구』5, 충남대학교 백제연구소
　　강인구, 1979「중국묘제가 무령왕릉에 미친 영향」『백제연구』10, 충남대학교 백제연구소
34) 周裕興, 1999「南京의 南朝墓制硏究」『위진남북조시대 묘장제도와 백제』충남대학교 백제연구소
　　齊東方, 2001「百濟武寧王墓와 南朝梁墓」『무령왕릉과 동아세아』국립공주박물관 외
　　王志高, 2005「百濟武寧王陵形制結構的考察」『東亞考古論壇』창간호, 충청문화재연구원
35) 권오영, 2005『고대 동아시아 문명교류사의 빛 무령왕릉』돌베개

의 지역에서 더 이상 장신구가 출토되지 않는다. 단지 공주지역 만이 수촌리고분군에서 송산리고분군으로 이어진다.[36] 그 이유는 백제의 중앙에서 장신구를 사여하지 않았음에 기인하겠지만 한성함락과 이어진 웅진천도의 과정에서 천안-청주 이북의 여러 지역이 일정 기간 동안 고구려 세력의 지배를 받았던 점에서 찾을 수 있다.[37]

그리고 새로이 장신구가 분포하는 지역으로 나주를 손꼽을 수 있다. 후술하듯이 웅진 천도 초기의 자료로 나주 신촌리9호분 출토품을, 6세기 전반대 자료로 나주 복암리3호분 96석실 출토품을 들 수 있다. 여기서는 먼저 웅진천도 후 영산강유역의 세력을 재편할 수밖에 없었던 배경으로서 청원 이북 지역 세력의 동향을 검토하면 다음과 같다.[38]

---

36) 공주의 금강 북쪽 정안뜰에 위치한 수촌리고분군의 경우 한성시기 후반 최고급의 장신구가 집중되어 있는데, 이러한 현지세력의 존재가 웅진으로 천도하게 된 계기 가운데 하나였을 것이다. 수촌리고분에 대한 발굴이 일부 지점에 한정되었기 때문에 웅진시기의 양상이 어떠한지 현재로서는 알 수 없다. 향후 조사가 기대된다.
한성시기에 이미 웅진성에 담로를 설치하였고 그것을 기반으로 웅진천도가 가능한 것으로 파악한 견해가 있다.
김영관, 2000 「백제의 웅진천도 배경과 한성경영」『충북사학』 11 · 12, 충북대학교 사학회, pp.73~74
37) 노태돈, 2005 「고구려의 한성지역 병탄과 그 지배양태」『향토서울』 66, 서울특별시 사편찬위원회, pp.180~185
동성왕대 또는 무령왕대 이후 백제가 한강유역을 영유하였다는 견해는 다음과 같다.
박찬규, 1991 「백제 웅진 초기 북경문제」『사학지』 24, 단국사학회, p.61
양기석, 2008 「475년 위례성 함락 직후 고구려와 백제의 국경선」『한국 고대 사국의 국경선』 서경문화사, pp.89~91
이외에 5세기 후반에는 한강유역을 고구려가 영유하였으나 500년을 전후하여 고구려군은 한강 이북으로 철수하여 보루를 구축한 것으로 보는 견해도 있다.
최종택, 2008 「고고자료를 통해 본 백제 웅진도읍기 한강유역 영유설 재고」『백제연구』 47, 충남대학교 백제연구소, p.145
38) 근래 성남 판교, 용인 보정리, 충주 두정리에서 말각조정식 천정을 갖춘 고구려계

원주 법천리고분군의 경우 발굴조사 결과 475년 이후 대형 무덤의 존재가 확인되지 않으며 6세기 중엽 이후의 신라토기가 출토되지만 중심고분군은 475년 이후 해체된 것으로 보인다. 법천리고분보다 남쪽에 중원고구려비가 세워지고 충주, 진천, 청원 일대가 고구려의 지배권 내로 편입되면서 법천리세력이 백제로부터 관심을 끈 이유였을 '요충지적 성격'이 의미를 상실하게 된다.

용원리고분군의 경우 온천단지 개발사업과 관련하여 전면조사를 실시한 바, 공주대학교 조사구역에 포함된 150기의 무덤이 오래된 것이고 서울대학교 조사구역에서 발굴된 2기의 무덤이 상대적으로 늦은 시기에 해당한다. 중국도자의 연대로 보아 서울대학교 박물관이 조사한 C지구 석실분[39] 역시 475년 이전에 축조되었을 가능성이 높다.[40] 이 고분군 내에서 C지구 석실분보다 늦은 시기의 무덤은 확

석실이 연이어 발굴되었다. 무덤의 주인공이 고구려인지의 여부는 검토의 여지가 있으나 고구려식 석실이 분포하는 점은 이 지역의 정치적 동향을 이해하는데 중요한 실마리가 될 수 있다.
한국문화재보호재단, 2008 「무덤에 반영된 한강유역, 성남 판교유적」『2007 한국고고학저널』국립문화재연구소편, 주류성출판사, pp.114~117

39) 서울대학교박물관, 2001 『용원리유적 : C지구 발굴조사보고서』

40) 용원리C지구 횡혈식석실분에서 출토된 청자완은 연판문으로 연대를 추정할 수 있다. 음각의 연판문이 새겨진 청자완의 경우 福建 松源M831호묘 출토품(462년)과 유사하다고 보아 제작연대를 5세기 후반의 이른 단계로 보는 견해(성정용 2003)가 있다. 이에 따르면 이 청자가 용원리로 유입되는 시기는 한성시기까지 소급될 것이라 한다. 江西 吉安 齊墓 출토품(493년)의 경우 蓮瓣의 숫자가 10개로 늘어나 있어 시간이 흐르면서 연판의 크기가 줄어들고 수량이 많아지는 변화를 보이는 것 같다. 따라서 이 청자완의 제작연대는 5세기 3/4분기 경으로 볼 수 있을 것 같다.
최근 이와 유사한 청자완이 풍납토성의 창고로 추정되는 유구에서 출토된 바 있어 청자의 공급처가 백제 중앙이었음을 다시금 확인할 수 있었다.
성정용, 2003 「백제와 중국의 무역도자」『백제연구』38, 충남대학교 백제연구소
국립문화재연구소 고고연구실, 2008.12 「풍납토성 창고 대형 항아리에서 중국제 청자완 출토」(보도자료)

인되지 않았다. 단위 고분군 전체를 발굴하였음에도 불구하고 5세기 말 이후의 고분이 존재하지 않으므로 고분 축조 단절의 계기를 한성 함락에서 찾을 수 있다.

주성리고분군에서는 백제이식이 출토되었다.[41] 이식이 출토된 1호 석실분은 한성시기 후반에 初築되었으나 신라가 한강유역으로 진출하는 6세기 중엽 경에 追加葬이 이루어진다. 이 횡혈식석실분이 만들어져 매장이 완료되기까지 약 1세기에 가까운 기간이 걸린 셈이다. 이를 통해 보면 이 집단은 약간의 단절을 겪었지만 집단자체가 와해되지는 않았던 것으로 볼 수 있다.

청원 주성리보다 남쪽에 위치한 청주 신봉동고분군의 경우는 산 능선 전체에 무덤이 빼곡하게 조영되어 있어 무덤의 집중도라는 점에서는 탁월함이 인정된다. 묘제는 목곽묘가 다수이며 4세기에서 5세기 중엽 경까지의 무덤에서 馬具나 武具가 출토된다. 이 고분군 역시 5세기 후반 이후 축조된 무덤은 앞 시기에 비하여 급격히 줄어든다. 그리고 약간의 단절을 겪은 후 6세기 중엽 이후 신라의 後期樣式 토기 가운데 현지생산품이 무덤에 묻힌다.[42]

천안에서 멀지 않은 진천 회죽리에서 고구려의 태환이식이 출토되고 있어 한성시기의 서울→천안으로 장신구가 사여되던 모습이 475년 이후 어느 시점이 되면 평양→진천으로 장신구가 사여되는 모습으로 변화하였음을 보여준다. 아마도 고구려가 중원지역을 경영할 때에도 장신구를 매개로한 지방지배방식이 활용되었을 가능성이 있다. 1장에서 언급한 중원고구려비에 표현된 衣服의 賜與는 고구려와

---

41) 한국문화재보호재단, 2000 『청원 주성리유적』 p.122, p.148
42) 충북대학교 박물관, 1995 『청주 신봉동고분군』

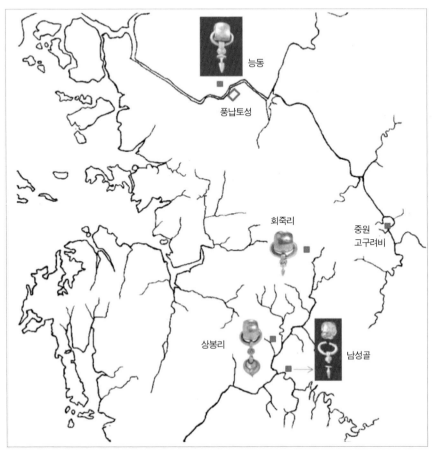

능동

풍납토성

회죽리

중원
고구려비

상봉리

남성골

도52 웅진천도 이후 백제 故地에 분포된 고구려 장신구

신라의 관계에서 뿐만 아니라 고구려가 청원이북의 옛 백제지역 세
력을 지배하면서도 시행했을 것으로 추정된다.

　〈도52〉의 분포도처럼 한성시기 백제 문물이 분포되어 있던 곳
에 고구려 문물이 분포한다. 양자는 단위 유적에서 서로 겹치지 않는
다. 법천리의 경우 5세기 후반 이후 대형분이 축조되지 않게 되었고,
보다 남쪽인 충주 가금면에 중원고구려비[43]가 세워지고 그 서쪽 혹은

남서쪽으로 고구려 이식이
이입된다.[44] 〈도53〉에서 볼
수 있듯이 진천 회죽리나 청
원 상봉리에서 출토된 이식[45]
은 연결금구-중간식-수하식
을 땜으로 접합하여 일체형
으로 만든 것이며 중간식은
속이 빈 구체 혹은 작은 고리
여러 개를 땜으로 접합하여
만든 구체이다. 특히 구체의
제작기법이 신라와 다르고
집안이나 평양 출토품과 매

도53 고구려(상)와 신라이식(하)의 중간식 비교

우 유사하므로 이 일군의 이식을 고구려 이식으로 특정할 수 있다. 고
구려 이식 가운데 비교적 늦은 시기의 자료이며 6세기를 전후한 시기
로 편년할 수 있다.

이식 등 고구려 문물이 분포하는 지역은 중원고구려비가 출토된
충주에서 청원 남성골유적[46]에 이르기까지 금강의 만곡부를 향하여

43) 변태섭, 1979 「중원고구려비의 내용과 연대에 대한 검토」『사학지』 13, 단국사학회
    노태돈, 1997 「삼국사기 신라본기의 고구려관계 기사 검토」『경주사학』 16, 경주사
    학회
    시노하라히로카타, 2000 「중원고구려비의 석독과 내용의 의의」『사총』 51, 고대사
    학회
44) 충주시 이류면 두정리유적에서 발굴된 석실분 6기는 고구려 석실로 추정되고
    있다.
    중원문화재연구원, 2009 「충주 두정리유적」『중원문화재연구』 3
45) 박영복 · 김성명, 1990 「중부지역 발견 고구려계 귀걸이」『창산김정기박사화갑기
    념논총』
46) 충북대학교박물관, 2004 『청원 南城谷 고구려유적』

線上의 분포를 보이고 있다. 이러한 분포는 금강을 따라 웅진에 접근할 수 있는 對 백제 공격로와 유관할 것 같다. 비록 장신구는 출토되지 않았으나 금강 이남인 대전의 月坪山城에도 고구려 문물이 분포되어 있다. 월평산성에 대한 발굴조사 결과 고구려군이 주둔하였던 시기가 있으며 그 증거물로 고구려 토기가 출토된 바 있다.[47]

이러한 문물이 이 일대에 분포하게 된 역사적 계기는 다음의 두 가지를 상정할 수 있다. 먼저 고구려가 충주 등 중원지역을 경영하면서 그 세력이 진천-청원-대전까지 확장하였을 가능성이다. 남성골산성에서 고구려의 柵城이 확인되었으므로 이러한 가능성을 1차로 고려할 수 있다. 둘째는 백제 창왕 원년인 554년 고구려가 백제의 熊川城을 공격하다가 실패하고 귀환하는 기록[48]이 있다. 웅천성을 공주의 웅진성과 동일한 것으로 간주한다면 당시 고구려가 단발적이긴 하지만 공주에서 가까운 천안이나 청원 혹은 유성 쪽에 웅거하면서 웅진도성을 공격할 수도 있었을 것이다. 이 두 가지 경우 가운데 청원 이북지역에 분포하는 장신구의 이입 계기는 유물의 연대나 중원고구려비의 기록을 중시하면 전자로 보는 것이 좋을 것 같다.

이처럼 한성시기에 백제 장신구가 주로 분포하던 지역은 고구려의 세력권으로 넘어갔기 때문에 더 이상 백제 장신구가 출토되지 않게 되었고 백제 장신구가 출토되는 지역은 영산강유역의 나주에 한정된다.[49] 영산강유역은 특색있는 옹관묘문화를 발전시켰다. 4세기

---

47) 이한상, 2000 「대전 월평산성 출토 고구려토기」『학산 김정학박사 송수기념논총 한국고대사와 고고학』학연문화사
白井克也, 2005 「고구려 토기연구의 성과와 새로운 과제」『한국고대의 Global Pride 고구려』고려대학교 박물관
48) 『三國史記』百濟本紀 威德王元年
「元年 冬十月 高句麗大擧兵 來攻熊川城 敗衄而歸」

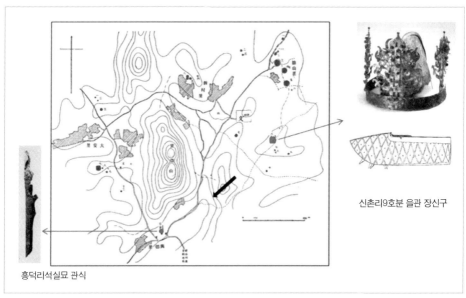

신촌리9호분 을관 장신구

흥덕리석실묘 관식

도54 반남고분군의 주요 장신구 분포

이전 영산강유역의 무덤은 周溝墓가 중심이었고 주구의 형태는 방형,
타원형, 梯形 등 다양하였다. 4세기 이후가 되면 이 가운데 제형이 유
행하게 되며 옹관과 목관 등 복수의 매장주체부가 공존하는 묘제로
발전한다. 특히 5세기를 전후하여 전형적인 옹관고분으로 발전하면
서 원형과 방형의 분구로 바뀌어 나간다.[50] 이 무렵 묘제나 유물에서
영산강유역의 특색이 현저해지며 이는 곧 이 지역 세력의 위상이 높
아진 사실을 보여주는 것으로 이해된다.[51] 대표적인 무덤은 나주시

---

49) 최근 발굴된 고창 봉덕리 1호분 출토 장신구의 연대가 웅진시기까지 내려갈 가능
성도 있어 추후 이에 대하여 검토하고자 한다.

50) 최성락, 2007 「복암리3호분의 분형과 축조과정」 『영산강유역 고대문화의 성립』
권오영, 2007 「영산강유역 정치체의 성격」 『한국고대사 연구의 새동향』 서경문화
사, p.212

반남면 자미산 일대에 분포되어 있다.[52] 1917~1918년과 1939년에 일부가 발굴되었으며 근래 재발굴하거나 중소형 무덤에 대한 수습조사가 이루어지기도 하였다.[53] 묘제는 홍덕리석실분과 대안리4호분 등 2기의 석실분을 제외하면 대부분 옹관이 매장주체부로 활용되었다. 그 가운데 新村里9號墳 乙棺에서 금동관과 금동식리를 비롯한 장신구 세트가 출토되어 반남고분군 축조세력의 위상을 잘 보여준다.

자미산 일대 고분군의 초축 연대는 단정하기 어려우나 덕산리, 신촌리에 분포한 고총의 경우 중심연대는 5세기 무렵이다. 절대연대의 추정이 가능한 무덤은 5세기 후반에 집중된다. 그간 장신구가 출토된 무덤은 신촌리9호분 을관이 대표적이며 신촌리9호분 庚棺, 대안리9호분 경관, 덕산리4호분 을관에서 釧이 출토되었다. 이 가운데 신촌리9호분 을관의 연대를 5세기 후반으로 보거나[54] 6세기 전반으로 늦추어보기도 한다.[55] 금동식리는 익산 입점리1호분 예와 유사하므로 한성시기 말까지 소급시켜볼 수도 있겠지만 세부 제작기법을 보면 각 부품의 조립기법이나 彫金의 수준이 떨어진다. 금동관모는 입

51) 강봉룡, 1999 「영산강유역 옹관고분의 대두와 그 역사적 의미」 『한국사론』 41 · 42, 서울대학교 국사학과
52) 자미산에 위치한 자미산성을 반남면 일대에 분포한 세력의 방어시설로 이해하고 있다.
   목포대학교박물관, 2000 『자미산성』
53) 朝鮮總督府, 1920 『大正六年度古蹟調査報告』
   有光敎一, 1940 『昭和十三年度古蹟調査報告』 朝鮮古蹟硏究會
   국립광주박물관 외, 1988 앞의 책
   국립문화재연구소, 2001 『나주 신촌리9호분』
   전남대학교박물관, 2002 『나주 덕산리고분군』
54) 穴澤咊光 · 馬目順一, 1973 앞의 논문
55) 박보현, 1998 「금동관으로 본 나주 신촌리9호분 을관의 연대」 『백제연구』 28, 충남대학교 백제연구소

도55 신촌리9호분 을관 금동관의 수리 흔적

점리 출토품과는 시기차가 존재하는 것으로 보인
다. 따라서 늦은 요소에 기준하여 보면 5세기 4/4
분기 경이 안정된 연대가 될 것이다.

　　금동제 대관의 경우 초화형 입식은 고령 지산
동32호분 금동관[56]이나 전 고령 출토 금관[57]의 입
식과 비교된다.[58] 帶冠과 冠帽 모두 수리흔이 남아
있다. 〈도55〉에서 볼 수 있듯이 대관의 경우 좌우
立飾을 바깥쪽으로 조금 씩 옮겨 새로이 부착하였
고 관모도 폭을 넓히기 위하여 해체 후 다시 조립

도55 관모

하였다. 또한 관모의 좌우 문양이 비대칭이며 彫金狀態가 조잡하다.
이 정도의 제작기술은 백제의 여타 金工品과 비교하면 현격히 낮은

---

56) 계명대학교 박물관, 1981 『고령 지산동고분군』
57) 호암미술관, 2001 『황금의 미 -한국미술 속의 금빛』 p.4
58) 최병현, 1984 「3. 삼국시대 공예」 『한국미술사』 대한민국 예술원, p.107, 111

수준이다. 이 관을 중앙에서 제작한 것이 아니라면 이 지역에서 제작한 것으로도 볼 수 있는데 이 지역의 경우 전후 시기의 金工文化가 보이지 않는 것이 문제이다. 오히려 초화형 입식을 갖춘 대관이란 점은 대가야적인 요소이다. 함께 출토된 銀裝 單龍大刀[59]의 경우도 기본형은 백제 대도와 비슷하지만 환내 도상을 별도로 만들어 끼워 넣는 기법 등은 대가야 대도와 유사하다. 다만 제작수준이 조악하여 대가야로부터 완제품이 이입된 것으로 보기도 어렵다. 그렇다면 역시 신촌리9호분 을관의 금동관, 금동식리, 單龍大刀는 백제 중앙의 양식을 수용하여 지방에서 제작한 물품일 가능성에 무게를 둘 수 있다.[60] 이처럼 나주에서 금속공예품의 제작이 가능했던 것은 지역 내에 공방이 항상적으로 존재했다고 보기 보다는 475년 한성함락 이후 백제의 지방 지배력에 문제가 생겼을 때 한시적으로 나타난 현상으로 이해할 수 있다. 반남고분군에서 출토된 금동관, 금동관모, 銅釧, 금동식리, 장식대도는 여러 시기에 걸쳐 연속되지 않으며 5세기 4/4분기 경에 한정하는 단발적인 양상이다. 양식적으로 보면 한성시기 후반의 요소와 같은 시기 대가야적인 요소가 혼재되어 있다.[61]

---

59) 국립중앙박물관, 1999 『특별전 백제(도록)』 p.80의 도138
60) 이 장신구 세트를 백제 중앙에서 제작된 것으로 보면서 백제왕실이 반남고분군 수장인 신촌리9호분 을관 주인공에게 하사한 것이며 간접지배의 산물이라 평가하는 견해가 많다.
김영심, 2000 「영산강유역 고대사회와 백제」 『지방사와 지방문화』 3-1, 역사문화학회, p.316
홍보식, 2006 「한반도 남부지역의 왜계요소」 『한국고대사연구』 44, 한국고대사학회, p.54
김낙중, 2007 「6세기 영산강유역의 장식대도와 왜」 『영산강유역 고대문화의 성립과 발전』 학연문화사, p.137
61) 금동식리처럼 한성시기의 늦은 단계에 유행한 양식이 반영되어 있고 관에도 구슬이 장식되고 관모 또한 기왕의 백제적인 관모형태를 잇고 있어 제작시 디자인적인

그간 반남고분군의 축조세력의 정치적 위상을 둘러싸고 많은 논의가 진행된 바 있다.[62] 유해 매납 전용의 옹관을 사용하는 묘제, 금동관과 금동식리 등 위세품의 존재를 강조하여 이 지역이 근초고왕 남정을 계기로 백제의 세력권에 편입되었다는 견해[63]에 반대하면서 6세기 전반 무렵까지 이 지역에 완전한 독립성을 갖춘 정치체가 존재했다는 주장이 제기되었다.[64]

신촌리에서 출토되는 정도의 장신구는 시야를 넓혀볼 때 한성시기 후반의 공주 수촌리보다 격이 훨씬 높다고 단정하기는 어렵다. 신라의 경우를 예로 들어 본다면 경북 의성의 탑리고분 1곽[65], 대구 달서 37호분 1실[66], 양산 부부총[67]에서 출토되는 금속공예품의 수준, 그

요소 등에 대한 발주자의 요구가 있었던 것으로 볼 여지가 있어 현지 제작품으로 보고자 한다.

고대사회에서 금속공예품의 생산은 중앙의 공방에 집중되는 경향이 있다. 그렇지만 모든 유물을 중앙에서 제작한 것으로 보기에는 어려운 점이 있다. 신라의 경우 창녕지역에서 금속제 장신구를 비롯한 공예품을 자체적으로 제작하는 모습이 확인된다. 기본형은 왕도인 경주의 양식을 띠지만 세부 제작기법에서 창녕만의 특징을 갖추고 있어 지역공방의 존재를 상정할 수 있다. 이 경우는 지방공방이 상시적으로 존재하는 예에 속할 것이다. 이외에도 중국 남조 양의 기술자가 백제로 와서 와전이나 전축분의 축조기술을 전해주는 것이나 백제 瓦博士, 鑪盤博士가 일본열도에 파견되어 활약하는 것처럼 단발적인 계기도 존재한다.

62) 권오영, 2007 앞의 논문

63) 이병도, 1970 「근초고왕 척경고」『백제연구』1, 충남대학교 백제연구소, pp.12~14
주보돈, 2000 「백제의 영산강유역 지배방식과 전방후원분 피장자의 성격」『한국의 전방후원분』충남대학교 출판부
문안식, 2002 『백제의 영역확장과 지방통치』 신서원, p.245

64) 강봉룡, 1999 「영산강유역 옹관고분의 대두와 그 역사적 의미」『한국사론』41 · 42, 서울대학교 국사학과
임영진, 2006 「마한 백제 고고학의 최근 연구 성과와 과제」『한국선사고고학보』12, 한국선사고고학회

65) 국립박물관, 1962 『의성 탑리고분』

66) 朝鮮總督府, 1930 『慶尙北道達城郡達西面古墳調査報告』

67) 馬場是一郞 · 小川敬吉, 1927 『梁山夫婦塚と其遺物』朝鮮總督府

리고 무덤의 규모와 나주 신촌리9호분 을관의 위상이 비슷하거나 신촌리9호분 쪽이 보다 낮을 것으로 보인다.

영산강유역의 옹관묘문화는 6세기를 전후하여 변화를 맞이한다. 즉 새로운 매장시설로서 횡혈식석실이 등장한 것이다. 새로운 매장주체부를 채용한 무덤의 분구는 방형, 원형, 前方後圓形 등 다양하며 6세기 중엽 이후 원형이 주류를 점하게 된다.[68] 영산강유역에 석실분이 등장하게된 계기에 대하여 몇 가지 견해가 제기된 바 있다. 5세기 후반에 백제의 남방진출에 의해 옹관묘 집단이 와해되면서 석실분이 등장하였다고 보기도 하고[69] 옹관고분 축조 집단이 스스로의 필요에 의해 주체적으로 수용하였다고 보기도 한다.[70] 이와는 달리 상당한 규모와 위상을 지닌 마한계 재지세력이 대외교류를 통하여 수용한 것으로 보는 견해가 있다.[71] 그런데 석실분이 주요고분의 매장주체부로 채용되는 시점이 되면 옹관묘의 위상이 급격히 약화되는 현상이 관찰되며 반남고분군의 경우 옹관을 매장주체부로 하는 대형

68) 최성락, 2007 앞 논문, p.46
69) 박순발, 2000 「백제의 남천과 영산강유역 정치체의 재편」 『한국의 전방후원분』 충남대학교 출판부
김낙중, 2000 「5~6세기 영산강유역 정치체의 성격」 『백제연구』 32, 충남대학교 백제연구소
70) 조근우, 1996 「전남지방의 석실분 연구」 『한국상고사학보』 21, 한국상고사학회
특히 복암리3호분 96년 석실의 경우 토착묘제와 신묘제가 공존하고 있어, 이는 토착세력이 백제 중앙문화를 흡수하는 과정이 자발적이고 평화적인 방법에 의한 것임을 보여주는 것으로 해석하고 백제 중앙의 지배력 확대가 일방적으로 이루어진 것이 아니라 영산강유역의 토착세력의 필요성 때문에 적극적으로 수용한 측면이 있다고 보는 견해가 있다.
김영심, 2003 「웅진 사비시기 백제의 영역」 『고대 동아세아와 백제』 충남대학교 백제연구소편, 서경, p.114
71) 임영진, 1997 「전남지역 석실봉토분의 백제계통론 재고」 『호남고고학보』 6, 호남고고학회

고총이 더 이상 축조되지 않으며 석실묘로의 전환양상도 분명하게 살펴지지 않는다.

이와 대조를 보여주는 고분으로 복암리3호분[72]을 들 수 있다. 이 무덤은 3세기 중엽 경 옹관을 사용하던 현지세력이 축조하기 시작하여 7세기대 백제 석실까지 동일 집단에 의해 축조되었다. 1기의 봉토 내에 축조된 매장주체부는 옹관, 목관, 수혈식석곽, 횡구식석실, 석곽옹관, 횡혈식석실 등 다양하며 모두 41기가 확인되었다. 이 무덤 가운데 옹관묘를 주체부로 하던 시기에 이 무덤의 피장자가 차지하는 위상은 반남면 일대의 고분에 비하여 상대적으로 낮았던 것으로 보인다. 그런데 6세기를 전후하여 축조된 96년 석실처럼 횡혈식석실이 채용되면서 비약적으로 성장하는 모습이 살펴진다.[73] 96년 석실분에서는 무령왕릉 출토 식리와 제작기법이 유사한 식리가 출토되었다. 이는 반남고분군에서 6세기 전반의 장신구가 확인되지 않는 점과 대조를 이룬다. 함께 출토된 三葉環頭를 갖춘 小刀 역시 신촌리9호분 大刀에 비하여 제작의장이 정교하다는 점은 주목할 필요가 있다.

복암리고분군 주인공의 위상변화를 지적한 견해가 제기된 바 있다. 다시면 일대의 복암리3호분 96년 석실 피장자를 백제의 후원 아래 새롭게 등장한 세력으로 보거나[74] 복암리고분군은 백제가 영산강 유역의 옹관묘 사회를 해체하는 과정에서 성공적으로 남은 집단의 묘역이라고 보기도 한다.[75] 이외에 복암리3호분 96년 석실 단계가 되

---

72) 전남대학교 박물관, 1999『복암리고분군』
　　국립문화재연구소, 2001 앞의 책
73) 조근우, 1996 앞의 논문
74) 박순발, 2000 앞의 논문
75) 김낙중, 2000 앞의 논문

면 '伏岩里式'이라 부를 수 있는 지역양식 토기와 함께 공주 艇止山 遺蹟 출토품과 유사한 백제양식 토기가 공존하며 그 다음 단계가 되면 三足器・臺附直口小壺・甁形土器 등 새로운 기종이 추가되고 있어 이를 백제의 점진적인 진출과정으로 보여주는 현상으로 이해한 연구가 있다.[76]

한편 공주 정지산유적[77]에서는 羅州式土器와 高敞式土器[78], 대가야 토기, 須惠器[79]가 함께 출토되었다. 정지산유적이 백제의 喪葬儀禮 특히 殯과 관련한 유적일 가능성[80]이 있는 바, 이러한 견해에 의거한다면 520년대 나주, 고창지역 세력이 왕실의 상장의례에 弔問 등의 형식으로 참여하였던 것으로 볼 수 있다.

이처럼 반남면 일대의 고분군이 쇠퇴하고 다시면 일대의 고분군이 부각되는 계기를 생각할 때 史書의 기록이 주목된다. 『三國史記』 百濟本紀에 의하면 동성왕은 왕위에 오른 후 왕권강화에 노력하였다. 신진세력을 과감히 등용하였고 王侯制를 실시하였다.[81] 도성을 정비하고 궁실을 수리하였으며[82] 요충지에 城柵을 만들어 국가의 방

---

76) 서현주, 2007 「복암리고분군 출토 토기의 양상과 성격」 『영산강유역 고대문화의 성립과 발전』 학연문화사, pp.234~235

77) 국립공주박물관, 1999 『백제의 제사유적 정지산』

78) 酒井清治, 2004 「5~6세기의 토기에서 본 나주세력」 『백제연구』 39, 충남대학교 백제연구소

79) 木下亘, 2003 「韓半島 出土 須惠器(系)土器에 대하여」 『백제연구』 37, 충남대학교 백제연구소

80) 권오영, 2000 앞의 논문
김길식, 2001 「빙고를 통해 본 공주 정지산유적의 성격」 『고고학지』 12, 한국고고 미술연구소

81) 국사편찬위원회, 1995 『한국사6 삼국의 정치와 사회II -백제-』 p.68

82) 『三國史記』 百濟本紀 東城王8年
「秋七月 重修宮室 築牛頭城」

비를 공고히 하였다.[83] 499년에는 耽羅를 치기 위하여 武珍州까지 親征하기도 하였다.[84] 탐라가 貢賦를 바치지 않음을 빌미로 동성왕이 친히 영산강유역으로 순행한 일은 당시 영산강유역 세력뿐만 아니라 그 중간지대에 위치하였던 여러 지방 세력에게는 큰 위협으로 다가왔을 것이다.

　武寧王은 동성왕이 피살된 어수선한 상황에서 왕으로 옹립되었으며 즉위 후 先王을 시해한 苩加를 제거하였다. 즉위 원년에 고구려의 水谷城을 공격하였으며[85] 512년에는 친히 出戰하여 대승을 거두기도 하였다.[86] 이보다 앞선 510년에는 제방을 견고히 하고 游食하는 백성이 농사에 종사토록 조치하는 등 국가의 토대를 다지는데 노력하였다. 이러한 대내외적인 조처가 바탕이 되어 521년에는 남조 양에 국서를 보내 '고구려를 여러 번 깨트리고 비로소 통교하게 되었다.'고 하니 梁은 백제가 다시 강국이 되었다고 평가하였다.[87]

　이 무렵이 되면 백제는 지방 세력을 확실히 재편하였던 것으로 보이며 나주 반남면고분군 축조세력 역시 기왕의 독자성을 상당부분

---

83) 『三國史記』百濟本紀 東城王12年
　「十二年 秋七月 徵北部人年十五歲已上 築沙峴耳山二城」
　『三國史記』百濟本紀 東城王20年
　「秋七月 築沙井城 以扦率毗陁鎭之」
　『三國史記』百濟本紀 東城王23年
　「七月 設柵於炭峴 以備新羅 八月 築加林城 以衛士佐平苩加鎭之」
84) 『三國史記』百濟本紀 東城王20年
　「八月 王以耽羅不修貢賦 親征至武珍州 耽羅聞之 遣使乞罪 乃止」
85) 『三國史記』百濟本紀 武寧王元年
　「冬十一月 遣達率優永 帥兵五千 襲高句麗水谷城」
86) 『三國史記』百濟本紀 武寧王12年
　「王帥勇騎三千 戰於葦川之北 麗人見王軍少 易之 不設陣 王出奇急擊 大破之」
87) 『梁書』列傳 卷54 列傳48 諸夷 東夷 百濟
　「普通二年 王餘隆始復遣使奉表 稱累破句驪 今始與通好 而百濟更爲強國」

포기하여야만 하는 새로운 여건을 맞이하였던 것 같다. 장신구의 분포 추이로 보아 백제의 중앙은 기왕의 유력한 지방 세력이었던 반남고분군 주인공에 대신하여 복암리고분군 주인공을 지역지배에 필요한 새로운 협력자로 선정하여 지원하였을 가능성이 있다.

　　웅진시기의 지방지배방식을 알려주는 사료로는 『梁書』의 담로 관련 기록이 주목된다. 이 기록을 어떻게 이해할지를 둘러싸고 많은 논의가 진행되었다.[88]

　　　'치성(治城)을 고마라 일컫고 읍(邑)을 담로라 부르는데 중국의 군현과 같은 말이다. 그 나라에는 22담로가 있으며 모두 자제종족을 나누어 웅거케 한다.'[89]

　　이 기록은 양과 교류관계를 유지하였던 6세기 전반의 사정을 묘사한 것으로 보고 있으며 이 무렵 백제는 지방의 주요 거점 22개소에 담로를 설치하였고 왕의 자제와 왕족을 파견하여 지방에 대한 지배력을 확보하였음을 보여준다. 이와 유사한 기록은 『南史』와 梁職貢圖에도 실려 있다. 이중 양직공도는 당대의 기록일 가능성[90]이 높다

---

88) 양기석, 2007 「백제의 지방통치체제」 『한국 고대사 연구의 새 동향』 서경문화사, pp.229~232
89) 『梁書』列傳 卷54 列傳48 諸夷 東夷 百濟
　　「號所治城曰固麻 謂邑曰檐魯 如中國之言郡縣也 其國有二十二檐魯 皆以子弟宗族分據之」
90) 梁職貢圖의 제작연대에 대하여 526~539년설(이홍직), 512~521년설(홍사준), 526~534년설(김영심)이 있다. 어느 견해를 따르더라도 백제 웅진시기 후반인 6세기 전반에 제작된 것으로 볼 수 있다.
　　이홍직, 1971 『한국고대사의 연구』 신구문화사, pp.386~396
　　홍사준, 1981 「양대 직공도에 나타난 百濟國使의 초상에 대하여」 『백제연구』 12, 충남대학교 백제연구소, p.173

는 점에서 주목된다. 논점은 이 기록의 상한이 한성시기까지 소급될 것인지의 여부이다. 한성시기까지 올려보는 견해 가운데는 담로제의 성립시기를 근초고왕대[91]로 보거나 개로왕대[92]로 보기도 한다. 앞에서 살펴본 것처럼 웅진천도 이후 동성왕·무령왕대에 이르러서 비록 왕권강화에는 성공하였다 하더라도 왕이 피살되는 등 위기감은 상존하였을 것으로 보인다. 그 때문에 중앙의 요직과 지방통치에 필요한 중요 임무는 왕족에게 부여하려 시도한 것으로 보인다. 위 기록에서 22담로에 자제종족을 분거케 한다는 의미는 이러한 시대상황과 관련되었을 것 같다.

　　나주에서 다시면 세력이 중시되었다고 하더라도 하나의 석실에 추가장된 여러 인물 가운데 1인이 금동식리 1점을 賜與받은 양상이며, 한강유역을 상실한 백제가 수취기반 확보를 위해 영산강 일대에 대한 지배력을 강화하는 상황 아래에서 한성시기 지방세력의 경우와 같은 侯國的 基盤이 없었던 다시면 세력은 子弟宗族이 분거한 檐魯의 하부에 편제된 존재였을 것으로 추정된다.

　　김영심, 1990 「5~6세기 백제의 지방통치체제」 『한국사론』 22, 서울대학교 국사학과, pp.66~68
91) 노중국, 1985 「한성시대 백제의 지방통치체제-담로체제를 중심으로-」 『변태섭박사 화갑기념 사학논총』 pp.128~153
　　이도학, 1985 「한성말 웅진시대 백제 왕위계승과 왕권의 성격」 『한국사연구』 50·51, 한국사연구회, p.30
92) 김영심, 1990 앞의 논문, pp.73~100

2. 領域支配의 관철과 장신구 사여체제의 해체

1) 泗沘時期 裝身具文化의 성격 변화

백제 사비시기의 지방지배방식은 전국을 5방으로 나누고 그 하부에 군-성을 편제하여 직접지배를 실현한데서 특징을 찾을 수 있다. 5방제 실시의 연대에 대해서는 논란이 있지만 대체로 6세기 후반에는 실시되었을 것으로 보는 견해가 많다.[93] 5방제의 실시는 지방관을 전국적으로 파견하여 영역적 지배의 관철하는 것이었으므로 자연히 지방사회의 기존질서는 재편될 수밖에 없었다. 특히 성왕대에 국왕의 권력기반 강화를 위하여 22部司 중심으로 정치를 운영하고 16官等制와 衣冠制度를 확립한 것은 중앙 통치조직의 확립뿐만 아니라 지방지배의 강화와도 연결되었을 것이다.[94]

사비시기의 장신구는 형태적으로 간소하고 종류도 관식, 이식, 대금구에 한정된다. 또한 박장화의 경향과 함께 유적에서 출토되는 빈도 역시 전 시기에 비하여 급격히 줄어든다. 장송의례용품인 식리가 소멸된 점은 특기할만하다.

사비시기의 장신구 가운데 은제관식은 『周書』 『北史』에 기록된 銀華[95]일 것으로 보이는 바, 이는 나솔 이상 고급관인의 상징물임이

---

93) 노중국, 1988 『백제정치사연구』 일조각

김주성, 1992 「백제 지방통치조직의 변화와 지방사회의 재편」 『국사관논총』 35, 국사편찬위원회

94) 김영심, 2007 「제2절. 왕권중심의 체제 확립」 『사비도읍기의 백제』 충청남도 역사문화연구원, p.68

95) 『周書』 卷49 列傳41 異域上 百濟

「官有十六品 左平五人一品 達率三十人二品 恩率三品 德率四品 扞率五品 柰率六

분명하다.[96] 대금구는 중앙 및 지방에서 모두 출토되는데 관식에 비하면 소유층이 보다 넓어 下位의 官人도 소유할 수 있는 물품이었던 것으로 보인다. 『周書』에 의하면 사비시기 백제에는 16품계가 있었고 품계에 따라 帶의 재질이나 색깔에 차이가 존재하였다.[97] 이 기록을 통해 보면 백제사회에서 官帶가 중시되었음을 알 수 있고 帶에 부착하는 金具 역시 관인의 상징물 가운데 하나였을 것이다. 이처럼 사비시기의 경우 중국사서의 기록처럼 관직의 품계에 따른 색복의 차이가 장신구에도 적용된 것으로 보이며, 무덤에서 출토되는 장신구는 앞 시기와는 달리 관인의 소유물로 성격이 변화하였음을 알 수 있다.

이러한 새로운 성격의 장신구는 소위 '능산리형 석실'이라 불리는 규격화된 횡혈식 석실묘에서 출토된다.(도56) 사비시기 묘제는 한성~웅진시기와는 달리 획일화되는 양상이다. 물론 精粗, 大小의 차이는 존재하지만 횡혈식 묘제의 유행이라는 큰 흐름과 맥을 같이하는

品 六品已上 冠飾銀華」

좌평의 한자 표기는 史書에 따라 左平, 佐平이 혼용되나 최근 발굴된 미륵사지 서탑 舍利奉安記에는 佐平沙乇(宅)積德이라 쓰여 있어 佐平이 옳은 표현인 것으로 보인다.

96) 능산리 능안골고분이 발굴된 후 은제 관식을 백제 관의 前立飾으로 복원한 견해가 나왔다.(최맹식) 그러나 근래 은제 관식이 籠冠의 후면장식이며 철테를 농관의 테로 보는 견해가 제기되었다.(권오영) 철테만 출토되는 경우 은제 관식을 소유할 수 없는 7품 將德 이하의 身分者로 보는 견해도 있다.(山本孝文)

최맹식, 1998 「2. 유물에 대한 고찰」『부여 능산리 운동장 신축예정부지 백제고분 1·2차 긴급발굴조사 보고서』 국립부여문화재연구소, pp.368~377

권오영, 2007 「제5절. 고고자료로 본 지방사회」『백제의 정치제도와 군사』 충청남도 역사문화연구원, pp.281~285

山本孝文, 2006 『삼국시대 율령의 고고학적 연구』 서경, p.155

97) 『周書』 卷49 列傳41 異域上 百濟

「將德七品紫帶 施德八品皁帶 固德九品赤帶 季德十品青帶 對德十一品 文督十二品 皆黃帶 武督十三品 佐軍十四品 振武十五品 克虞十六品 皆白帶」

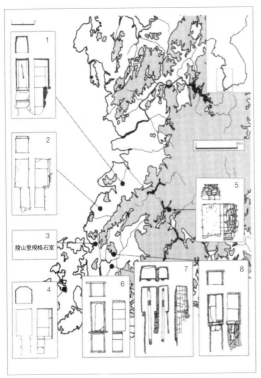

현상이다. 백제의 횡혈식 석실묘에 대한 근래의 연구에 의하면 중앙으로부터 공인이 직접 파견되거나 설계도가 유통되기도 했을 것이며 기타 간접적으로 모방하였을 가능성도 있다고 한다.[98](도57) 물론 가능성이 있는 언급이지만 무덤의 규격이나 구조의 차이를 백제 관위체계와 직접적으로 대입하여 설명하는 부분을 그대로 따르기는 어렵다.[99]

사비시기의 장신구가 한성 및 웅진시기의 장신구에 비하여 어떻게 변화하였는지에 대하여 정

도56 능산리형 석실의 분포(부분, 山本孝文 2007) 1.정읍 은선리, 2.고창 예지리, 3.함평 신덕, 4.신안 도창리, 5.남원 초촌리, 6.나주 대안리, 7.나주 흥덕리, 8. 나주 복암리

리해 보면 다음과 같다.

사비시기 석실분에서는 정형화된 은제관식[100]이 출토된다. 이

---

98) 山本孝文, 2007 「백제 사비기 석실의 설계와 구조계통론」『한국고고학보』63, 한국고고학회, p.138
99) 석실묘의 구조나 규격이 시기에 따라 일정한 변화를 겪었을 가능성이 있기 때문에 '시간'이라는 개념을 함께 고려하면 보다 설득력 있는 결론에 도달할 수 있을 것 같다.
100) 박보현, 1999 「은제관식으로 본 백제의 지방지배에 대한 몇 가지 문제」『과기고고연구』5 , 아주대학교박물관

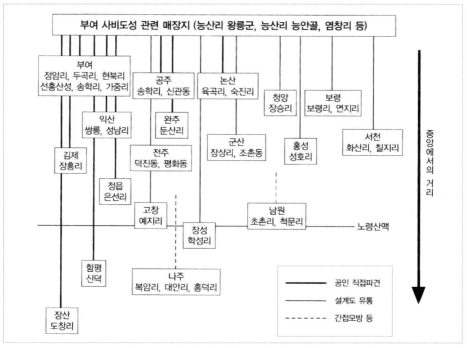

```
부여 사비도성 관련 매장지 (능산리 왕릉군, 능산리 능안골, 염창리 등)
```

부여
정암리, 두곡리, 현북리
선흥산성, 송학리, 가중리

공주
송학리, 신관동

논산
육곡리, 숙진리

청양
장승리

보령
보령리, 연지리

익산
쌍릉, 성남리

완주
둔산리

군산
장상리, 조촌동

홍성
성호리

서천
화산리, 칠지리

김제
장흥리

전주
덕진동, 평화동

정읍
은선리

고창
예지리

장성
학성리

남원
초촌리, 척문리

노령산맥

함평
신덕

나주
복암리, 대안리, 흥덕리

장산
도창리

중앙에서의 거리

```
        공인 직접파견
        설계도 유통
------  간접모방 등
```

도57 석실축조를 통해 본 백제 후기 지역간 관계 모식(山本孝文, 2007)

은제관식은 은판의 좌우를 접어 단면이 ∧자상이 되도록 각지게 만든 것인데, 가운데에 줄기가 있고 줄기의 좌우에는 곁가지를 내었다.

현재까지 출토된 관식은 3류 이상으로 대별할 수 있다. 2장에서 검토한 것처럼 부여 하황리석실[101], 능산리36호분 남성유해부 출토 관식[102]이 조금 더 복잡하며, 나주 복암리3호분 5호석실[103]은 기본 도

---

101) 홍사준, 1962 「부여 하황리 백제고분 출토의 유물」 『연제고고논집』 고고미술동인회
102) 국립부여문화재연구소, 1998 앞의 책, p.208
103) 국립문화재연구소, 2001 앞의 책

도58 사비시기 은제 관식 출토례(①능안골36호분-동, ②복암리3호분5호석실, ③하황리, ④육곡리7호분, ⑤복암리3호분16호석실, ⑥능안골36호분-서)

안은 前 2者와 유사하나 줄기에서 파생되어 나온 葉紋 가운데 1개가 생략된 점에서 차이를 볼 수 있다. 미륵사지 석탑[104], 논산 육곡리7호분[105], 나주 복암리3호분 16호석실[106], 남원 척문리[107], 염창리Ⅲ-72호분 관식[108]은 기본적인 도안이 동일하며 능안골 36호분 동쪽 유해부 출토품에 비하여 간단하다. 능산리36호분 서쪽 유해부 출토 관식[109]

---

104) 국립문화재연구소 외, 2009 『미륵사지 석탑 사리장엄』
105) 안승주 · 이남석, 1988 『논산 육곡리 백제고분 발굴조사보고서』 백제문화개발연구원
106) 국립문화재연구소, 2001 위의 책
107) 홍사준, 1968 「남원 출토 백제 飾冠具」 『고고미술』 9-1, 고고미술동인회
108) 공주대학교박물관, 2003 『염창리고분군』
109) 국립부여문화재연구소, 1998 앞의 책, p.208
　　사비시기에 여성이 나솔 이상의 관위를 지녔다는 기록이 없음에도 불구하고 이 무덤의 여성은 관식을 지니고 있어 이 문제에 대한 검토가 필요할 것 같다. 추론의 범위에서 벗어나기는 어렵겠지만 무령왕비의 경우처럼 왕족 출신 여성은 장례시 특별히 제작한 관을 착장했을 가능성을 고려할 수 있지 않을까 한다.

은 좌우의 곁가지가 없어 매우 간략한데 이 차이는 성별이나 위계의 차이를 반영하는 것으로 추정된다. 이외에 나주 홍덕리석실분[110], 부여 능안골44호분에서도 은제관식이 출토[111]되었는데 곁가지가 결실되어 원형 파악이 어렵다. 그렇지만 기본형은 잔존상태가 양호한 여타 은제관식과 유사하였을 것 같다.

이외에 복암리3호분 7호석실처럼 머리부위에서 금으로 만든 각종 장식이 출토되는 경우도 있는데 비단으로 만든 관의 표면을 장식하였던 물품이라 판단된다. 왕흥사 목탑지 하부에서 출토된 관에는 운모로 만든 꽃이 부착되어 있어 유사한 사례로 보인다.[112]

표21 사비시기 관식의 특징

지역	유구	외형	재질	특징	비고
부여	능안골36호분-동	樹枝+花	은	側枝 2단, 역심엽형+능형 투공	완형
부여	능안골36호분-서	수지+화	은	측지 무, 능형 투공	완형
부여	능안골44호분	수지+?	은	불명	파손품
부여	하황리석실분	수지+화	은	측지 2단, 역심엽형+능형 투공	파손품
부여	염창리III-72호분	수지+화	은	측지 1단, 능형 투공	완형
논산	육곡리7호분	수지+화	은	측지 2단, 능형 투공	완형
익산	미륵사지 서탑	수지+화	은	측지 2단, 능형 투공	완형
익산	미륵사지 서탑	수지+화	은	측지 2단, 능형 투공	완형
남원	척문리고분	수지+?	은	불명	파손품
나주	복암리3호분5호석실	수지+화	은	측지 2단, 역심엽형+능형 투공	파손품
나주	복암리3호분7호석실		금	투조문양 금판	
나주	복암리3호분16호석실	수지+화	은	측지 1단, 능형 투공	완형
나주	홍덕리석실분	수지+?	은	측지 2단, 불명	완형

---

110) 朝鮮總督府, 1920 『大正六年度古蹟調査報告』
111) 국립부여문화재연구소, 1998 위의 책
112) 국립부여문화재연구소, 2007.11 「부여 왕흥사지 발굴조사 (제8차) 지도위원회의 자료」
　　국립부여박물관 · 국립부여문화재연구소, 2008 『특별전 백제왕흥사』

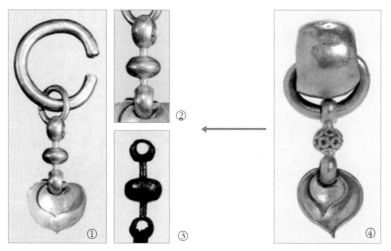

도59 사비시기 이식의 중간식과 계보(①②능안골32호분, ③관북리, ④회죽리)

웅진시기까지의 백제 장신구 가운데 가장 많은 수량을 점한 것
은 이식이었고 가장 정교하고 화려한 제작기법을 보여주었다. 그런
데 사비시기에 이르면 이러한 모습은 일변한다. 현재까지 출토된 사
비시기 이식은 종류가 하나의 유형으로 단순해진다. 중간식은 모두
공구체이며 수하식은 심엽형 혹은 원형이다. 능안골32호분 출토품이
전형이다. 능안골49호분 이식[113]은 중간식에서 약간의 변형이 있고,
官北里 연지[114], 鹽倉里 옹관묘[115]에서도 같은 유형의 이식이 출토되
었다. 이 유형의 이식에서 살펴볼 수 있는 공통점은 상하의 연결금구
와 중간의 공구체가 땜으로 연결된 일체형의 구조라는 점이다. 이는
진천 회죽리 태환이식 등 고구려 귀걸이와 구조상 유사한 것이므로

---

113) 국립부여문화재연구소, 1998 앞의 책, p.167
114) 국립중앙박물관, 1999 앞의 책
115) 강인구, 1973 「백제옹관묘의 일형식」 『백제문화』 6, 공주대학교 백제문화연구소

고구려 귀걸이의 영향을 받은 것으로 보인다. 일본의 岡山 八幡大塚2호분 출토품[116]은 능안골32호분 이식과 유사도가 높아 백제에서 제작되어 일본열도로 전해진 것으로 보인다.

표22 사비시기 이식의 주요 특징

지역	유구명	재질	주환	중간식·연결금구	수하식	비고
부여	능안골32호분	금	세환	環+空球+環(땜)	심엽형	1개(도굴)
부여	능안골49호분	금동	세환	환+공구+환(땜)	심엽형	1쌍
부여	염창리옹관묘	금동	세환	환+공구+환(땜)	심엽형	1쌍
부여	염창리I-2호분	금동	세환	환+공구+환(땜)	심엽형	1쌍
부여	관북리	금동	세환	환+공구+환(땜)	심엽형	1개(포함층)
나주	복암리 대형수혈	금동	세환	환+공구+환(땜)	심엽형	1개

사비시기의 대금구는 은제품과 동제품으로 구분된다. 능산리사지[117]와 왕흥사지[118], 그리고 능안골고분군의 조사결과로 보면 은제품은 주로 6세기대 후반에 유행하였고 동제품은 7세기대로 편년할 수 있는 자료가 많다. 최근 발굴된 미륵사지 서탑 사리공양품으로 보면 7세기대에도 고급 관인의 대금구로는 은제품이 여전히 제작되었음을 알 수 있다.[119] 은제품은 은판이나 은봉을 단조한 다음 못으로 접합하거나 부분적으로 땜질하여 완성하였음에 비하여 동제품은 기본형을 주조로 만들고 돌출부는 땜질로 접합한 것이다. 웅진시기에 비하면 출토례가 보다 많아지고 출토지 역시 왕릉급 이외의 무덤으로 범위

---

116) 鎌木義昌, 1967 「口繪解說 岡山市 八幡大塚古墳」『考古學硏究』13-4, 考古學硏究會
　　鎌木義昌·龜田修一, 1986 「八幡大塚2號墳」『岡山縣史』18-考古資料, 岡山縣
117) 국립부여박물관 외, 2000 『능사』
118) 국립부여박물관·국립부여문화재연구소, 2008 『특별전 백제왕흥사』
119) 문화재청, 2009 『보도자료 미륵사지석탑에서 백제 사리장엄 발견 -금제사리호와 사리봉안기 등 중요유물 500점 수습-』그림6

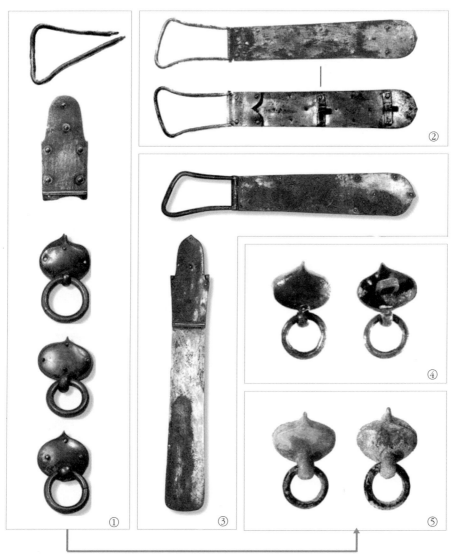

도60 사비시기 대금구의 출토례(①능사, ②복암리3호분5호석실 ③능안골36호-동, ④
복암리3호분6호석실,⑤염창리Ⅴ-55호분)

가 넓어졌다. 제작기법과 외견상의 특징이 어느 정도 통일된 모습을 갖추는 시기는 6세기 중엽경이며, 주조품이 출현하고 정형화가 이루어지는 시기는 7세기를 전후한 시기로 보인다.[120]

표23 사비시기 대금구의 주요 특징

지역	유구명	재질	제작기법	구성	비고
부여	능안골44호분	은	단조+조립	교구1,대단금구1,과판5	
부여	능안골50호분	은	단조+조립	과판2	도굴
부여	능산리사지	은	단조+조립(+땜질)	교구1,대단금구1,과판12	교란
부여	왕흥사지	은	단조+조립+땜질	과판5	
부여	능안골36호분-동	은	단조+조립+땜질	교구1,대단금구1,과판4	
부여	능안골36호분-서	동	주조+땜질	교구1,대단금구1,과판4	
부여	염창리IV-62호분	동	주조+땜질	과판1	
부여	염창리V-55호분	동	주조+땜질	과판3	
대전	월평산성	동	주조+땜질	과판1	
익산	미륵사지서탑	은	주조+땜질	대단금구1, 과판1	
장성	학성리A6호분	동	주조+땜질	교구1,대단금구1,과판5	
나주	복암리3호분5호석실	은	단조+조립	교구1	
나주	복암리3호분6호석실	은	단조+땜질	과판1	
나주	복암리3호분7호석실	동	주조+땜질	교구1,대단금구1	

　　백제에서는 위와 같은 전형적인 대금구 이외에도 부여 부소산사지[121] 출토품처럼 전형적인 唐式 대금구[122]도 일부 확인된다. 그러나 이 대금구는 신라에서 출토되는 당식 대금구와는 銅質 및 크기가 다르

120) 이한상, 1997 「5~7세기 백제의 대금구」 『고대연구』 5, 고대연구회
　　山本孝文, 2007 「백제의 환대에 대하여」 『호서고고학』 16, 호서고고학회
121) 국립부여박물관, 1993 『국립부여박물관(도록)』
122) 山本孝文, 2004 「한반도의 당식과대와 그 역사적 의의」 『영남고고학』 34, 영남고고학회

고 중국 출토품과 유사하므로 중국으로부터의 수입품이라 판단된다.

이상에서 살펴본 것처럼 사비시기의 금속제 장신구는 이전 시기에 비하여 간소한 경향을 보인다. 아울러 식리와 같은 장송의례용품은 소멸한다. 은제관식은 은제 대금구와 더불어 관인의 상징물로 이해되고 있으며 기본형은 통일적이지만 시기와 소유자의 격에 따라 약간의 다양성이 있다. 이식은 하나의 유형만 제작되며 웅진시기처럼 화려한 예는 사라진다. 대금구는 사비천도 후 약 반세기 가량 은제품이 주류를 이루다가 7세기를 전후한 시기부터 동제 鑄造品이 등장하는데, 이후 소유층이 넓어졌을 가능성이 있다.

2) 지방세력의 官人化 경향

사비시기의 장신구는 중앙과 지방에서 고루 출토된다. 그렇지만 薄葬의 경향과 더불어 단위 고분 내에서는 매우 적은 양만 제한적으로 출토된다. 장신구 소유자의 성격을 해명하기 위하여 왕도 및 지방의 장신구 분포양상을 살펴보고자 한다.

부여는 538년부터 660년까지 유지된 백제의 세 번째 왕도였다. 羅城으로 둘러싸인 도성 내부에서 왕경을 구성하였던 건물지와 도로 유구가 속속 발굴되고 있다. 여러 차례에 걸친 정밀지표조사 결과 나성 내부에서 고분의 존재를 확인할 수 없었다.[123] 백제의 왕과 왕족은 나성 동문 밖에 인접한 능산리에 무덤을 축조하였고 昌王銘 舍利龕으로 보면 창왕 재위 시에는 나성과 능산리고분군 사이에 陵寺가 조영되어 있었음을 알 수 있다.[124] 1915년과 1916년에 발굴된 무덤 가운데

---

123) 국립부여문화재연구소, 2004 「부여 백제고분 : 지표조사 보고서Ⅳ」

中下塚과 東下塚은 무덤의 규모나 축조의 수준으로 보아 왕릉급 무덤으로 추정할 수 있다.[125] 아쉬운 것은 무덤이 도굴되었다는 점이다.

능산리고분군의 동쪽과 남쪽에 백제 지배층 묘역이 자리하고 있다. 장신구가 출토된 무덤은 능산리 능안골고분군[126]과 염창리 옹관묘[127]와 석실분[128]이 있다. 능안골고분군의 경우 급경사면임에도 불구하고 반지하의 수혈을 파고 석실을 축조한 무덤 72기가 발굴되었다.[129] 이 중 장신구는 5기의 무덤에서 출토되었다. 36호분에서 은제관식과 은제대금구 각 2점, 44호분에서 은제관식과 은제대금구 1점, 32호분에서 금제이식 1점, 49호분에서 금동제이식 1점, 50호분에서 은제 대금구 1점이 출토되었다. 도굴의 피해를 입었음에도 불구하고 장신구의 출토예가 많은 편이다.

가장 전형적인 구조와 유물상을 보인 무덤은 36호분이다. 이 무덤은 판석을 조립하여 만든 전형적인 능산리형 석실의 구조를 지녔고 부부가 합장된 것으로 보이며 관식-대금구의 세트를 갖추고 있다.

---

124) 사비시기의 매장지 위치와 의미에 대해서는 다음의 글이 참고된다.
　　이병호, 2003 「백제 사비도성의 구조와 운영」『한국의 도성』서울시립박물관 부설 서울학연구소, pp.55~60
　　山本孝文, 2004 「백제 사비도성의 관료와 거주공간 –京域과 매장지의 분석을 중심으로–」『고대 도시와 왕권』충남대학교 백제연구소, pp.70~75
125) 有光敎一, 1979 「扶餘陵山里傳百濟王陵·益山雙陵」『橿原考古學論集』4, 橿原考古學研究所
　　이남석, 2000 「능산리고분군과 백제왕릉」『백제문화』29, 공주대학교 백제문화연구소
126) 국립부여문화재연구소, 1998 앞의 책
127) 강인구, 1973 「백제옹관묘의 일형식」『백제문화』6, 공주대학교 백제문화연구소, pp.106~109
128) 공주대학교박물관, 2003 『염창리고분군』
129) 부여공설운동장 조성부지 가운데 일부만 발굴하였으며 조사단은 주변에 400여기 이상의 석실분이 매장되어 있을 것이라 추정한다.
　　국립부여문화재연구소, 1998 위의 책, p.393

금제이식은 부여와 나주에서 출토되는 특징을 보인다. 은제관식이 나주·남원·논산까지, 은제와 동제대금구가 나주·장성·대전에 분포하는 것과 대조를 이룬다.

능안골고분군의 남쪽에 위치한 야산의 산록에 염창리고분군이 위치한다. 1972년 주민의 신고로 수습조사한 옹관묘에서는 금동제이식과 구슬 2점이 출토되었다. 옹관으로 사용된 토기는 7세기대로 편년할 수 있는 자료이며 같은 봉토 내에 조영된 석실은 단면 6각형 능산리형 석실이다. 옹관묘가 발견된 지점과 연결된 야산의 사면이 부여-논산 간 국도확장공사구간 내에 편입되면서 2000년에 발굴조사가 실시되었다. 이 조사에서 사비시기 석실분 308기가 발굴되었는데 무덤의 구조로 보면 사비시기의 전 기간에 걸쳐 조영된 것이다. 그렇지만 조사유구의 숫자에 비하면 무덤이 소형이고 출토유물도 매우 적다.

〈도61〉에서 볼 수 있듯이 염창리고분군의 경우 6개의 구역으로 나누어 조사하였는데 I구역은 I-2호분에서 금동제이식이, III구역은 III-72호분에서 은제관식, IV구역은 IV-62호분에서 동제대금구, V구역은 V-55호분에서 동제대금구가 출토되었다. 발굴된 고분의 숫자에 비하면 장신구의 출토례가 적은 편이며, 장신구가 출토된 구역의 경우도 복수의 무덤에서 장신구가 출토되지 않는다. 출토된 장신구는 제작기법으로 보면 사비시기 장신구 가운데 상대적으로 늦은 시기의 자료이며 6세기말을 소급하기 어렵다. 염창리고분군의 이 같은 장신구 부장양상으로 보면 이 고분군은 능안골고분군보다 位階가 낮으며, 7세기를 전후하여 이 고분군에 장신구의 소유자가 비로소 등장하고 있음은 이 시기에 접어들어 백제 장신구의 소유층이 보다 넓어졌음을 보여주는 현상으로 이해할 수 있다.

장암면의 하황리석실분은 정식발굴조사를 거친 유적이 아니어

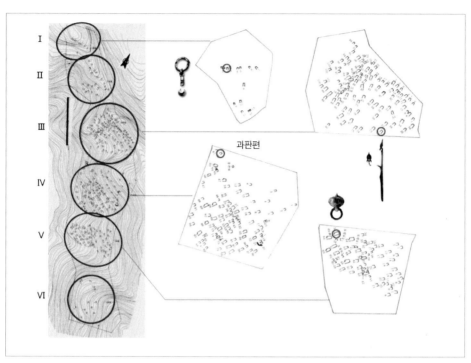

도61 염창리고분군의 장신구 분포

서 유물의 출토상태나 고분의 구조를 알 수 없는 자료이다. 부여 시가지를 휘감아 도는 금강의 서남쪽에 위치한다. 동경 1점, 은제 자루를 갖춘 琉璃球와 함께 은제관식 1점이 출토된 것으로 알려져 있다.[130] 은제관식은 능산리36호분 동쪽유해부 출토품과 유사하다. 관식으로 보면 6세기 후반으로 편년할 수 있으며 무덤의 구조는 능산리형 석실분이었을 것으로 추정된다.

---

130) 홍사준, 1962「부여 하황리 백제고분 출토의 유물」『연제고고논집』고고미술동인회

이외에 부여 능산리사지와 왕흥사 목탑지 하부에서 사리공양품으로 매납한 장신구가 출토된 바 있으며, 왕흥사지보다 서쪽에 위치한 은산면 일대 출토로 전하는 동제 대금구가 국립부여박물관에 소장되어 있다.[131]

이처럼 왕도인 부여에서도 장신구의 출토례가 적다. 단위고분군에 대한 전면조사가 이루어진 염창리고분군의 예로 보면 장신구의 소유가 매우 제한적이었고 특히 나솔 이상의 품계를 가진 관인의 소유물인 은제관식은 308기의 무덤에서 1점만 출토되었다. 이식과 대금구 출토 무덤을 합치더라도 4기에 불과하다.

지방의 경우 웅진시기에 비하여 장신구의 분포지역이 넓어진다. 나주는 웅진시기 이래로 계속 분포하며 남원, 장성, 논산에 장신구가 새로이 분포한다. 각 지역별로 장신구 출토 무덤과 장신구의 분포양상을 살펴보고 관인의 상징물인 장신구가 왜 이 지역에 분포하게 되는지에 대하여 살펴보고자 한다.

논산은 부여에서 동쪽으로 멀지 않은 곳에 위치하며 도성을 방어하기 위해서는 반드시 지켜야 하는 요충지에 해당한다. 『周書』에 기록된 백제 5方城 가운데 東方 得安城[132]의 위치를 논산 은산으로 비정하는 연구가 많다.[133] 『翰苑』에 인용된 括地志에는 東方城에 대하여

---

131) 교구 1점, 과판 3점, 대단금구 2점이 있다.
　　　국립부여박물관, 1993 『국립부여박물관(도록)』
132) 『周書』 卷49　列傳41 異域上 百濟
　　　「治固麻城 其外更有五方 中方曰古沙城 東方曰得安城 南方曰久知下城 西方曰刀
　　　先城 北方曰熊津城」
133) 今西龍, 1934 「百濟五方五部考」 『百濟史研究』 近澤書店
　　　이병도, 1977 『국역 삼국사기』 을유문화사
　　　전영래, 1988 「전북지방의 백제성」 『백제연구』 19, 충남대학교 백제연구소
　　　김영심, 1997 『백제 지방통치체제 연구 -5~7세기를 중심으로-』 서울대학교 박사

'나라의 동남쪽 백리에 得安城이 있고 성의 둘레가 1리니 이것이 그 동방(성)이다.'[134]라고 하였고,『新增東國輿地勝覽』恩津조에 '德恩郡은 본디 백제의 德近郡이다.'[135]라고 하였는데 부여에서 동남쪽 100리에 위치하고 산성과 고분군이 밀집되어 있으며 德近과 得安의 音相似를 기준으로 은진 일대에 得安城이 위치하는 것으로 비정하고 있다. 보다 구체적으로 梅花山城의 성벽 둘레가 1550m이므로『翰苑』의 1리를 척으로 환산한 1656m에 가까울 것으로 보면서 내부에서 건물지 흔적이 많이 드러나 있음에 근거하여 이곳을 득안성으로 비정하기도 한다.[136]

　　논산 시가지에서 동쪽에 위치한 連山에 表井里古墳群, 陽村에 新興里와 茅村里古墳群이 분포하며 부분적으로 발굴조사가 이루어진 바 있다.[137] 조사 결과 묘제는 수혈식석곽묘와 횡구식석실묘가 주종을 이루고 있으며 한성시기 후반에서 웅진시기에 걸쳐 조영된 것으로 보인다. 그렇지만 사비시기의 장신구는 분포되어 있지 않고 표

　　학위논문
134)『翰苑』卷30 蕃夷部 百濟
　　「國東南百里 有得安城 城方一里 此其東方也」
135)『新增東國輿地勝覽』卷18 恩津
　　「德恩郡本百濟德近郡」
136) 서정석, 2002『백제의 성곽 -웅진·사비시대를 중심으로』학연문화사, p.261
137) 윤무병, 1975「연산 신흥리 백제고분과 그 출토유물」『백제문화』7·8, 공주대학교 백제문화연구소
　　서성훈·신광섭, 1984「표정리 백제폐고분 조사」『중도V』국립박물관
　　안승주·이남석, 1988『논산 표정리 백제고분군 발굴조사보고서』백제문화개발연구원
　　안승주·이남석, 1993『논산 모촌리 백제고분군 발굴조사보고서』백제문화개발연구원
　　안승주·이남석, 1994『논산 모촌리 백제고분군 발굴조사보고서II』백제문화개발연구원

정리13호분에서 사비시기 초반의 은제 대금구 1점이 출토되었다.[138] 모촌리고분군에서는 웅진시기의 銀裝 素環頭大刀 1점과 약간의 장식이 베풀어진 재갈, 鐙子 등의 마구류가 출토되었다. 표정리 출토로 전하는 장식대도와 銅鈴, 등자 등의 일괄유물[139]이 부여박물관에 소장되어 있다.

    은제관식이 출토된 六谷里古墳群은 양촌면의 서쪽에 위치한 가야곡면의 산사면에 입지한다. 국립부여박물관이 발굴한 고분은 육곡리 여술부락에 위치하며 능산리형 석실의 범주에 넣을 수 있는 무덤이다.[140] 주변에 약 40여기의 무덤이 분포하는 것으로 알려져 있다. 공주대학교 박물관이 조사한 곳에서는 모두 13기의 석실이 발굴되었다. 그 가운데 3기의 석실은 도굴되지 않았으며 은제관식이 출토된 7호분은 판석으로 만든 전형적인 횡혈식석실분이었으며 부여의 귀족묘에 준하는 축조 수준을 보여준다. 이 때문에 이 무덤의 주인공을 귀장한 백제의 관료로 보는 견해[141]가 제기되기도 하였다.

    〈도62〉에서 볼 수 있듯이 한성~웅진시기 논산지역의 중심고분은 표정리, 신흥리, 모촌리에 분포되어 있었다. 아직 탁월한 수준의 무덤은 발굴되지 않아 어느 고분군이 지역의 수장묘역이었는지 특정하기 어렵다. 이 일대에서 제작된 토기는 지역양식을 현저하게 띠고 있으며 논산뿐만 아니라 대전 월평산성과 연기 송원리고분까지 유통된다. 이에 비하여 가야곡면 일원에서는 이와 같은 지역양식의 토기

---

138) 윤무병, 1979 「연산지방 백제토기 연구」『백제연구』 10, 충남대학교 백제연구소
139) 홍사준, 1966 「백제의 장검과 마구류의 新例」『고고미술』 7권12호, 고고미술동인회
140) 강인구, 1974 「논산 육곡리의 백제고분과 출토유물」『고고미술』 121 · 122, 고고미술동인회
141) 山本孝文, 2006 『삼국시대 율령의 고고학적 연구』 서경문화사, p.152

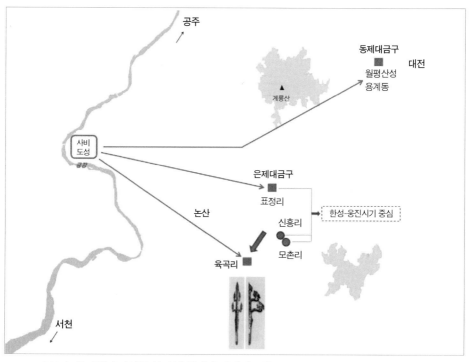

도62 논산지역의 장신구 분포(육곡리와 표정리고분)

를 부장한 한성~웅진시기의 무덤이 제대로 알려져 있지 않다. 육곡리
고분군은 묘제와 출토 토기로 보면 사비시기에서도 비교적 늦은 단
계에 조영된 것이다. 현재까지의 조사 성과를 주목한다면 대체로 논
산의 중심 고분군의 위치는 연산과 양촌일대에서 가야곡 일대로 변
화한 것으로 볼 수 있다.[142] 육곡리고분군의 주인공이 새롭게 등장한
세력인지 아니면 연산과 양촌일대의 세력 가운데 일부가 묘역을 옮

---

142) 이 지역 고분 및 토기의 변천에 대해서는 다음의 논문에 정리되어 있다.
　　吉井秀夫, 1991「朝鮮半島錦江下流域の三國時代墓制」『史林』74卷1號

거 축조한 것인지는 알 수 없다. 다만 이곳에 은제관식 소유자가 묻힐 수 있는 배경으로는 東方城으로 비정되는 논산지역의 요충지적 성격을 우선적으로 고려할만 하다.

대전의 월평산성에서 발굴된 동제대금구는 원형 저장공이 폐기되면서 쓸려 들어간 모습으로 출토되었기 때문에[143] 무덤 출토품과는 다소 차이가 있다. 대전은 신라와 백제, 백제와 고구려가 대치한 곳이며 패권의 추이는 매우 복잡하였다. 월평산성은 대전의 서쪽인 유성에 위치하며 발굴결과 웅진~사비시기의 관방유적임이 밝혀졌다. 변경지역 산성에 동제 대금구 소유 관인이 직접 파견되었을 가능성을 보여주는 자료이다.

장성은 鶴星里 A-6호분에서 동제대금구가 출토되었다.[144] 학성리고분군은 A~C지구로 구분되며, A지구에서는 삼국 및 통일신라시대 석실 13기를 조사하였다. 그 가운데 A-6호분은 판석으로 축조한 횡혈식석실분이다. 백제 대금구의 형식변화의 순서를 고려하면 6세기말 이후로 편년할 수 있다. B지구에서는 삼국시대 석실분 3기, C지구에서는 삼국시대 이후의 석실분 2기를 조사하였다. 학성리고분군은 장성군의 서쪽에 치우쳐 있으며 태청산의 가지능선 상에 입지한다. 남서쪽으로 약 2km 떨어진 곳에 함평군 월계리 석계고분군[145]이 위치하며 석계고분에서 동쪽으로 약 1km 가량 떨어진 곳에 예덕리 신덕고분[146]이 자리한다. 학성리고분은 현재의 행정구역은 장성에 속

---

143) 국립공주박물관, 1999 『대전 월평동유적』
144) 전남대학교 박물관, 1995 『장성 학성리고분군』
145) 전남대학교 박물관 외, 1993 『함평 월계리 석계고분군I』
    전남대학교 박물관 외, 1993 『함평 월계리 석계고분군II』 백제문화개발연구원
146) 국립광주박물관 외, 1995 『함평 신덕고분 조사 개보』

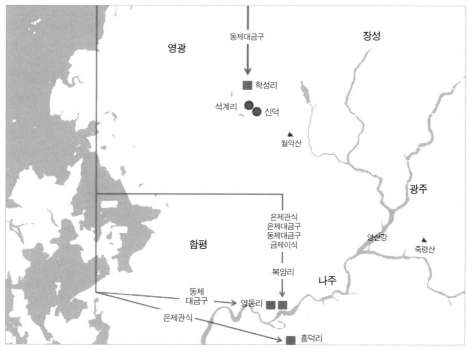

도63 장성과 나주지역의 장신구 분포

해 있지만 장성읍내 영천리고분[147]과의 관계를 고려하기 보다는 인접한 함평군 월야면 일대 고분군과 동일한 세력권에 포함되었던 것으로 보인다.

월야면 일대에서 주목되는 무덤은 만가촌고분군[148]이다. 이 고분군은 토광묘와 옹관을 매장주체부로 하는 분구묘인데, 12기가 분

---

147) 전남대학교박물관, 1990 『장성 영천리 횡혈식석실분』
    이 무덤은 6세기 전반에 축조된 것으로 보이며 매장주체부는 일본 북구주형 석실이다.
148) 목포대학교 박물관, 1993 「함평군의 선사유적·고분」『함평군의 문화유적』
    전남대학교 박물관 외, 2004 『함평 예덕리 만가촌고분군』

포하는 것으로 알려져 있고 3~4세기대가 중심연대이다. 이외에 월야면 신성고분을 비롯하여 학교면 표산고분군, 반암고분군, 망월동고분군에 옹관을 매장주체부로 하는 무덤이 분포되어 있다.[149] 이 무덤의 중심연대는 4~5세기일 것이다. 그런데 6세기 전반에 돌연 예덕리의 신덕고분이 축조된다. 신덕고분은 전형적인 전방후원분으로서 매장주체부는 벽면에 朱漆한 北九州型 石室이며 현실 내부와 연도에서 日本列島産 二山式冠片, 鈴附大刀를 비롯하여 함평·나주 일대에서 만든 토기가 다량 출토되었다. 신덕고분의 예로 보면 전방후원분은 여러 세대에 걸친 묘제라기보다는 6세기 전반에 호남지역에서 일시적으로, 그리고 점상으로 흩어져 축조되는 특징을 보인다.[150]

신덕고분에 인접하여 원형봉토를 갖춘 석실분 1기가 발굴되었다. 판석으로 만든 전형적인 능산리형 석실이다. 도굴로 유물이 남아 있지 않았으나 석실의 축조상태로 보면 전술한 논산 육곡리7호분처럼 탁월한 수준을 보여준다. 예덕리에서 전방후원분→능산리형 석실분으로의 변화가 이루어지는 시점에 주변의 보다 작은 무덤도 옹관묘에서 석실분으로 변화한다. 석계고분군이 그러한 모습을 잘 보여주며, 이러한 추세는 북쪽의 학성리 일대에도 파급된 것 같다. 무덤의 축조 수준이나 군집의 정도로 보면 학성리는 예덕리나 석계리에 미치지 못하나 7세기를 전후한 시점에 동제 대금구를 부장하는 현상은 주목된다.(도63) 이 무덤의 주인공은 기존의 중소형 고분군 축조 집단에 속해 있었지만 이 무렵 지방의 관인이 되었던 것으로 볼 수 있다.

나주지역은 전술한 것처럼 웅진시기 후반이 되면서 반남고분군

---

149) 목포대학교박물관 외, 1996 『전남의 고대묘제(본문)』 pp.637~641
150) 광주 월계동고분의 경우 전방후원분 2기가 분포하지만 보통의 경우 1기만이 확인된다.

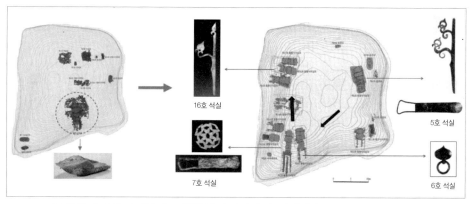

도64 복암리3호분 장신구 출토 현황(좌:웅진시기, 우:사비시기)

에 대신하여 복암리고분군에 장신구가 부장되는 모습이 확인된다.
그러한 분위기는 사비시기에 들어서면 더욱 현저해진다. 반남고분군
의 경우 석실분의 발굴 사례가 적으며 그 가운데 흥덕리에서 은제관
식 1점이 발굴되었을 뿐이다. 도굴되지 않은 무덤임에도 불구하고 대
금구는 공반되지 않았다.[151]

　　이에 비하여 복암리의 경우 3호분 5호석실에서 은제관식과 은제
대금구, 6호석실에서 은제대금구, 7호석실에서 금제관식과 동제대금
구[152], 16호석실에서 은제관식이 출토되는 등 백제의 지방에서는 가

---

151) 이 석실분은 무덤의 구조가 특이하다. 하나의 석실을 축조한 다음 내부에 격벽을
　　설치하여 2개의 무덤방을 만든 것이다. 관식은 시간의 변화를 반영해주는 花形의
　　장식이 결실되어 연대를 추정하기 어렵다. 다만 무덤의 구조가 능산리형 석실이
　　아닌 점을 주목하면 관식 출토 무덤 가운데 상대적으로 이른 시기로 편년할 수 있
　　을 것 같다.
152) 사비시기 유적에서 출토되는 대금구는 재질로 보면 은제품과 동제품으로 구분된
　　다. 두 가지 재질이 존재하는 이유를 위계의 차이에서 찾을 수도 있다. 그러나 필
　　자는 시기의 차도 고려할 필요가 있는 것으로 판단된다. 왜냐하면 동제대금구가
　　금제관식과 세트되는 예가 있으며, 다른 공반유물과 무덤의 구조로 보아도 동제

장 많은 장신구가 분포한다.(도64) 특히 복암리3호분은 하나의 분구에 지속적으로 성토하면서 석실을 축조하고 있어 하나의 家系 혹은 집단의 묘역으로 볼 수 있다. 누대에 걸쳐 관인을 배출하고 은제 관식을 소유한 고급 관인이 2인 이상 한 봉토 내에 묻힌 것은 육곡리, 학성리, 척문리, 홍덕리의 경우와는 차이를 보여준다. 아마도 영산강유역의 세력을 재편하는 과정에서 복암리3호분 세력이 중요한 역할을 담당하였고 이후 지역 지배의 과정에서도 반드시 필요한 존재였기 때문일 것으로 보인다.

비록 관식은 출토되지 않았지만 나주 영동리고분군 또한 주목된다. 영동리고분군은 복암리고분군에서 작은 하천 하나를 경계로 지근거리에 위치하며 반남고분군과는 달리 영산강의 서북쪽에 위치한다. 동제 대금구가 출토된 1호분 4-1호석실의 경우 6세기 말의 연대를 부여할 수 있어 이 고분군 피장자는 복암리3호분 횡혈식석실묘 피장자와 더불어 반남고분군의 주인공을 대체하는 새로운 세력으로 성장한 것 같다.

남원지역은 백제의 입장에서 보면 5세기대 이후 대가야와의 접경지대이며 562년 대가야가 멸망한 후 신라와 국경을 접한 요충지이다. 5방성 가운데 南方 久知下城의 위치를 남원으로 보는 견해가 있다.[153] 南方城의 위치에 대하여 『周書』에는 '南方(城)은 久知下城이라 한다.'[154]라 하였지만 『翰苑』에 인용된 括地志에는 '나라의 남쪽 360

대금구는 은제대금구보다 늦은 시기에 제작되는 것으로 확인되기 때문이다.

153) 전영래, 1988 「전북지방의 백제성」 『백제연구』 19, 충남대학교 백제연구소
    김영심, 1997 앞의 논문
154) 『周書』 卷49 列傳 異域上 百濟
    「南方曰久知下城」

리에 卞城이 있는데 성의 둘레는 130보이다. 이것이 남방(성)이다.'[155]
라고 조금 다르게 기록하였다. 『翰苑』의 기록이 보다 자세하지만 久
知下城과 卞城이 동일한 것인지, 또는 위치가 옮겨진 것인지 조차 알
수 없다. 久知下城의 위치를 비정하면서 音相似를 기준으로 전북 金
溝, 전남 求禮, 전남 長城으로 보는 견해가 있고, 백제와 신라의 국경
지대이며 은제관식이 출토된 南原으로 비정하는 견해도 있으며[156],
왕도로부터의 거리가 360里라는 기록과 백제 멸망이후 都督이 설치
되는 광주를 남방성으로 보기도 한다.[157] 남방성의 위치에 대하여 아
직 견해의 일치를 보고 있지는 못하지만 남원지역이 가지는 군사적
인 요충지로서의 중요성은 충분히 인정할 수 있을 것이다. 아마도 이
러한 조건이 척문리나 초촌리고분군 조영의 배경이 되었을 것으로
보인다.

　　현 남원 시가지의 동쪽에 위치한 척문리 석실분에서 은제관식
1점이 출토되었다.[158] 보고문에 따르면 자연할석을 쌓아올려 만든 폭
이 넓은 석실이라 한다. 전형적인 능산리형 석실은 아니지만 백제 중

---

155) 『翰苑』 卷30 蕃夷部 百濟
　　「國南三百六十里 有卞城 城方一百三十步 此其南方也」
156) 전영래, 1988 앞의 논문
　　김영심, 1997 앞의 논문
　　척문리 산성은 둘레가 567m이며, 기록에 등장하는 130보를 1보에 5척으로 계산
　　하면 598m로 비슷하다. 그렇지만 신라의 경우처럼 1보당 6척으로 계산하면
　　720m가 되어 다를 수 있다는 신중론을 펴면서 은제관식이 출토된 점에 주목, 남
　　원설을 지지하는 견해가 있다.
　　서정석, 2002 앞의 책, p.258
157) 박현숙, 1996 「백제 사비시대 지방통치체제 연구」 『한국사학보』 창간호, p.300
158) 이 무덤은 정식 발굴된 것이 아니며 주민이 유물을 수습, 신고한 것이다. 그 때문에
　　유구의 도면이 없으며 주변의 고분분포 양상에 대한 소개도 이루어지지 못하였다.
　　홍사준, 1968 앞의 논문

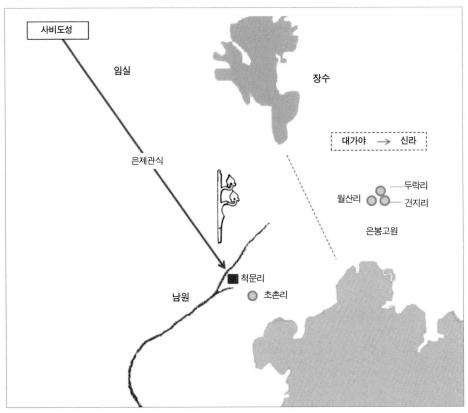

도65 남원지역의 장신구 분포(남원시와 운봉고원)

앙의 묘제를 할석으로 구현한 것으로 보인다. 이러한 석실은 초촌리
고분군에서도 여러 기가 보고된 바 있다.[159]

　　초촌리고분군은 남원시에서 동쪽으로 약 5km 정도 떨어져 있으
며 지표 및 발굴조사에서 확인한 무덤의 수는 약 211기에 달한다.[160]

---

159) 전영래, 1981 「남원 초촌리고분군 발굴조사보고」 『전북유적조사보고』 12
160) 공주대학교 박물관 외, 1995 『백제고분자료집』 p.620

횡혈식석실분이 다수이고 일부 횡구식석실분도 존재한다. 유물은 매우 적은데 약간의 토기와 철기가 출토된다. 지금까지 발굴된 자료 가운데 웅진시기까지 올라가는 예가 없어 위 척문리 석실분과 함께 사비시기의 어느 시점에 새롭게 축조된 고분군으로 볼 수 있다.

남원시의 동쪽에 위치하는 운봉고원에는 5세기 이후의 대가야 고분이 집중적으로 분포한다.[161] 가장 규모가 큰 것은 두락리고분군[162]이며 주변에 월산리고분군[163]과 건지리고분군[164]이 분포한다. 두락리 1호분에서는 대가야의 수장묘에서 전형적으로 보이는 원통형 기대와 고령 지산동44·45호분 단계의 토기류와 마구류가 일괄로 출토되었다. 두락리4호분에서는 은장의 소환두대도가 출토되기도 하여 고분군의 위상을 보여주었다.

이외에도 2호분이 주목된다. 이 무덤은 7세기를 전후하여 축조된 것이다. 무덤의 연대를 추정할 수 있는 것은 동제대금구 때문인데, 이 무덤 출토 대금구는 소위 '皇龍寺型 帶金具'[165]이다. 이 형식의 대금구는 645년 직전에 매납된 것으로 보이는 황룡사 심초석 하부 일괄 유물에 유례가 있는 것이며, 7세기 전반 경 신라의 중앙과 지방의 무덤에 한정 부장되는 물품이다. 이를 통해 보면 운봉고원 일대에 분포한 세력은 대가야가 멸망한 이후에도 한 동안 원래의 지위를 유지한 것으로 볼 수 있다. 그것은 이 무렵 남원 시가지 일원에 사비시기 백제 석실분이 축조되는 상황과 관련이 있을 것이며, 운봉고원의 바로

161) 곽장근, 1999 『호남동부지역 석곽묘연구』 서경문화사
162) 전북대학교 박물관 외, 1989 『두락리 발굴조사보고서』
163) 원광대학교 마한백제문화연구소, 1983 『남원 월산리고분군 발굴조사보고서』
164) 문화재연구소, 1991 『남원 건지리고분군』
165) 이한상, 1999 「7세기 전반의 신라 대금구에 대한 인식」 『고대연구』 7, 고대연구회

서쪽이 두 나라의 국경선으로 기능하였음을 알 수 있다. 척문리에 은제 관식이 분포한 것은 논산 육곡리와 마찬가지로 남원지역이 가지는 요충지로서의 성격과 관련될 것으로 보이는데 이 일대에 사비시기의 고분군이 새로이 조영되고 있음을 주목한다면 이 고분군은 徙民에 의하여 이곳에 터전을 잡은 집단의 묘역이었을 것이라는 추정이 가능하다.

앞에서 살펴본 것처럼 사비시기의 장신구는 官人의 상징물이었고 그 가운데 銀製冠飾은 奈率 이상의 冠을 장식하는 물품이었다. 즉, 이 시기의 장신구 가운데 冠飾과 帶金具는 官服의 부속품이었다. 이러한 장신구는 사비도성 외곽의 왕족·귀족묘역과 논산, 남원, 장성, 나주의 무덤에서 출토되었다. 그중 은제관식이 출토된 곳은 논산 육곡리7호분, 남원 척문리고분, 나주 복암리3호분 5호석실과 16호석실이다.

이처럼 지방에 나솔 이상의 관등을 가진 인물이 묻힌 것으로 볼 수 있는데 이들이 중앙 정계에 진출하였다가 歸葬된 것인지, 혹은 도성의 귀족이 전략적인 요충지로 徙民되었다가 묻힌 것인지 여러 가지 가능성을 고려할 수 있다. 다만 귀장이라는 설명이 가능하려면 前代 이래의 고분군이 연속적으로 축조되어야 개연성이 높겠지만 척문리나 육곡리의 경우는 그렇지 않다. 따라서 지역집단을 재편하거나 중앙에서 귀족이 거주지를 옮겨왔을 가능성은 고려할 수 있다. 나주의 경우 무덤 축조의 연속성을 고려하면 지방 지배에 참여한 현지 출신 관인으로 볼 수 있으며 복암리3호분 피장자는 그 가운데 고급 관인으로 임용된 사례이다.

사비시기 지방의 지배체제를 보면 5方 아래에는 각기 10郡이 있고 그 하부에 여러 규모의 城이 편제된 구조였다.[166] 方領은 達率(2

품)이고 2인의 方佐가 그를 보좌하였다. 군에 파견된 郡將 3인은 恩率[167](3품) 혹은 德率(4품)이었다. 이 가운데 달솔은 백제사회에서도 30인에 한정되는 높은 관등이었던 바, 육곡리나 척문리의 은제관식 소유자가 이에 준하였던 것으로 보기는 어렵다. 방좌의 품계는 알 수 없지만 아마도 육곡리7호분의 무덤 규모나 구조로 보면 방령을 보좌하는 方佐였을 가능성은 있다. 그렇지만 이러한 지위는 척문리나 육곡리 고분군 내에서 연속적이지 않았다.

복암리3호분의 경우는 은제관식의 소유가 연속적이어서 다소 다른 양상이다. 복암리 일원에 方이 설정되었을 가능성은 낮은 편이며 郡 또는 縣으로 편제되었을 것 같다. 『三國史記』地理志에 의하면 백제 후기의 多時面 일원은 發羅郡 豆肹縣이었다.[168] 그렇지만 복암리3호분이나 영동리1호분의 위상으로 보면 6세기 후반에서 7세기 초반의 시점에도 이곳이 縣의 소재지였던 것으로 보기에는 어려움이 있다. 그렇다면 사비시기 초반에는 郡으로 편제되었다가 후반으로 가면서 縣으로 바뀌었을 가능성도 고려할만 하다.[169]

---

166) 『周書』卷49 列傳 異域上 百濟
「五方各有方領一人 以達率爲之 郡將三人 以德率爲之 方統兵一千二百人以下七百人以上 城之內外民庶及餘小城 咸分肄隸焉」
『北史』卷94 列傳 百濟
「五方各有方領一人 以達率爲之 方佐貳 方有十郡 郡有將三人 以德率爲之 統兵一千二百人以下 七百人以上 城之內外人庶及餘小城 咸分隸焉」
167) 『翰苑』所引「括地志」
168) 『三國史記』卷36 雜誌 第5 地理3
「錦山郡 本百濟發羅郡 景德王改名 今羅州牧 領縣三 會津縣 本百濟豆肹縣 景德王改名 今因之」
2008년도 발굴조사 시 12호 수혈 내에서 출토된 토기의 표면에 '豆肹舍'라는 명문이 새겨져 있다. 토기는 통일신라 하대에 유행하는 기종이며 공반유물 가운데 편병이 있어 나말려초 시기까지 연대가 내려갈 가능성도 있다.
169) 이 문제는 복암리3호분 16호 석실의 연대를 어떻게 볼 것인가 하는 점과도 관련이

2007~2008년에 나주 복암리3호분 동쪽 평지에 대한 발굴조사가 진행되었다. 그 가운데 사비시기의 유구인 1호 수혈 내에서 몇 점의 목간이 출토되었다. 그 가운데 목간3에는 '前巷 奈率' '扞率' '德(?) 率(?)' 등 관품이 기록되어 있다.[170] 즉, 2면 하단에 3줄의 묵서가 있는데 1열에는 '前巷奈率烏胡𥐊', 2열에는 '鈞(釓?)非頭扞率麻進', 3열에는 'ㅁ德(?)率(?)ㅁ'로 판독된다.[171] 이 목간의 판독 및 성격에 대해서는 아직 검토의 여지가 있지만, 이 기록을 통해 백제 사비시기의 어느 시점이 되면 다시면 일대에서는 郡將에 준하는 고급 관리들이 지역의 인력을 동원하는 등 지방지배를 수행하고 있었음을 확인할 수 있다. 아마도 복암리3호분의 주인공 역시 그 속에 포함되어 일정한 역할을 수행하였을 것이다.[172]

본 장에서는 웅진 천도 이후 사비시기에 이르기까지 장신구 사여체제가 어떤 변화를 겪었는지에 대하여 살펴보았다. 갑작스런 한성 함락으로 인하여 70년 이상 유지되어 오던 장신구 사여체제가 붕괴되었으며 地方侯國이 분포하였던 주요 기반지역을 대부분 상실함에 따라 새로이 영산강유역을 재편하게 되는 과정을 장신구의 분포 추이를 통해 살펴보았다.

있다. 이 무덤 출토 관식은 육곡리7호분이나 염창리III-72호분 출토품과 같은 시기로 편년할 수 있는 자료인데 백제 대금구의 변화템포로 본다면 7세기 초반 정도로 편년할 수 있다.

170) 김성범, 1998 「나주 복암리유적 출토 명문유물」『제1회 백제학회 정기발표회 요지문』 pp.9~11

171) 윤선태, 1998 「'나주 복암리유적 출토 명문유물'에 대한 토론」『제1회 백제학회 정기발표회 요지문』 pp.3~4

172) 사비시기의 경우 지역사회 실정에 밝은 현지 출신자를 지방관으로 임용하여 출신 지역에 파견하였을 것으로 추정한 견해가 있다.
김영심, 1997 앞의 논문, p.165

장신구 사여체제는 사비 천도 이후 해체되었으며 이 무렵은 領域的인 支配가 관철되는 시기이다. 이 시기의 장신구는 官位를 가진 관리의 관복을 장식하는 물품으로 성격이 변하였음을 강조하고, 지방 각지 출토 장신구의 분포를 지방 거주민의 官人化 경향이라는 측면에서 주목해보았다.

결 론

　이상에서 백제유적 출토 裝身具의 제작기법과 분포의 추이를 검
토한 바, 백제의 장신구는 王都에서 제작하여 중앙 및 지방의 유력자
에게 賜與한 물품이었고 그 가운데는 服飾의 구성품이 포함되어 있
음을 알 수 있었다. 그런데 한성 및 웅진시기와 사비시기의 장신구는
정치사회적 의미에서 차이를 지녔다. 한성 및 웅진시기에는 장신구
가 지배층의 구성원임을 표상하는 象徵物이었고 물품의 格으로 보면
지방 세력이 중앙 지배층의 服飾 構成品과 葬送儀禮用品을 공유하는
셈이었다. 이것은 당시 백제가 지방의 유력자를 지배층에 편입시켜
그들을 매개로 지방 지배를 실현하였음을 보여준다. 이에 비하여 사
비시기에는 엄격한 관위제가 실시되면서 官等에 따라 장신구 역시
소유에 제한이 있었고 官服의 부속품으로 변모하였다. 이전 시기에
비하여 형태도 간략해졌고 정형화된 모습이 관찰된다. 장신구 소유
자 역시 官人으로서의 성격을 지니게 된다.
　결국 裝身具의 賜與體制란 한성시기 후반에 백제가 지방을 지배

하는 과정에서 집권력의 미숙이라는 현실적인 여건을 타개하기 위하여 地方의 유력자와 상하관계를 맺어 통치체제 내로 편입시키고 그들을 매개로 지방을 지배하던 체제였다. 자연히 국가의 지배력이 강고해지는 6세기 이후가 되면 해체될 수밖에 없는 지배방식이었다. 이와 같은 결론을 도출하기 위하여 살펴본 각 장별 내용을 약술하면 다음과 같다.

제1장에서는 연구 대상 자료의 분석틀로서 '威勢品 賜與體制論'의 연구 성과를 정리하여 보았다. 위세품을 정치적 관계를 매개물로 이해하면서 이를 하나의 체제로 설정한 연구로는 프리드만과 로랜즈의 모델이 대표적인데 국가성립 이전 시기의 수입품을 연구의 대상으로 삼았다. 이에 비하여 일본학계에서는 彌生과 古墳時代 前期의 銅鏡 授受關係에 주목하여 해석하기도 했으며, 국내 학계에서는 國家成立 이후인 4~5세기를 연구의 대상 시기로 삼았고 수입품뿐만 아니라 국내에서 만든 貴重品도 포함하고 있다.

이러한 해석의 틀을 백제 고고학에 접목하기 위하여 몇 가지 전제를 검토하였다. 裝身具의 製作地를 百濟 中央으로 볼 수 있을지, 고고학 자료에서 보이는 樣式圈을 정치체의 공간적 범위로 규정할 수 있을지, 裝身具 공유양상을 어떻게 해석하면 좋을지에 대하여 살펴보았다. 그 결과 백제의 中央이 主體가 되어 영역 내 유력자에게 장신구를 賜與하였으며, 용도는 支配層으로의 編入을 보여주는 상징물이었고 보다 구체적으로는 服飾의 構成品으로 추정하였다.

제2장에서는 백제 장신구의 出土例를 水系 등 교통로와 관련하여 몇 개의 群으로 묶어 集成하였고 제작기법과 공반유물의 검토를 통하여 편년표를 작성하였다. 장신구는 대체로 간소한 것에서 복잡·화려한 것으로 변하는 경우가 많지만, 외부로부터 완제품이 수입

되기도 하고 또 그것을 모방하여 만들기도 하므로 형식학적인 방법만으로 연대를 결정하기란 쉽지 않을 때가 많다. 다행히 백제 고고학의 경우 熊津遷都 및 泗沘遷都라는 劃期가 있고 上限年代를 추정할 수 있는 중국물품이 많으며 무령왕릉과 능산리사지, 왕흥사지, 미륵사지에서 유물의 매납 시점을 알려주는 문자자료가 출토되었으므로 이를 활용하여 장신구에 절대연대를 부여할 수 있었다.

제3장에서는 裝身具 賜與體制의 成立에 대하여 살펴보았다. 백제에서 장신구 사여체제는 5세기를 전후하여 성립하지만 그 기원은 4세기까지 소급될 것으로 보이는데, 철소재의 공납망과 中國物品의 賜與가 그 기반이 되었음을 언급하였다. 철자원은 일찍부터 국가 차원에서 독점하였을 것이다. 철광산은 왕도에서 먼 거리에 떨어져 있는 경우가 많았을 것이므로 이러한 자원을 효율적으로 관리하고 鐵製品을 만들어내기까지는 組織化된 體制가 필요했을 것이다. 그러한 체제를 구성하는 요소 가운데 白炭의 생산도 포함되었을 것으로 추정된다. 근래 白炭窯의 조사례가 급격히 늘었으므로 이 자료를 공납망의 형성문제와 관련하여 해석하였다.

이어서 中國物品의 공간적인 분포양상을 威勢品 賜與體制의 産物로 규정하고 이 양자가 土臺가 되어 다음 시기에 백제의 裝身具 賜與體制가 成立하였음을 언급하였다. 그리고 장신구 사여체제의 한 축인 地方勢力을 나름의 독자성을 가진 地方 侯國的인 존재로 이해하고 백제 중앙은 이들과 상하관계를 맺고 지방지배의 中核이 된 檐魯 혹은 據點城의 長으로 임명한 것으로 보았으며 장신구가 그 매개물이었을 가능성을 언급하였다.

제4장에서는 熊津遷都 이후 장신구 사여체제가 어떤 變化를 겪었는지에 대하여 살펴보았다. 갑작스런 漢城陷落으로 인하여 70년

이상 유지되어 오던 이 같은 體制가 붕괴되었으며 地方侯國이 분포하였던 주요 기반지역을 대부분 상실하고 새로이 榮山江流域을 再編하는 과정에 대하여 장신구의 분포 추이를 통해 살펴보았다.

장신구 사여체제는 사비 천도 이후 해체되었으며 이 무렵은 領域的인 支配가 관철되는 시기이다. 이 시기의 장신구는 官位를 가진 관리의 관복을 장식하는 물품으로 성격이 변하였음을 강조하고, 지방 각지 출토 장신구의 분포를 지방 거주민의 官人化 경향이라는 관점에서 살펴보았다.

끝으로 이 책은 古墳 출토 裝身具를 주요 소재로 검토한 것이기 때문에 百濟社會의 전체 모습을 조망하기에는 不足한 면이 많다. 특히 백제의 地方支配시 주요 據點이 되었을 城에 대한 검토가 이루어지지 못하였다. 그리고 백제의 成長過程과 地方支配의 進展 樣相에 대한 文獻史 硏究의 성과를 깊이 있게 반영하지 못하였음이 큰 한계임을 밝혀 두고자 하며 이러한 제 문제점은 向後의 硏究를 통하여 補完하고자 한다.

1. 사료

『三國史記』『朝鮮王朝實錄』

『三國志』『晋書』『南齊書』『梁書』『南史』『北史』『周書』『隋書』

『舊唐書』

『日本書紀』

「廣開土王陵碑」

「中原高句麗碑」

2. 보고서 · 도록

공주대학교 박물관, 1995『백제고분자료집』

공주대학교박물관, 2000『천안 용원리고분군』

공주대학교박물관, 2003『염창리고분군』

국립공주박물관 외, 2006『4~5세기 백제유물 특별전 한성에서 웅진으로』

국립공주박물관, 1991『천안 화성리 백제묘』

국립공주박물관, 1999『대전 월평동유적』

국립공주박물관, 2006 『무령왕릉 출토유물 분석보고서(II)』

국립광주박물관 외, 1988 『나주 반남고분군 종합조사보고서』

국립광주박물관 외, 1995 『함평 신덕고분 조사 개보』

국립문화재연구소, 2000 『풍납토성I』

국립문화재연구소, 2001 『나주 복암리 3호분』

국립문화재연구소, 2002 『풍납토성II』

국립부여문화재연구소, 1998 『부여 능산리운동장 신축예정부지 백제고분
　　　　1·2차긴급발굴조사보고서』

국립부여문화재연구소, 2004 「부여 백제고분 : 지표조사 보고서IV」

국립부여박물관·국립부여문화재연구소, 2008 『특별전 백제왕흥사』

국립부여박물관, 2000 『능사-부여 능산리사지 발굴조사 진전보고서-』

국립전주박물관, 1994 『부안 죽막동 제사유적』

국립중앙박물관, 1998 『여주 연양리유적』

국립중앙박물관, 1999 『특별전 백제(도록)』

국립중앙박물관, 2000 『법천리 I 』

국립중앙박물관, 2002 『법천리 II』

菊水町史編纂委員會, 2007 『菊水町史』江田船山古墳編

今西龍, 1916 『朝鮮古蹟圖譜』3, 朝鮮總督府

권오영·권도희, 2003 「사창리 산10-1번지 출토 유물의 소개」 『길성리토성』
　　　　한신대학교 박물관

기전문화재연구원, 2003 「화성 기안리 풍성아파트 신축부지내 유적 발굴조
　　　　사」 『기전고고』3

김원용·임영진, 1986 『석촌동3호분 동쪽고분군 정리조사보고』 서울대학교
　　　　박물관,

김원용, 1973 「원주 법천리석곽묘와 출토유물」 『고고미술』120, 고고미술동
　　　　인회

김혜정, 2008 「나주 복암리고분군 주변지역 발굴조사」 『계간 한국의 고고

학』2008-가을호, 주류성 출판사

목포대학교 박물관, 1993 「함평군의 선사유적 ·고분」『함평군의 문화유적』

목포대학교박물관 외, 1996 『전남의 고대묘제』

목포대학교박물관, 2000 『자미산성』

문화재관리국, 1973 『무령왕릉 발굴조사보고서』

문화재연구소, 1989 『익산 입점리고분 발굴조사보고서』

문화재청, 2009 『보도자료 미륵사지석탑에서 백제 사리장엄 발견 -금제사리
　　　호와 사리봉안기 등 중요유물 500점 수습-』

서울대학교박물관 외, 2001 『용원리유적 C지구발굴조사보고서』

안승주·이남석, 1988 『논산 육곡리 백제고분 발굴조사보고서』백제문화개
　　　발연구원

野守健·神田惣藏, 1935 「公州宋山里古蹟調査報告」『昭和2年度古蹟調査』
　　　第2冊, 朝鮮總督府

有光敎一, 1979 「扶餘陵山里傳百濟王陵·益山雙陵」『橿原考古學論集』4, 橿
　　　原考古學硏究所

국립청주박물관, 2004 『진천 석장리 철생산유적』

이훈, 2006 「서산 부장리고분과 분구묘」『2006 제49회 전국역사학대회 고고
　　　학부 발표자료집』

이훈, 2006 「공주 수촌리 백제 금동관의 고고학적 성격」『한성에서 웅진으
　　　로』충남역사문화원 외

임영진, 1994 「광주 월계동의 장고분 2기」『한국고고학보』31, 한국고고학회

전남대학교 박물관 외, 1993 『함평 월계리 석계고분군I』

전남대학교 박물관 외, 1993 『함평 월계리 석계고분군II』

전남대학교 박물관 외, 1995 『회진토성I』

전남대학교 박물관, 1995 『장성 학성리고분군』

전남대학교박물관, 2007 「고흥 길두리 안동고분」『2006 한국고고학저널』

전영래, 1981 「남원 초촌리고분군 발굴조사보고」『전북유적조사보고』12

조용호 · 서병국, 2007 「청원 연제리 제철유적」『선사 · 고대 수공업 생산유
　　　적』한국고고학회

충남대학교박물관, 1994 『신금성』

충북대학교박물관, 1995 『청주 신봉동고분군』

충청매장문화재연구원, 1999 『천안 용원리유적 A지구』

한국문화재보호재단 외, 2000 『청원 주성리유적』

한신대학교박물관, 2003 『풍납토성Ⅲ』

홍사준, 1962 「부여 하황리 백제고분 출토의 유물」『연제고고논집』고고미술
　　　동인회

홍사준, 1968 「남원 출토 백제 飾冠具」『고고미술』9-1, 고고미술동인회

3. 저서 · 논문

강봉룡, 1999 「영산강유역 옹관고분의 대두와 그 역사적 의미」『한국사론』
　　　41 · 42, 서울대학교 국사학과

강봉룡, 2006 「고대 동북아 연안항로와 영산강, 낙동강유역」『가야, 낙동강
　　　에서 영산강으로』제12회 가야사 국제학술회의, 김해시

강인구, 1979 「중국묘제가 무령왕릉에 미친 영향」『백제연구』10, 충남대학
　　　교 백제연구소

강종원, 2005 「백제고분군 조영세력 검토」『백제연구』42, 충남대학교 백제
　　　연구소

강현숙, 1996 「백제 횡혈식석실분의 전개과정에 대하여」『한국고고학보』34,
　　　한국고고학회

輕部慈恩, 1972 『百濟遺蹟の硏究』吉川弘文館

곽장근, 1999 『호남동부지역 석곽묘연구』서경문화사

곽장근, 2002 「금강상류지역으로 백제의 진출과정 연구」『호남고고학』18,
　　　호남고고학회

국립부여문화재연구소, 2008 『부여 왕흥사지 출토 사리기의 의미』

국사편찬위원회, 1995『한국사6 삼국의 정치와 사회II-백제-』

권오영·김장석, 2008「백제 한성양식토기의 유통망 분석」『백제 생산기술의 발달과 유통체계 확대의 정치사회적 함의』학연문화사

권오영·한지선, 2008「베일벗는 백제왕성의 문화상」『계간 한국의 고고학』2008년 가을호, 주류성 출판사

권오영, 1988「4세기 백제의 지방통제방식 일례 -동진청자의 유입경위를 중심으로-」『한국사론』18, 서울대학교 국사학과

권오영, 1988「고고자료를 중심으로 본 백제와 중국의 문물교섭 -강남지방과의 관계를 중심으로-」『진단학보』66, 진단학회

권오영, 2000「고대 한국의 상장의례」『한국고대사연구』20, 한국고대사학회

권오영, 2004「물자·기술·사상의 흐름을 통해 본 백제와 낙랑의 교섭」『한성기 백제의 물류시스템과 대외교섭』학연문화사

권오영, 2004「진식대구의 남과 북」『가야사국제학술세미나 가야, 왜와 북방』김해시

권오영, 2005「백제문화의 이해를 위한 중국육조문화 탐색」『한국고대사연구』37, 한국고대사학회

권오영, 2005『고대 동아시아 문명교류사의 빛 무령왕릉』돌베개

권오영, 2007「영산강유역 정치체의 성격」『한국고대사 연구의 새 동향』서경문화사

권오영, 2007「유물과 벽화를 통해본 고구려의 관」『고고자료에서 찾은 고구려인의 삶과 문화』고구려연구재단

권오영, 2008「백제의 대외교류에 나타난 개방성」『교류와 문화변용』한국대학박물관협회

권오영, 2008「백제의 생산기술과 유통체계 이해를 위하여」『백제 생산기술의 발달과 유통체계 확대의 정치사회적 함의』학연문화사

권오영, 2008「성스러운 우물의 제사 -풍납토성 경당지구206호 유구의 성격을 중심으로-」『지방사와 지방문화』11-2, 역사문화학회

권혁남 · 유혜선, 2002 「원주 법천리 출토 금동식리에 대한 연구」『박물관
　　보존과학』3, 국립중앙박물관

今西龍, 1934 「百濟五方五部考」『百濟史硏究』近澤書店

吉井秀夫, 1991 「朝鮮半島錦江下流域の三國時代墓制」『史林』74卷1號

吉井秀夫, 1993 「百濟地域における橫穴式石室分類の再檢討」『考古學雜誌』
　　79-2

吉井秀夫, 1996 「금동제 신발의 제작기술」『석오 윤용진교수 정년퇴임기념
　　논총』

吉井秀夫, 2006 「考古學から見た百濟の國家形成とアイデンティティ」『東
　　アジア古代國家論』すいれん舍

吉井秀夫, 2008 「墓制からみた百濟と倭」『百濟と倭國』高志書院

김경호, 2007 「삼국시대 백탄요의 분류와 변천과정연구」『호서고고학』16,
　　호서고고학회

김권일, 2003 「남한지역 고대 제철로에 대한 일연구」한신대학교 석사학위
　　논문

김기범, 2004 「한성시기 백제 횡혈식석실분의 수용」『백제연구』40, 충남대
　　학교 백제연구소

김기범, 2005 「천안 용원리유적 축조세력연구 」『백제연구』42, 충남대학교
　　백제연구소

김기섭, 2000 『백제와 근초고왕』학연문화사

김기섭, 2002 「4세기 무렵 백제의 지방지배」『백산학보』63, 백산학회

김기흥, 1991 『삼국 및 통일신라의 세제 연구』역사비평사

김길식, 2001 「빙고를 통해 본 공주 정지산유적의 성격」『고고학지』12, 한국
　　고고미술연구소

김낙중, 2000 「5~6세기 영산강유역 정치체의 성격」『백제연구』32, 충남대학
　　교 백제연구소

김낙중, 2007 「6세기 영산강유역의 장식대도와 왜」『영산강유역 고대문화의

성립과 발전』학연문화사

김대환, 2008,「고분자료로 본 신라의 국가형성」『국가형성의 고고학』한국
고고학회 편, 사회평론

김무중, 2004「화성 기안리 제철유적 출토 낙랑계 토기에 대하여」『백제연
구』40, 충남대학교 백제연구소

김병주, 1984「나제동맹에 관한 연구」『한국사연구』46, 한국사연구회

김성범, 1998「나주 복암리유적 출토 명문유물」『제1회 백제학회 정기발표
회 요지문』

김수태, 1997「백제의 지방통치와 도사」『백제의 중앙과 지방』충남대학교
백제연구소

김수태, 2005「청주 신봉동지역의 재지세력」『백제 지방세력의 존재양태 –
청주 신봉동유적을 중심으로-』한국학중앙연구원

김영관, 2000「백제의 웅진천도 배경과 한성경영」『충북사학』11・12, 충북
대학교 사학회

김영심, 1990「5~6세기 백제의 지방통치체제」『한국사론』22, 서울대학교 국
사학과

김영심, 1997『백제 지방통치체제 연구 –5~7세기를 중심으로-』서울대학교
박사학위논문

김영심, 2000「영산강유역 고대사회와 백제」『지방사와 지방문화』3-1, 역사
문화학회

김영심, 2005「백제 5방제 하의 수취체제」『역사학보』185, 역사학회

김원용・임영진, 1986『석촌동3호분 동쪽고분군 정리조사보고』서울대학교
박물관

김원용, 1973「원주 법천리 석곽묘와 출토유물」『고고미술』120, 고고미술동
인회

김원용, 1974「중국에서의 신출 고고자료 二種」『고고미술』121・122, 고고
미술동인회

김원용, 1986「몽촌토성의 유문금구」『동국대학교 개교80주년기념논문집』

김일규, 2007「한국 고대 제철유적의 조사현황과 특징」『선사 · 고대 수공업
　　　생산유적』한국고고학회

김장석, 2004「물류시스템과 대외교류의 정치경제학에 대한 고고학적 접근」
　　　『한성기 백제의 물류시스템과 대외교섭』학연문화사

김재열, 2007「경산지역 고분의 장신구연구」영남대학교 석사학위논문

김주성, 1992「백제 지방통치조직의 변화와 지방사회의 재편」『국사관논총』
　　　35, 국사편찬위원회

김주성, 1997「영산강유역 대형옹관묘사회의 성장에 대한 시론」『백제연구』
　　　27, 충남대학교 백제연구소

김창석, 2008「백제 왕실 수공업의 성립과 생산체제」『백제 생산기술의 발
　　　달과 유통체계 확대의 정치사회적 함의』학연문화사

김태식 외, 2008『한국 고대 사국의 국경선』서경문화사

김태식, 2001『풍납토성 500년 백제를 깨우다』김영사

김혜정, 2008「나주 복암리고분군 주변지역 발굴조사」『계간 한국의 고고
　　　학』2008-가을호, 주류성 출판사

南京市博物館, 2001「江蘇南京仙鶴觀東晋墓」『文物』2001-3

南京市博物館, 2008「南京市栖霞區東楊坊南朝墓」『考古』2008-6,

노중국, 1981「고구려 · 백제 · 신라 사이의 역관계변화에 대한 일고찰」『동
　　　방학지』28, 연세대 국학연구원

노중국, 1985「한성시대 백제의 지방통치체제-담로체제를 중심으로-」『변
　　　태섭박사 화갑기념 사학논총』

노중국, 1988『백제정치사연구』일조각

노태돈, 1984「5~6세기 동아시아의 국제정세와 고구려의 대외관계」『동방
　　　학지』44

노태돈, 1988「5세기 금석문에 보이는 고구려인의 천하관」『한국사론』19,
　　　서울대학교 국사학과

노태돈, 1997 「삼국사기 신라본기의 고구려관계 기사 검토」 『경주사학』 16, 경주사학회

노태돈, 2000 「초기 고대국가의 국가구조와 정치운영 -부체제론을 중심으로-」 『한국고대사연구』 17, 한국고대사학회

노태돈, 2005 「고구려의 한성지역 병탄과 그 지배양태」 『향토서울』 66, 서울특별시사편찬위원회

노태돈, 2007 「제1절. 문헌상으로 본 백제의 주민구성」 『백제의 기원과 건국』 충청남도 역사문화원

노태돈, 2009 『한국 고대사의 이론과 쟁점』 집문당

大橋一章, 2008 「古代文化史のなかの飛鳥寺」 『古代文化の源流を探る-百濟王興寺から飛鳥寺へ』 國學院大學文學部史學科

藤井康隆, 2003 「三燕における帶金具の新例をめぐって」 『立命館大學考古學論叢』 III

馬目順一, 1980 「慶州飾履塚古新羅墓の硏究-非新羅系遺物の系譜と年代」 『古代探叢-瀧口宏先生古稀記念考古學論集』

毛利光俊彦 1999 「古代朝鮮冠(百濟)」 『瓦衣千年森郁夫先生還曆記念論文集』

木下亘, 2003 「韓半島出土須惠器(系)土器에 대하여」 『백제연구』 37, 충남대학교 백제연구소

문동석, 1997 「4세기 백제의 가야원정에 대하여 -철산지 확보문제를 중심으로-」 『국사관논총』 74, 국사편찬위원회

문안식, 2002 『백제의 영역확장과 지방통치』 신서원

門田誠一, 1999 「百濟出土の六朝靑磁と江南地域葬禮小考」 『考古學に學ぶ-遺構と遺物』 同志社大學考古學シリーズ VII

門田誠一, 2006 「百濟土器と共伴する中國陶磁器の時空」 『第18回東アジア古代史, 考古學硏究交流會預稿集』 東アジア考古學會

박보현, 1987 「수지형입화식관의 계통」 『영남고고학』 4, 영남고고학

박보현, 1991 「적석목곽분문화지역의 대금구」 『고문화』 38, 한국대학박물관

협회

박보현, 1998「금동관으로 본 나주 신촌리9호분 을관의 연대」『백제연구』 28, 충남대학교 백제연구소

박보현, 1999「은제관식으로 본 백제의 지방지배에 대한 몇 가지 문제」『과 기고고연구』5 , 아주대학교박물관

박순발, 1997「한성백제의 중앙과 지방」『백제의 중앙과 지방』충남대학교 백제연구소

박순발, 2000「백제의 남천과 영산강유역 정치체의 재편」『한국의 전방후원 분』충남대학교 출판부

박순발, 2001『한성백제의 탄생』서경문화사

박순발, 2004「한성기 백제 대중교섭 일례 -몽촌토성 출토 금동과대금구추 고-」『호서고고학』11, 호서고고학회

박순발, 2005「공주 수촌리고분군 출토 중국자기와 교차연대문제」『충청학 과 충청문화』4, 충청남도역사문화원

박순발, 2006「사비도성 연구의 현황과 과제」『백제 사비시기 문화의 재조 명』춘추각

박순발, 2007「묘제의 변천으로 본 한성기 백제의 지방편제과정」『한국고대 사연구』48, 한국고대사학회

박영복·김성명, 1990「중부지역 발견 고구려계 귀걸이」『창산김정기박사화 갑기념논총』

박찬규, 1991「백제 웅진 초기 북경문제」『사학지』24, 단국사학회

박천수, 2006「임나사현과 기문, 대사를 둘러싼 백제와 대가야」『가야, 낙동 강에서 영산강으로』제12회 가야사 국제학술회의, 김해시

박천수, 2007『새로 쓰는 고대한일교섭사』사회평론

박현숙, 1996「백제 사비시대 지방통치체제 연구」『한국사학보』창간호

박현숙, 1997「백제 지방통치체제 연구」고려대학교 박사학위논문

박현숙, 2005『백제의 중앙과 지방』주류성

박희명, 2001 「삼국시대 팔찌에 대한 연구」한양대학교 석사학위논문

白井克也, 2005 「고구려 토기연구의 성과와 새로운 과제」『한국고대의 Global Pride 고구려』고려대학교 박물관

변태섭, 1979 「중원고구려비의 내용과 연대에 대한 검토」『사학지』13, 단국사학회

福永伸哉, 2005 「三角緣神獸鏡論」『日本の考古學』下, 學生社

本村豪章, 1991 「古墳時代の基礎研究稿-資料篇(Ⅱ)-」『東京國立博物館紀要』26

山本孝文, 2004 「한반도의 당식과대와 그 역사적 의의」『영남고고학』34, 영남고고학회

山本孝文, 2006 『삼국시대 율령의 고고학』서경문화사

山本孝文, 2007 「백제 사비기 석실의 설계와 구조계통론」『한국고고학보』63, 한국고고학회

山本孝文, 2007 「백제의 환대에 대하여」『호서고고학』16, 호서고고학회

山本孝文, 2008 「考古學から見た百濟後期の文化變動と社會」『百濟と倭國』高志書院

森下章司・高橋克壽・吉井秀夫, 1995 「鴨稻荷山古墳出土遺物の調査」『琵琶湖周邊の6世紀を探る』京都大學文學部考古學研究室

서보경, 2000 「철제품을 매개로 한 백제와 왜의 교섭」『사총』52, 고대사학회

서영대・최광식, 2007 「제2장 국가제사」『백제의 제의와 종교』충청남도 역사문화원

서정석, 200 「백제 5방성의 위치에 대한 시고」『호서고고학』3, 호서고고학회

서정석, 2002 『백제의 성곽 -웅진・사비시대를 중심으로』학연문화사

서현주, 2007 「복암리고분군 출토 토기의 양상과 성격」『영산강유역 고대문화의 성립과 발전』학연문화사

성정용, 2000 『중서부 마한지역의 백제 영역화과정 연구』서울대학교 박사학위논문

성정용, 2001「4~5세기 백제의 지방지배」『한국고대사연구』24, 한국고대사
　　　학회

성정용, 2003「백제와 중국의 무역도자」『백제연구』38, 충남대학교 백제연
　　　구소

성정용, 2008「토기양식으로 본 고대국가의 형성」『국가형성의 고고학』한국
　　　고고학회 편, 사회평론

성형미, 2006「측구부탄요에 대한 고고지자기학적 연구」『영남고고학』39,
　　　영남고고학회

小林行雄, 1961『古墳時代の硏究』靑木書店

小田富士雄, 1982「월주요청자를 반출한 충남의 백제 토기」『백제연구』특집
　　　호, 충남대학교 백제연구소

小池伸彦, 2006「遼寧省出土の三燕の帶金具について」『東アジア考古學論
　　　叢-日中共同硏究論文集』

孫機, 2001「中國古代的帶具」『增訂本 中國古輿服論叢』文物出版社

손명조, 1998「한반도 중·남부지방 철기제작유적의 현상」『영남고고학』22,
　　　영남고고학회

송기호, 1997「발해의 지방통치와 그 실상」『한국고대사연구』11, 한국고대
　　　사학회

송기호, 2000「사실과 전제 -발해고분 연구의 경우-」『한국문화』25, 서울대
　　　학교 한국문화연구소

송기호, 2004「발해의 천도와 그 배경」『한국고대사연구』36, 한국고대사
　　　학회

송호정, 2007「제2절 고고학 자료를 통해 본 백제의 기원」『백제의 기원과
　　　건국』충청남도 역사문화원

水野敏典 外, 2006「三角緣神獸鏡の鑄造缺陷と同笵鏡製作モデル」『3次元
　　　デジタルアカイブ 古鏡總覽(II)』奈良縣立橿原考古學硏究所編, 學
　　　生社

시노하라히로카타, 2000 「중원고구려비의 석독과 내용의 의의」『사총』51, 고대사학회

신광섭, 2006 『백제 사비시대 능사연구』중앙대학교 박사학위논문

신대곤, 1997 「나주 신촌리 출토 관·관모 일고」『고대연구』5, 고대연구회

신영호, 2000 「무령왕의 금동제 신발에 대한 일고찰」『고고학지』11, 한국고고미술연구소

신희권, 2007 「풍납토성의 도성 구조 연구」『풍납토성 50년 백제왕도의 비전과 과제』국립문화재연구소

신희권, 2008 「도성의 출현과 백제의 형성」『국가형성의 고고학』사회평론

辻田淳一郎, 2007 『鏡と初期ヤマト政權』すいれん舍

辻田淳一郎, 2006 「威信財システムの成立·變容とアイデンティティ」『東アジア古代國家論』すいれん舍

辻田淳一郎, 2007 「古墳時代前期における鏡の副葬と傳世の論理」『史淵』144, 九州大學 大學院 人文科學研究院

野上丈助, 1983 「日本出土の垂飾付耳飾について」『藤澤一夫先生古稀記念古文化論叢』古代を考える會

양기석, 1995 「경제구조」『한국사』6, 국사편찬위원회

양기석, 2005 「5~6세기 백제의 북계」『박물관기요』단국대학교 석주선기념박물관

양기석, 2007 「백제의 지방통치체제」『한국 고대사 연구의 새 동향』서경문화사

양기석, 2008 「475년 위례성 함락 직후 고구려와 백제의 국경선」『한국 고대사국의 국경선』서경문화사

王志高, 2005 「百濟武寧王陵形制結構的考察」『東亞考古論壇』창간호, 충청문화재연구원

우화정, 2003 「삼국시대 금동신발 연구」영남대학교 석사학위논문

유원재, 1997 「양서 백제전의 담로」『백제의 중앙과 지방』충남대학교 백제

연구소

유재은, 2000 「강릉시 초당동고분 출토 금속유물 보존처리」 『보존과학연구』 21, 국립문화재연구소

윤무병, 1974 「무령왕릉 및 송산리6호분의 전축구조에 대한 고찰」 『백제연구』 5, 충남대학교 백제연구소

윤선태, 1998 「'나주 복암리유적 출토 명문유물'에 대한 토론」 『제1회 백제학회 정기발표회 요지문』

윤선희, 1987 「삼국시대 과대의 기원과 변천에 관한 연구」 『삼불김원룡교수 정년퇴임기념논총II』

윤종균, 1998 「고대 철생산에 대한 일고찰」 전남대학교 석사학위논문

이난영, 2000 『한국 고대의 금속공예』 서울대학교 출판부

이남규, 2004 「한성기 백제 물류시스템과 대외교섭연구의 제문제」 『한성기 백제의 물류시스템과 대외교섭』 학연문화사

이남규, 2006 「백제 철생산과 정치사회적 함의」 『백제의 생산과 유통의 정치사회적 함의』 한신대학교 학술원

이남규, 2008 「백제 철기의 생산과 유통에 대한 시론」 『백제 생산기술의 발달과 유통체계 확대의 정치사회적 함의』 학연문화사

이남석, 1990 「백제의 관제와 관식 : 관제·관식의 정치사적 의미 고찰」 『백제문화』 20, 공주대학교 백제문화연구소

이남석, 1992 「백제초기 횡혈식석실분과 그 연원」 『선사와 고대』 3, 한국고대학회

이남석, 2000 「능산리고분군과 백제왕릉」 『백제문화』 29, 공주대학교 백제문화연구소

이남석, 2002 「제2장. 백제묘제의 수용과 전개」 『백제묘제의 연구』 서경문화사

이남석, 2006 「백제 금동관모 출토 무덤의 검토」 『선사와 고대』 26, 한국고대학회

이도학, 1985「한성말 웅진시대 백제 왕위계승과 왕권의 성격」『한국사연구』50·51, 한국사연구회

이도학, 1995『백제 고대국가연구』일지사

이도학, 1997『다시 쓰는 백제사』푸른역사

이동희, 2007「백제의 전남동부지역 진출의 고고학적 연구」『한국고고학보』64, 한국고고학회

伊藤秋男, 1974「武寧王陵發見の金製耳飾について」『백제연구』5, 충남대 백제연구소

이병도, 1970「근초고왕 척경고」『백제연구』1, 충남대학교 백제연구소

이병도, 1977『국역 삼국사기』을유문화사

이병호, 2003「백제 사비도성의 구조와 운영」『한국의 도성』서울시립박물관 부설 서울학연구소

이선복, 1988『고고학개론』이론과 실천

李盛周, 2006「考古學からみた新羅の成立とアイデンティティ」『東アジア古代國家論』すいれん舎

이성주, 2008「양식의 생성 : 신라, 가야양식과 소지역양식의 형성에 대한 검토」『제32회 한국고고학 전국대회 양식의 고고학』한국고고학회

이송란, 2006「백제 무령왕과 왕비 관의 복원시론과 도상」『무령왕릉 -출토유물 분석보고서 II』국립공주박물관

이안 호더·스코트 허트슨(김권구 역), 2006『과거읽기 -최근의 고고학 해석 방법들-(원제 : Reading the Past)』학연문화사

이용빈, 2002『백제 지방통치제도연구 -담로제를 중심으로-』서경문화사

이용빈, 2004「백제 지방통치제도 연구현황과 과제」『명지사론』14, 명지사학회

이은창, 1978『한국 복식의 역사 -고대편』(교양국사총서), 세종대왕기념사업회

이정인, 2000「중국동진청자연구」이화여대 석사학위논문

이정호, 2008「나주 영동리고분군」『제51회 역사학대회 고고학분야 발표요 지문』

이창엽 · 오승열, 2008「오산 수청동 삼국시대 분묘군」『제32회 한국고고학 전국대회 양식의 고고학』한국고고학회

이한상, 1993「무령왕릉 출토품 추보(1) -대금구-」『고고학지』5, 한국고고미 술연구소

이한상, 1997「5~7세기 백제의 대금구」『고대연구』5, 고대연구회

이한상, 1997「송산리분묘군 출토 금속제 장신구」『고고학지』8, 한국고고미 술연구소

이한상, 2000「대전 월평산성 출토 고구려토기」『학산 김정학박사 송수기념 논총 한국고대사와 고고학』학연문화사

이한상, 2000「백제이식에 대한 기초적 연구」『호서고고학』3, 호서고고학회

이한상, 2004『황금의 나라 신라』김영사

이한상, 2008「삼국시대 귀걸이 감정을 위한 착안점 -제작지와 연대를 중심 으로-」『복식』한국복식학회

이한상, 2009「부여 능산리 능안골32호분 이식 검토」『고고학탐구』6 고고학 탐구회

이현혜, 2000「4~5세기 영산강유역 토착세력의 성격」『역사학보』166, 역사 학회

이혜경, 2004「삼국시대 백탄가마연구」영남대 석사학위논문

이홍직, 1971『한국고대사의 연구』신구문화사

이훈, 2004「묘제를 통해 본 수촌리유적의 연대와 성격」『백제문화』33, 공주 대학교 백제문화연구소

이훈, 2006「서산 부장리고분과 분구묘」『2006 제49회전국역사학대회 고고 학부 발표자료집』

이훈, 2006「공주 수촌리 백제 금동관의 고고학적 성격」『한성에서 웅진으 로』충청남도역사문화원 · 국립공주박물관

이희준, 1996 「신라의 성립과 성장과정에 대한 고찰」 『제20회 한국고고학 전국대회 신라고고학의 제문제』 한국고고학회

이희준, 2007 『신라고고학연구』 사회평론

임영진, 1997 「전남지역 석실봉토분의 백제계통론 재고」 『호남고고학보』 6, 호남고고학회

임영진, 2006 「고흥 안동고분 출토 금동관의 의의」 『한성에서 웅진으로』 충청남도역사문화원 · 국립공주박물관

임영진, 2006 「마한 백제 고고학의 최근 연구 성과와 과제」 『한국선사고고학보』 12, 한국선사고고학회

장정남, 2002 「고대 탄요 연구」 『호서고고학』 6 · 7, 호서고고학회

전덕재, 1990 「신라 주군제의 성립배경연구」 『한국사론』 22, 서울대학교 국사학과

전덕재, 2008 「함안 성산산성 목간의 연구현황과 쟁점」 『신라문화』 31, 동국대학교 신라문화연구소

전영래, 1988 「전북지방의 백제성」 『백제연구』 19, 충남대학교 백제연구소

田中俊明, 1997 「웅진시대 백제의 영역재편과 왕후제 -영산강유역 백제영역화문제와 관련하여-」 『백제의 중앙과 지방』 충남대학교 백제연구소

鮎貝房之進, 1931 『日本書紀朝鮮地名攷』 『雜攷』上

정광용, 2001 「무령왕릉 왕비 신발의 제작기법 연구」 『호서고고학』 4 · 5, 호서고고학회

定森秀夫, 1980 「韓國慶尙南道昌寧地域出土陶質土器の檢討」 『古代文化』 33

定森秀夫, 1988 「韓國慶尙北道義城地域出土陶質土器について」 『日本民族文化の生成1-永井昌文教授退官記念論文集』

定森秀夫, 1989 「韓國ソウル地域出土三國時代土器について」 『生産と流通の考古學』 橫山浩一先生退官記念論文集 I

정상기, 2006 「무령왕릉 출토 중국도자에 대한 검토」 『무령왕릉 출토유물분석보고서(II)』 국립공주박물관

정운용, 1996 「나제동맹기 신라와 백제관계」『백산학보』46, 백산학회

정재윤, 1992 「웅진 사비시대 백제의 지방통치체제」『한국상고사학보』10, 한국상고사학회

町田章, 2006 「鮮卑の帶金具」『東アジア考古學論叢-日中共同研究論文集』

齊東方, 2001 「百濟武寧王墓와 南朝梁墓」『무령왕릉과 동아세아』국립공주 박물관 외

조근우, 1996 「전남지방의 석실분 연구」『한국상고사학보』21, 한국상고사학회

조대연, 2008 「한성 백제토기의 생산기술에 관한 일고찰」『백제 생산기술의 발달과 유통체계 확대의 정치사회적 함의』학연문화사

조법종, 2007 「백제」『한국고대사연구의 새동향』한국고대사학회편, 서경문화사

조병택, 2007 「한국 고대 백탄요연구」숭실대학교 석사학위논문

주보돈, 2000 「백제의 영산강유역 지배방식과 전방후원분 피장자의 성격」『한국의 전방후원분』충남대학교 출판부

주보돈, 2007 「신라 상고기의 지방통치체제」『한국고대사연구의 새동향』한국고대사학회편, 서경문화사

周裕興, 1999 「南京의 南朝墓制研究」『위진남북조시대 묘장제도와 백제』충남대학교 백제연구소

酒井清治, 2004 「5~6세기의 토기에서 본 나주세력」『백제연구』39, 충남대학교 백제연구소

池內宏, 1970 『日本上代史の一研究』中央公論美術出版社

진소영, 2008 「금동신발과 백제의 지방통치」계명대학교 석사학위논문

진홍섭, 1975 「삼국시대의 공예미술①」『박물관신문』52호

車崎正彦, 1990 「三角緣神獸鏡はどこで作られたのか」『爭點日本歷史』2卷, 新人物往來社

차용걸, 2005 「청주 신봉동유적의 고고학적 검토」『백제 지방세력이 존재양

태』한국학중앙연구원

蔡慶良, 2003 「試論器物學方法在玉器研究中的應用」『古代文明』2, 文物
　　　出版社

千賀久, 1984「日本出土帶金具の系譜」『橿原考古學論文集』6, 吉川弘文館

최병현, 1984「3. 삼국시대 공예」『한국미술사』대한민국 예술원

최병현, 1991「신라의 성장과 신라고분」『한국 고대국가 형성시기의 고고학
　　　적 연구』한국정신문화연구원

최병현, 1992「신라토기」『한국미술사의 현황』예경

최병현, 1997「서울 강남지역 석실분의 성격」『숭실사학』1, 숭실사학회

최병현, 2002『신라고분연구』일지사

최성락, 2007「복암리3호분의 분형과 축조과정」『영산강유역 고대문화
　　　의 성립

최종규, 1983「중기고분의 성격에 관한 약간의 고찰」『부대사학』7, 부산대학
　　　교 사학회

최종규, 1992「제라야의 문물교류」『백제연구』23, 충남대학교 백제연구소

최종택, 2008「고고자료를 통해 본 백제 웅진도읍기 한강유역 영유설 재고」
　　　『백제연구』47, 충남대학교 백제연구소

콜린 렌프류 · 폴반(이희준 역), 2006『현대고고학의 이해』사회평론

夏鼐, 1972「晋周處墓出土的金屬帶飾的重新鑑定」『考古』1972-4

河上邦彦, 2006「中後期古墳出土のいわゆる舶載鏡について」『3次元デジタ
　　　ルアカイブ 古鏡總覽(II)』奈良縣立橿原考古學研究所編, 學生社

함순섭, 2008「신라 마립간시기에 이입된 중앙아시아 및 서아시아의 문물」
　　　『신라, 서아시아를 만나다』국립경주박물관 외

穴澤咊光, 1985「三角緣神獸鏡と威信財システム」『潮流』4 · 5, いわき地域
　　　學會

홍보식, 2006「한반도 남부지역의 왜계요소」『한국고대사연구』44, 한국고대
　　　사학회

홍보식, 2007 「제2절. 신라와의 문물교류」 『백제의 문물교류』 충청남도 역사
    문화연구원

홍사준, 1981 「양대 직공도에 나타난 百濟國使의 초상에 대하여」 『백제연
    구』 12, 충남대학교 백제연구소

和田萃, 1995 「殯の基礎的考察」 『日本古代の儀禮と祭祀』 塙書房

Frankenstein, S. and Rowlands M. 1978. "The Internal Structure and
    Regional Context of Early Iron Age Society in South-western
    Germany." *Institute of Archaeology Bulletin* 15. London University

Friedman, J. and Rowlands. M. 1977. "Note towards an epigenetic model of
    the evolution of civilization." *The Evolution of Social System.*
    University of Pittsburgh Press

● 사진출처

원색사진

도1 국립공주박물관·충남역사문화원,
2006『4~5세기 백제유물 특별전 한성에
서 웅진으로』 충남역사문화원

도2 국립공주박물관·충남역사문화원,
2006『4~5세기 백제유물 특별전 한성에
서 웅진으로』
제공(확대사진)
충남역사문화원

도3 국립공주박물관·충남역사문화원,
2006『4~5세기 백제유물 특별전 한성에
서 웅진으로』 상) 충남역사문화원
국립경주박물관, 2001『신라황금』 하)
국립전주박물관

도4. 문화재청, 2008『문화재대관 국보 금
속공예』 국립공주박물관

도5 문화재청, 2008『문화재대관 국보 금
속공예』 국립공주박물관

도6 국립부여박물관, 2008『백제의 숨결
금빛 예술혼, 금속공예』 ①②③⑤국립부
여박물관
국립문화재연구소, 2009『미륵사지석탑
사리장엄』
국립문화재연구소, 2001『나주복암리3호분』
④⑥국립문화재연구소

도7 제공(확대사진) 충남역사문화원

도8 국립경주박물관, 2001『신라황금』
상) 국립광주박물관
국립경주박물관, 2001『신라황금』 하) 국
립문화재연구소

도9 서울대학교박물관, 2007『서울대학교
박물관 소장품 도록』 ①서울대박물관
국립경주박물관, 2001『신라황금』 ②③④공
주대박물관
국립공주박물관, 2001『백제 사마왕』 ⑤⑥

국립공주박물관

도10. 국립경주박물관, 2001『신라황금』
①②③④⑤국립부여박물관
제공 ⑥공주대박물관

도11 문화재청, 2008『문화재대관 국보 금
속공예』 국립공주박물관

도12 국립공주박물관, 2001『백제 사마왕』
①④국립공주박물관
국립부여박물관, 2005『백제인과 복식』
②③국립부여박물관

도13 국립경주박물관, 2001『신라황금』
상) 국립전주박물관
국립공주박물관, 2001『백제 사마왕』
하) 국립공주박물관

단색사진

도1 국립공주박물관, 2001『백제 사마왕』
국립공주박물관

도2 국립춘천박물관, 2008『권력의 상징,
관 -경주에서 강원까지-』 국립춘천박물관

도4 국립경주박물관, 2001『신라황금』 ①
②국립경주박물관

도5 국립공주박물관·충남역사문화원,
2006『4~5세기 백제유물 특별전 한성에
서 웅진으로』 충남역사문화원

도9 국립공주박물관·충남역사문화원,
2006『4~5세기 백제유물 특별전 한성에
서 웅진으로』 ①충남역사문화원

도10 국립공주박물관·충남역사문화원,
2006『4~5세기 백제유물 특별전 한성에
서 웅진으로』 ①충남역사문화원, ②공주대
박물관

도11 국립공주박물관·충남역사문화원,
2006『4~5세기 백제유물 특별전 한성에

서 웅진으로』 ①충남역사문화원
국립중앙박물관, 2000『법천리 I 』 ②국
립중앙박물관

도12 공주대학교박물관, 2000『천안 용원
리고분군』 공주대박물관

도13 국립공주박물관 · 충남역사문화원,
2006『4~5세기 백제유물 특별전 한성에
서 웅진으로』 ①③충남역사문화원
공주대학교박물관, 2000『천안 용원리고
분군』 ②공주대박물관

도14 문화재청, 2008『문화재대관 국보 금
속공예』 국립공주박물관

도15. 문화재청, 2008『문화재대관 국보
금속공예』 ①국립공주박물관

도17. 국립부여박물관 외, 2000『능사』
①국립부여박물관
국립문화재연구소, 2001『나주복암리3호
분』 ②국립문화재연구소

도18 국립부여박물관 외, 2000『능사』 국
립부여박물관

도19 국립부여박물관 · 국립부여문화재연
구소, 2008『특별전 백제왕흥사』 국립부
여문화재연구소

도20 국립공주박물관, 2001『백제 사마왕』
좌)국립공주박물관
국립부여박물관 외, 2000『능사』 중)국립
부여박물관
국립부여박물관 · 국립부여문화재연구
소, 2008『특별전 백제왕흥사』 우)국립부
여문화재연구소

도21 국립문화재연구소, 2009『미륵사지
석탑 사리장엄』 국립문화재연구소

도24 국립중앙박물관, 1999『특별전 백제』
①②⑤국립부여박물관
국립나주문화재연구소, 2009『나주 복암
리유적 출토 목간』 ③국립나주문화재연구소
공주대학교박물관, 2003『염창리고분군』
⑦공주대박물관

도25 중앙문화재연구원, 2008. 5『충주 하
구암리 (주)애강공장부지내 유적 발굴조

사 약보고서』 중앙문화재연구원

도31 서울대학교박물관, 2007『서울대학
교박물관 소장품 도록』 ①서울대박물관
권오영 · 권도희, 2003『사창리 산10-1번
지 출토 유물의 소개』『길성리토성』한신
대학교 박물관 ⑥한신대학교박물관
김태식, 2001『풍납토성 500년 백제를 깨
우다』김영사 ⑦연합뉴스 김태식기자

도32 국립중앙박물관, 2000『법천리 I 』
③국립중앙박물관

도33 국립중앙박물관, 1999『특별전 백제』
국립중앙박물관, 2000『법천리 I 』 국립
중앙박물관

도38 제공 충남역사문화원

도39 제공 ①-⑥충남역사문화원
국립중앙박물관, 1999『특별전 백제』 ⑦
이화여대박물관

도45 국립공주박물관, 2001『백제 사마왕』
①②국립공주박물관
국립중앙박물관, 1999『특별전 백제』 ③
국립광주박물관

도48 국립공주박물관, 2001『백제 사마
왕』 국립공주박물관

도50. 국립공주박물관, 2001『백제 사마
왕』 ①②⑤⑥국립공주박물관
국립문화재연구소, 2001『나주복암리3호
분』 ④⑦국립문화재연구소

도58 국립중앙박물관, 1999『특별전 백제』
①③⑥국립부여박물관
국립문화재연구소, 2001『나주복암리3호
분』 ②⑤국립문화재연구소
공주대박물관, 1988『논산 육곡리백제고
분 발굴조사보고서』 ④공주대박물관

도59 국립경주박물관, 2001『신라황금』
①②③국립부여박물관
국립경주박물관, 2001『신라황금』 ④국
립청주박물관

도60 국립부여박물관 ①-④국립부여박물관
공주대학교박물관, 2003『염창리고분군』
⑤공주대박물관

255